中央高校基本科研业务费专项资金资助项目"网络视频游戏对青少年的
积极影响及其神经机制研究"（SWU1909223）

重庆市社会科学规划社会组织项目"暴力视频游戏对
青少年社会适应的影响"（2020SZ29）

# 网络视频游戏与青少年攻击性影响机制研究

刘衍玲　滕召军　陈　帅　等　著

科学出版社

北　京

## 内 容 简 介

本书探讨了网络视频游戏与攻击性关系研究的时代背景和现实意义，并较为全面地综述了现有的理论研究和实证成果。另外，本书还通过一系列实证研究，分析了暴力、亲社会和竞争性视频游戏对青少年攻击性的影响，以及这些效应背后的心理和神经机制。

本书可供对网络视频游戏与青少年攻击性的关系感兴趣的研究者和教育实践者阅读，也可供相关教师和家长参阅，以便有效预防和干预青少年的攻击性行为。

---

图书在版编目（CIP）数据

网络视频游戏与青少年攻击性：影响机制研究 / 刘衍玲等著. —— 北京：科学出版社，2025.3. — ISBN 978-7-03-080762-5

Ⅰ. D669.5

中国国家版本馆 CIP 数据核字第 2024V2F169 号

责任编辑：朱丽娜　高丽丽 / 责任校对：张小霞
责任印制：徐晓晨 / 封面设计：有道文化

科 学 出 版 社 出版
北京东黄城根北街 16 号
邮政编码：100717
http://www.sciencep.com
北京建宏印刷有限公司印刷
科学出版社发行　各地新华书店经销
*
2025 年 3 月第 一 版　开本：720×1000　1/16
2025 年 3 月第一次印刷　印张：15
字数：246 000
**定价：108.00 元**
（如有印装质量问题，我社负责调换）

# 前　言

　　近年来，校园暴力事件频繁发生，引发社会各界对青少年攻击性问题的广泛关注。国家也相继出台了相关政策和文件，旨在加强对青少年攻击性行为的防治和管理。在教育学、社会学和心理学领域，青少年攻击性也一直是学术研究的热点。随着信息技术的发展，关于社会媒介对青少年攻击性影响的研究日益增多，且大多数研究发现，接触暴力电影和暴力视频游戏等会使青少年的攻击性增强。

　　在数字化媒体时代，手机、平板电脑等各种移动设备触手可及，社会媒介对人们的思维习惯和生活方式的影响比以往更加普遍和深刻。对于心智尚未成熟的青少年而言，社会媒介对其心理的影响可能更加广泛且深远。与其他社会媒介相比，网络视频游戏创设的虚拟场景更引人入胜，给个体带来了更加丰富的娱乐体验和新奇的感受。网络视频游戏作为青少年青睐的娱乐方式之一，已经成为青少年生活中不可或缺的一部分。然而，游戏成瘾的现象日益严重，青少年暴力犯罪事件也显著增加，许多犯罪嫌疑人有沉迷于网络游戏的经历。这引发了研究者对网络视频游戏是否影响及如何影响个体攻击性的深入思考。

　　基于这一背景，本书研究团队围绕网络视频游戏与青少年攻击性之间的关系进行了积极的探索。本书汇集了团队的研究成果，旨在通过一系列实证研究，全面阐述网络视频游戏对青少年的外显攻击性和内隐攻击性的影响。我们希望本书能为研究者、教育工作者和家长提供一定的借鉴与参考，帮助他们更好地理解这一重要议题，并在实践中采取有效的应对措施。

　　本书开篇介绍了网络视频游戏与攻击性研究的进展。第一章主要介绍了本书的研究背景和研究价值。第二章聚焦于网络视频游戏与攻击性研究进展。首先，从攻击性认知、攻击性情绪、攻击性行为三个维度阐述了攻击性的概念，并分别从暴力视频游戏和亲社会视频游戏两个方面总结了它们与攻击性的关系。其次，在暴力视频游戏与攻击性的关系部分，总结了当前的相关研究，介绍了一般攻击模型和催化剂模型的相关理论、争论及争论产生的可能原因；在亲社会视频游戏与攻击性的关系方面，同样总结了相关研究并介绍了一般学习模型。最后，探讨了网络视频游戏影响个体攻击性的认知神经机制，如 ERP 研究和 fMRI 研究。

接着，本书呈现了网络视频游戏对青少年攻击性行为影响的一系列实证研究，探讨了暴力视频游戏对攻击性的影响及其认知神经机制。第三章探讨了暴力视频游戏接触与中小学生攻击性的关系及不良同伴交往的中介作用；第四章探讨了暴力视频游戏接触对中学生攻击性的长期影响及道德推脱的中介作用；第五章和第六章从个体差异的角度分别探讨了暴力视频游戏对不同现实暴力接触、不同认知风格大学生内隐攻击性的影响；第七章探讨了暴力视频游戏中的角色创建对大学生攻击性的影响；第八章和第九章分别从短时效应与长时效应的角度，探索了暴力视频游戏影响攻击性信息注意偏向的认知神经机制；第十章和第十一章分别考察了亲社会视频游戏抑制个体内隐攻击性、攻击性行为的 ERP 研究。

最后，本书还考察了网络视频游戏中的其他因素对攻击性行为的影响。第十二章从认知和情绪路径出发，考察了网络视频游戏中的竞争因素对攻击性行为的影响机制。

本书不仅介绍了国内外关于网络视频游戏与攻击性行为关系的重要理论和机制，还采用 ERP 技术考察了相关的认知机制等，旨在为网络视频游戏对攻击性行为影响的认知神经科学研究提供实证证据。此外，本书还通过对亲社会视频游戏的研究，揭示了亲社会视频游戏在降低个体攻击性方面的积极作用。

本书的写作分工如下：第一章，刘衍玲（西南大学）、陈帅（华南师范大学）；第二章，陈帅、滕召军（西南大学）、刘衍玲；第三章，陈帅、易振朔（成都市郫都区西川汇锦都学校）、魏铭辰（华东师范大学）；第四章，滕召军、刘衍玲；第五章，陈海英（天津市滨海新区大港第三中学）、刘衍玲；第六章，崔文肖（华内教育集团）、刘衍玲；第七章，毛俊（遂宁市第一人民医院）、刘衍玲；第八章，兰海英（中江县教育科学研究所）、刘衍玲；第九章，张鑫（山东省临沂第一中学）、刘衍玲；第十章，韩陈陈（重庆市第十八中学）、刘衍玲；第十一章，滕召军、刘衍玲；第十二章，孙钾诒（山东第二医科大学）、刘衍玲。

  本书的研究成果对揭示网络视频游戏影响个体攻击性的规律具有重要意义，也为利用这些规律对青少年攻击性进行有效干预和矫正提供了参考依据。通过深入分析这些机制和影响因素，本书希望能为教育工作者、家长及政策制定者提供科学的参考，从而更好地理解和应对青少年在数字化时代面临的挑战。

刘衍玲

2024 年 10 月于西南大学

# 目　录

前言

第一章　绪论 …………………………………………………………………… 1
　第一节　研究背景 …………………………………………………………… 2
　第二节　研究价值 …………………………………………………………… 5

第二章　网络视频游戏与攻击性研究进展 …………………………………… 11
　第一节　攻击性概念界定 …………………………………………………… 12
　第二节　暴力视频游戏与攻击性 …………………………………………… 13
　第三节　亲社会视频游戏与攻击性 ………………………………………… 33
　第四节　网络视频游戏影响攻击性的认知神经机制研究 ………………… 38

第三章　暴力视频游戏接触对中小学生攻击性的影响：不良同伴交往的
　　　　 中介作用 …………………………………………………………… 57
　第一节　被试及方法 ………………………………………………………… 58
　第二节　不良同伴交往中介暴力视频游戏接触对攻击性影响的结果与
　　　　　 分析 ……………………………………………………………… 59
　第三节　不良同伴交往中介暴力视频游戏接触对攻击性影响的讨论 …… 61

第四章　暴力视频游戏接触对中学生攻击性影响的追踪研究：道德推脱的
　　　　 中介作用 …………………………………………………………… 65
　第一节　被试及方法 ………………………………………………………… 66

第二节　暴力视频游戏接触对青少年攻击性影响的纵向效应的结果与
　　　　　分析……………………………………………………………………70
　　第三节　暴力视频游戏接触对青少年攻击性影响的纵向效应的讨论………74

第五章　暴力视频游戏对不同现实暴力接触大学生内隐攻击性的影响…………77
　　第一节　被试及方法……………………………………………………………78
　　第二节　暴力视频游戏对不同现实暴力接触大学生内隐攻击性影响的
　　　　　结果与分析………………………………………………………………81
　　第三节　暴力视频游戏对不同现实暴力接触大学生内隐攻击性影响的
　　　　　讨论…………………………………………………………………………85

第六章　暴力视频游戏对不同认知风格大学生内隐攻击性的影响………………89
　　第一节　被试及方法……………………………………………………………90
　　第二节　暴力视频游戏对不同认知风格大学生内隐攻击性影响的结果与
　　　　　分析…………………………………………………………………………94
　　第三节　暴力视频游戏对不同认知风格大学生内隐攻击性影响的讨论……96

第七章　暴力视频游戏有无角色创建对大学生攻击性的影响……………………101
　　第一节　被试及方法……………………………………………………………102
　　第二节　暴力视频游戏及游戏角色对大学生攻击性影响的结果与分析……106
　　第三节　暴力视频游戏及游戏角色对大学生攻击性影响的讨论……………108

第八章　暴力视频游戏对攻击性信息注意偏向影响的短时效应的 ERP 研究……113
　　第一节　被试及方法……………………………………………………………114
　　第二节　暴力视频游戏对攻击性信息注意偏向影响的短时效应的结果与
　　　　　分析…………………………………………………………………………121
　　第三节　暴力视频游戏对攻击性信息注意偏向影响的短时效应的讨论……127

第九章　暴力视频游戏对攻击性信息注意偏向影响的长时效应的 ERP 研究……133
　　第一节　被试及方法……………………………………………………………134
　　第二节　暴力视频游戏对攻击性信息注意偏向影响的长时效应的结果与
　　　　　分析…………………………………………………………………………144
　　第三节　暴力视频游戏对攻击性信息注意偏向影响的长时效应的讨论……156

## 第十章　亲社会视频游戏对大学生内隐攻击性的影响 ································ 165
### 第一节　被试及方法 ································ 166
### 第二节　亲社会视频游戏对大学生内隐攻击性影响的结果与分析 ········ 170
### 第三节　亲社会视频游戏对大学生内隐攻击性影响的讨论 ··············· 176

## 第十一章　亲社会视频游戏抑制攻击性行为的短时效应的 ERP 研究 ·········· 179
### 第一节　被试及方法 ································ 180
### 第二节　亲社会视频游戏抑制攻击性行为的 ERP 研究结果与分析 ······ 184
### 第三节　亲社会视频游戏抑制攻击性行为的 ERP 研究讨论 ················ 191

## 第十二章　网络视频游戏中竞争因素对攻击性行为影响的短时效应：认知和情绪路径研究 ································ 197
### 第一节　被试及方法 ································ 198
### 第二节　网络视频游戏中竞争因素对攻击性行为影响的短时效应的结果与分析 ································ 210
### 第三节　网络视频游戏中竞争因素对攻击性行为影响的短时效应的讨论 ································ 222

# 第一章

# 绪　论

　　攻击性是青少年的重要外化问题之一，对他们的身心健康发展和良好社会适应的形成有负面影响。数字媒体时代，网络视频游戏成为青少年比较喜欢的娱乐活动之一。然而，网络视频游戏中的多种内容（如暴力、亲社会和竞争等）都会对青少年的攻击性产生重要影响。因此，深入研究网络视频游戏对攻击性的影响，具有重要的学术价值和实践价值。

## 第一节 研究背景

随着校园暴力事件的增多，不仅学生家长、教育工作者和社会学者越来越关注青少年攻击性，国家行政主管部门也更加关注青少年的攻击性问题。2016年11月，教育部等九部门印发了《关于防治中小学生欺凌和暴力的指导意见》，要求加强部门统筹协调，切实防治学生欺凌和暴力事件的发生。这是在2016年4月《国务院教育督导委员会办公室关于开展校园欺凌专项治理的通知》发布后，国家行政主管部门再次集中力量治理校园暴力。2017年11月22日，教育部等印发了《加强中小学生欺凌综合治理方案》，指出"加强中小学生欺凌综合治理是中小学校安全工作的重点和难点……健全预防、处置学生欺凌的工作体制和规章制度，以形成防治中小学生欺凌长效机制为目标，以促进部门协作、上下联动、形成合力为保障，确保中小学生欺凌防治工作落到实处"。2021年1月，教育部办公厅印发了《防范中小学生欺凌专项治理行动工作方案》，要求"深入开展防范中小学生欺凌专项治理行动，切实加强中小学生思想品德教育、法治教育和心理健康教育……织牢联动网络，健全长效机制，建设平安校园、和谐校园"。2024年5月，教育部网站新闻报道教育部提出深入推进中小学校园暴力与学生欺凌防范治理专项行动，"对各地开展的校园暴力与学生欺凌防范治理专项行动提出具体工作要求。通知明确，各校要成立学生欺凌治理委员会，对欺凌行为进行认定，依法依规进行处理。要制定细化校纪校规，明确不同欺凌行为的相应惩戒举措"（教育部，2024）。

事实上，近年来，青少年的攻击性一直是心理学、社会学和教育学的研究热点，越来越多的研究者关注青少年攻击性的产生原因、发展过程及教育干预。关于青少年攻击性的影响因素，目前相关研究主要集中在个体因素、家庭因素、学校因素、物理因素和社会媒介因素等方面（陈海英等，2012）。在个体因素方面，大量临床研究发现，攻击性行为与个体的额叶、颞叶、下丘脑、海马及边缘系统活动异常有关。社会信息加工模型认为，攻击性行为主要来自个体的社会认知缺陷。在家庭因素方面，父母的教养方式与青少年的攻击性行为密切相关。研究表明，放纵型和专制型的教养方式容易使青少年趋于反叛和攻击，而父母的适度监督和限制与攻击性行为呈负相关。有研究发现，早期不安全的依恋模式与青少年日后的攻击性行为密切相关（Xu et al.，2024）。在学校因素方面，不良的师生关系和同伴关系可能会增加个体的攻击性行为。就同伴关系而言，对同伴表现出的攻击性行为越多，其同伴的接纳程度越低。研究发现，在人数较少的班级，同伴间的攻击性行为相对较多（Garandeau et al.，2019）。在物理因素方面，自然环境中的某些因素可能会影响个体的攻击性行为，如气温、噪声等会通过影响个体的情绪反应使其产生攻击性行为。近年来，研究者开始聚焦于社会媒介因素对青少年的攻击性行为的影响。多数研究表明，接触暴力电影、暴力视频游戏等可能会使个体的攻击性行为增加。

数字化媒体时代已经到来，电视、手机等社会媒介无处不在，深刻地影响着人们的生活。可以说，社会媒介在今天比历史上任何时期都更加普遍，且对人们的生活习惯和思维方式产生了深远的影响，特别是对心智尚未完全成熟的青少年而言，社会媒介的影响尤为显著。在众多社会媒介中，网络视频游戏通过呈现引人入胜、身临其境的虚拟场景，给玩家带来了丰富的刺激和全新的感受。这种沉浸式的体验不仅吸引了大量青少年参与，还引发了研究者对视频游戏与攻击性的关系的广泛关注。研究者希望探讨网络视频游戏是否会影响青少年的攻击性行为，以及这种影响的机制和程度是怎样的。因为理解这一关系，对制定有效的教育和干预策略具有重要意义。

自20世纪70年代视频游戏被发明至今，视频游戏产业获得了迅猛发展。一项关于青少年（$N=1102$）的调查显示，99%的男孩和94%的女孩玩过视频游戏，并且视频游戏玩家的数量、时长不断增长（Lenhart et al.，2008）。中国互联网络信息中心发布的《第52次中国互联网络发展状况统计报告》显示，截至2023年6月，中国网民规模达10.79亿人。其中，网络游戏用户规模达到5.50亿人，较2022年12月增长了2806万人，占网民整体的51.0%（中国互联网络信息中心，2023）。其中，青少年网络游戏用户占了很大一部分。

随着电子科技的飞速发展，网络视频游戏的种类日益增多，画面、内容与操作方式更加丰富，模拟度与逼真度也得到了极大的提升。网络视频游戏在中小学生与大学生群体中越来越普及，网络视频游戏对玩家行为产生的影响也越来越受到社会各界的关注。由于网络游戏成瘾的个案频频出现，同时青少年暴力犯罪事件时有出现,且犯罪嫌疑人多有沉迷于网络视频游戏的经历,研究者普遍关注网络视频游戏对玩家的消极影响,尤其是对玩家的攻击性的促进与亲社会性的抑制。

正是由于网络视频游戏的快速发展及其在社会生活中的普遍性,越来越多的研究者开始关注网络视频游戏对游戏玩家的影响,尤其是对青少年游戏玩家的影响。影响青少年攻击性行为的,既有暴力视频游戏,也有亲社会视频游戏。已有研究表明,玩暴力视频游戏的时间越长,个体越会表现出更多的攻击性行为(李永占,2022)。此外,暴力视频游戏对青少年最直接的影响是网络游戏成瘾,部分青少年还会观察甚至模仿暴力视频游戏中的暴力行为。研究者大多聚焦于网络视频游戏对个体的消极影响,尤其是暴力视频游戏对个体的攻击性行为的影响。在解释暴力视频游戏对个体的攻击性行为影响的理论中,Anderson 和 Bushman(2002,2018)提出的一般攻击模型(general aggression model,GAM)为探讨暴力视频游戏与个体攻击性行为的关系提供了重要的理论框架。在该理论框架的指导下,学术界掀起了对暴力视频游戏消极意义的研究热潮。研究发现,暴力视频游戏会短时或长期影响个体的认知、情绪、行为及生理唤醒,导致攻击性行为的增加、亲社会行为的输出减少(Irak et al.,2021;Miedzobrodzka et al.,2021;Anderson & Carnagey,2014;Li,2022;DeWall et al.,2011)。针对暴力视频游戏的横向研究表明,作为情境变量,暴力视频游戏可以导致攻击认知、攻击情感及攻击唤醒水平的提高(Gentile et al.,2011;Mitrofan et al.,2014;Boxer et al.,2015)。另外,也有纵向研究表明,暴力视频游戏的接触量可以预测个体攻击性水平的提高程度(Gentile et al.,2014)。总之,绝大多数研究者以一般攻击模型为理论基础进行研究后发现,暴力视频游戏会导致个体攻击性行为的增加(Drummond et al.,2021)。

网络视频游戏中除了暴力内容,也包含亲社会内容。亲社会视频游戏可以减少或抑制个体的攻击性认知,从而减少攻击性行为(Greitemeyer & Osswald,2009),并且能够增加个体的亲社会思维,从而增加亲社会行为(Greitemeyer & Osswald,2011)。20 世纪末,随着积极心理学的兴起,西方心理学界掀起了一股新的研究思潮。研究者开始将自己的关注点由暴力视频游戏对攻击性行为影响的消极效应转向亲社会视频游戏对亲社会行为影响的积极效应。一些研究者开始关注亲社会视频游戏对个体的认知、情绪(共情)及攻击性行为的影响。有研究者在一般攻击模型的基础上,提出了一般学习模型(general learning model,GLM)(Buckley & Anderson,2006;Gentile,2009;Swing et al.,2011);有研究者用一般学习模型来解释亲社会视频游戏对攻击性行为的抑制效应。根据一般学习模型，网络视频游戏对个体的影响主要取决于游戏的内容，亲社会视频游戏也可以通过影响个体的认知、情绪及行为，进而影响其攻击性行为（Gentile et al., 2009; Greitemeyer, 2011）。近年来，基于一般学习模型的研究表明，亲社会视频游戏不仅能够降低玩家的攻击性行为水平（Greitemeyer et al., 2012），还能够增加亲社会行为（Shoshani & Krauskopf, 2021; Greitemeyer, 2022）。然而，关于亲社会视频游戏的研究起步较晚，现有研究文献量不足，各项研究比较零散，研究结果相对单一。虽然关于亲社会视频游戏的研究越来越受到重视，也在行为结果上支持了一般学习模型理论，但是相比暴力视频游戏，关于亲社会视频游戏抑制个体攻击性行为的神经机制的研究较少。因此，从理论视角，结合实证研究来解释暴力视频游戏与亲社会视频游戏对青少年的攻击性行为的影响，以及采用事件相关电位（event-related potentials，ERP）技术探讨其认知神经机制，对于预防攻击性行为、促进青少年健康发展、维护社会和谐稳定具有重要意义。

## 第二节 研 究 价 值

### 一、理论价值

#### （一）有助于验证一般攻击模型和一般学习模型

有关暴力视频游戏对个体攻击性倾向影响的研究大多是基于一般攻击模型进行的，一般攻击模型为解释媒体暴力对攻击性行为的影响提供了理论支持。一般攻击模型将攻击性行为的产生分为四个步骤：输入变量、分析当前内部状态、评估过程和行为结果（Anderson & Bushman, 2002）。本书中的网络视频游戏就属于输入变量中的情景变量，当前内部状态包括认知、情绪和唤醒状态，攻击性行为则属于行为结果。由于网络视频游戏的类型多样，一般攻击模型难以解释各种非暴力视频游戏（如亲社会视频游戏）对玩家可能产生的积极作用（如亲社会倾向的增加），因此 Buckley 和 Anderson（2006）在一般攻击模型的基础上又提出了一般学习模型，为探讨不同游戏对个体行为的影响提供了新的理论框架。本书既研究暴力视频游戏，也研究亲社会视频游戏，它们作为情境变量会影响认知、情感、唤起三条路径，最后影响青少年的攻击性。因此，本书将对一般攻击模型和一般学习模型进行验证。

### （二）可以丰富媒体暴力领域的研究

近年来，由于媒体暴力盛行，青少年在现实生活中因为暴力电影和暴力视频游戏的影响而误入歧途甚至犯罪的案例越来越多，因此有关媒体暴力的研究逐渐成为心理学的研究热点。在社会媒体的研究中，关于电影、动画片、手机自媒体、网络视频游戏等方面的研究逐年增加。然而，目前关于暴力视频游戏和亲社会视频游戏的研究相对较少，特别是关于亲社会视频游戏的研究更少，从生理层面关注网络视频游戏对青少年攻击性影响的神经机制方面的研究则是少之又少。因此，从某种程度上而言，本书可以丰富关于媒体暴力对青少年心理发展影响领域的研究。

### （三）可以丰富青少年攻击性行为领域的研究

关于攻击性行为的研究有很多，研究者从很多方面考察了影响攻击性行为的因素，比如，遗传基因、人格特点、依恋关系、人际关系等。本书研究进一步从实证的角度剖析网络视频游戏对青少年攻击性行为的影响机制，可以丰富攻击性行为领域的研究。另外，对青少年攻击性行为的影响因素进行研究，也是对攻击性行为进行科学预防和有效控制的基础。

## 二、应用价值

### （一）为政府对网络游戏的审查工作提供理论依据

随着信息技术的发展，人们的日常生活与各种电子媒体产生了密切的关系。网络视频游戏作为一种重要的媒体形式，对人们现实生活的影响越来越大，特别是对青少年的影响更大。2023年，共青团中央维护青少年权益部和中国互联网络信息中心（2023）发布的《第5次全国未成年人互联网使用情况调查报告》显示，2022年，我国未成年网民规模达1.93亿，未成年人互联网普及率高达97.2%，玩电脑游戏的未成年网民比例为24.0%，玩手机游戏的未成年网民比例为62.8%。游戏公司期待开发出玩家喜欢的游戏，从目前市面上的游戏来看，主要的网络视频游戏还是暴力视频游戏或竞技类游戏。相关研究显示，暴力视频游戏对青少年的攻击性有增强的作用。本书研究可以为政府审查网络视频游戏提供一定的理论依据，尽量督促游戏公司减少暴力视频游戏的开发，增加亲社会视频游戏的开发。

### （二）为攻击性行为的干预工作提供实证依据

现代社会，网络已经成为青少年主要的精神生活内容之一，玩网络视频游戏已经成为人们的一种主要娱乐手段。目前，大多数网络视频游戏中包含暴力内容（Weber et al., 2020），研究也证明接触暴力视频游戏会产生严重的后果。每年有大量暴力视频游戏进入青少年的视野，游戏中的一些暴力内容对青少年的健康成长产生了严重的消极影响，例如，犯罪活动或攻击性行为增加（Janssen et al., 2012）。因此，对网络视频游戏进行严格管理刻不容缓。此外，研究者也关注到了亲社会视频游戏的积极效应。例如，研究发现，接触亲社会视频游戏能够降低个体的攻击性倾向（Holmgren et al., 2019）。本书研究试图探究网络视频游戏对青少年攻击性的认知、情绪和行为的影响机制，为青少年的攻击性行为和暴力犯罪的教育干预提供实证依据，为攻击性行为的干预提供可行的方法，促使广大教育者、家长及政府相关部门关注亲社会视频游戏对青少年的积极作用，为制定减少青少年攻击性行为的策略提供有效的参考，也为学校制定或者提出相应的策略以解决学生之间的冲突提供实证依据。同时，关于亲社会视频游戏对攻击性的抑制的实验研究，还可以为开发有利于促进青少年发展的、具有教育意义的游戏提供理论和实证依据。

## 参考文献

陈海英，刘衍玲，崔文波．（2012）．青少年攻击行为的影响因素及教育对策分析．*现代中小学*

教育，（9），69-72.

共青团中央维护青少年权益部，中国互联网络信息中心.（2023）. 第5次全国未成年人互联网使用情况调查报告. http://qnzz.youth.cn/qckc/202312/P020231223672191910610.pdf.

教育部.（2024）. 提升识别应对能力 依法依规进行处理 教育部明确校园暴力与学生欺凌防范治理专项行动具体要求. http://www.moe.gov.cn/jyb_xwfb/gzdt_gzdt/s5987/202405/t20240531_1133303.html.

李永占.（2022）. 暴力视频游戏接触对大学生网络攻击行为的影响：一个有中介的调节模型. 心理科学，（4），888-895.

中国互联网络信息中心.（2023）. 第52次中国互联网络发展状况统计报告. https://www.cnnic.net.cn/NMediaFile/2023/0908/MAIN1694151810549M3LV0UWOAV.pdf.

Anderson, C. A., & Bushman, B. J.（2002）. Human aggression. *Annual Review of Psychology*, *53*（1），27-51.

Anderson, C. A., & Bushman, B. J.（2018）. Media violence and the general aggression model. *Journal of Social Issues*, *74*（2），386-413.

Anderson, C. A., & Carnagey, N. L.（2014）. The role of theory in the study of media violence: The general aggression model. In D. A. Gentile（Ed.），*Media Violence and Children*: *A Complete Guide for Parents and Professionals*（pp. 103-133）. Praeger/ABC-CLIO.

Boxer, P., Groves, C. L., & Docherty, M.（2015）. Video games do indeed influence children and adolescents' aggression, prosocial behavior, and academic performance: A clearer reading of Ferguson（2015）. *Perspectives on Psychological Science*, *10*（5），671-673.

Buckley, K. E., & Anderson, C. A.（2006）. A theoretical model of the effects and consequences of playing video games. In P. Vorderer & J. Bryant（Eds.），*Playing Video Games*: *Motives, Responses, and Consequences*（pp. 363-378）. Lawrence Erlbaum Associates Publishers.

DeWall, C. N., Anderson, C. A., & Bushman, B. J.（2011）. The general aggression model: Theoretical extensions to violence. *Psychology of Violence*, *1*（3），245-258.

Drummond, A., Sauer, J. D., Ferguson, C. J., Cannon, P. R., & Hall, L. C.（2021）. Violent and non-violent virtual reality video games: Influences on affect, aggressive cognition, and aggressive behavior. Two pre-registered experiments. *Journal of Experimental Social Psychology*, *95*, 104119.

Garandeau, C. F., Yanagida, T., Vermande, M. M., Strohmeier, D., & Salmivalli, C.（2019）. Classroom size and the prevalence of bullying and victimization: Testing three explanations for the negative association. *Frontiers in Psychology*, *10*, 2125.

Gentile, D. A.（2014）. *Media Violence and Children*: *A Complete Guide for Parents and Professionals*. Praeger Publishers, Greenwood Publishing Group.

Gentile, D. A., Anderson, C. A., Yukawa, S., Ihori, N., Saleem, M., Ming, L. K., …, Sakamoto, A.（2009）. The effects of prosocial video games on prosocial behaviors: International evidence from correlational, longitudinal, and experimental studies. *Personality and Social Psychology Bulletin*, *35*（6），752-763.

Gentile, D. A., Coyne, S., & Walsh, D. A.（2011）. Media violence, physical aggression, and relational aggression in school age children: A short-term longitudinal study. *Aggressive Behavior*, *37*（2），193-206.

Greitemeyer, T. (2011). Effects of prosocial media on social behavior: When and why does media exposure affect helping and aggression? *Current Directions in Psychological Science*, *20*(4), 251-255.

Greitemeyer, T. (2022). The dark and bright side of video game consumption: Effects of violent and prosocial video games. *Current Opinion in Psychology*, *46*, 101326.

Greitemeyer, T., & Osswald, S. (2009). Prosocial video games reduce aggressive cognitions. *Journal of Experimental Social Psychology*, *45*(4), 896-900.

Greitemeyer, T., & Osswald, S. (2011). Playing prosocial video games increases the accessibility of prosocial thoughts. *The Journal of Social Psychology*, *151*(2), 121-128.

Greitemeyer, T., Agthe, M., Turner, R., & Gschwendtner, C. (2012). Acting prosocially reduces retaliation: Effects of prosocial video games on aggressive behavior. *European Journal of Social Psychology*, *42*(2), 235-242.

Holmgren, H. G., Padilla-Walker, L. M., Stockdale, L. A., & Coyne, S. M. (2019). Parental media monitoring, prosocial violent media exposure, and adolescents' prosocial and aggressive behaviors. *Aggressive Behavior*, *45*(6), 671-681.

Irak, M., Soylu, C., & Tümen, C. (2021). Effects of excessive violent video game playing on verbal memory: An event-related brain potentials study. *Cognitive Processing*, *22*(3), 487-500.

Janssen, I., Boyce, W. F., & Pickett, W. (2012). Screen time and physical violence in 10 to 16-year-old Canadian youth. *International Journal of Public Health*, *57*(2), 325-331.

Lenhart, A., Kahne, J., Middaugh, E., Macgill, A. R., Evans, C., & Vitak, J. (2008). Teens, video games, and civics: Teens' gaming experiences are diverse and include significant social interaction and civic engagement. *Pew Internet & American Life Project*, 1-64.

Li, Y. Z. (2022). Linking violent video games to cyberaggression among college students: A cross-sectional study. *Aggressive Behavior*, *48*(2), 241-252.

Miedzobrodzka, E., Konijn, E. A., & Krabbendam, L. (2021). Emotion recognition and inhibitory control in adolescent players of violent video games. *Journal of Research on Adolescence*, *32*(4), 1404-1420.

Mitrofan, O., Paul, M., Weich, S., & Spencer, N. (2014). Aggression in children with behavioural/emotional difficulties: Seeing aggression on television and video games. *BMC Psychiatry*, *14*(1), 287.

Seligman, M. E. P., & Csikszentmihalyi, M. (2000). Positive psychology: An introduction. *The American Psychologist*, *55*(1), 5-14.

Shoshani, A., & Krauskopf, M. (2021). The Fortnite social paradox: The effects of violent-cooperative multi-player video games on children's basic psychological needs and prosocial behavior. *Computers in Human Behavior*, *116*, 106641.

Statistics, V. G. I. (2013). Entertainment Software Rating Board. https://www.esrb.org.

Swing, E. L., Gentile, D. A., & Anderson, C. A. (2010). Learning processes and violent video games. In Information Resources Management Association (Ed.), *Gaming and Simulations: Concepts, Methodologies, Tools and Applications* (pp. 1807-1822). Information Science Reference.

Wallenius, M., & Punamäki, R. L. (2008). Digital game violence and direct aggression in adolescence: A longitudinal study of the roles of sex, age, and parent-child communication. *Journal of Applied Developmental Psychology*, *29*(4), 286-294.

Weber, R., Behr, K. M., Fisher, J. T., Lonergan, C., & Quebral, C. (2020). Video game violence and interactivity: Effect or equivalence? *Journal of Communication*, *70*(2), 219-244.

Xu, X. Z., Wu, Y. P., Xu, Y. W., Ding, M. M., Zhou, S. L., & Long, S. M. (2024). The role of parent-child attachment, hostile attribution bias in aggression: A meta-analytic review. *Trauma, Violence & Abuse*, *25*(3), 2334-2347.

# 第二章
# 网络视频游戏与攻击性研究进展

本章从四个方面综述了网络视频游戏影响攻击性的相关研究进展：其一，攻击性的概念；其二，暴力视频游戏与攻击性的关系，包括以一般攻击模型和催化剂模型为代表的理论框架、实证研究争论及其产生的原因；其三，亲社会视频游戏与攻击性关联的理论和实证研究进展；其四，网络视频游戏影响攻击性的认知神经机制。

# 第一节 攻击性概念界定

Anderson 和 Bushman（2002）在著名的心理学杂志《心理学年鉴》（Annual Review of Psychology）上发表文章，对20世纪80年代以来关于攻击性的研究进行了总结。他们认为，攻击性（aggression）是一种伤害别人的行为倾向，是指直接针对他人并以对其造成伤害为直接目的的行为。同时，攻击者明白其行为将伤害到目标，且目标试图躲避。攻击性常常表现在言语、动作、认知、身体攻击等方面。目前，一些研究认为，攻击性包括攻击性认知、攻击性情绪和攻击性行为。

目前，对攻击性认知这一念并没有一个统一的认识。人们通常从静态和动态两个认知过程来理解。持静态视角的人认为，攻击性认知主要表现为敌意思维，即对他人的负面看法或消极评价，也可能是个体出自对世界的怨恨、对他人的消极评价而产生的一种报复心态；持动态视角的人认为，攻击性认知是一个攻击性发生、发展的认知加工过程。例如，Crick 和 Dodge（1996）从攻击性认知信息的加工过程模型出发，将攻击性的认知加工过程描述为线索译码、线索表征、选择目标、搜寻或建构新行为、启动行为、发动已决定的选用行为6个阶段。已有研究表明，攻击性认知对攻击性行为、攻击性情绪、生理唤醒都会产生重要的影响。例如，Dodge（1991）的研究发现，攻击性信息的认知加工过程会影响攻击性行为；刘桂芹（2010）的研究发现，攻击性的社会信息加工模型强调了攻击性认知对攻击性行为的调节作用。

与抑郁、焦虑等负性情绪一样，攻击性情绪也会影响青少年的心理健康，并且往往会引起攻击性行为。在对攻击性的研究中，研究者根据不同的想法和出于不同的考虑，提出了不同维度的分类，在对攻击性情绪的表现总结上也各不相同。Buss 和 Perry（1992）通过因素分析得到了攻击性的4个维度，包括身体攻击、言语攻击、愤怒、敌对，其中愤怒属于攻击性情绪。潘绮敏和张卫（2007）将攻击性情绪总结为易怒、冲动、缺乏自我控制的能力。常见的攻击性情绪主要是指愤怒，有研究者揭示了愤怒情绪和敌意对攻击性行为的作用，也有研究者提出了特质愤怒与反应性攻击的综合认知模型。特质愤怒是一种稳定而持久的人格特质，包括在愤怒的频率、持续时间和强度上稳定的个体差异（Spielberger et al.，1988）。该模型认为，在相同情境下，高特质愤怒的个体比低特质愤怒的个体更容易产生敌意偏见，进而产生攻击性情绪和攻击性行为（杨丽珠等，2011）。相对于攻击性认知的研究而言，目前针对攻击性情绪的研究较少。

攻击性行为是一种故意对他人的身体和心理进行伤害的行为。根据攻击性行为的表现形式不同，可以将其分为直接攻击和间接攻击，或者分为身体攻击、言语攻击和其他攻击。根据攻击的主动与被动性质，可以将其分为反应性攻击和主动性攻击。攻击性行为是青少年中普遍存在的行为，既有显性的直接攻击，也有隐性的关系攻击。青少年经常受到他人的攻击，会产生情绪上的焦虑、抑郁，行为上的厌学、逃避，以及认知上的自卑、无能，可能会导致学业成绩下降、睡眠障碍等问题，严重的可能会出现自杀行为。攻击他人的青少年则可能会出现行为失调、人格障碍或者暴力犯罪等问题。攻击性行为是攻击性认知和攻击性情绪综合作用的结果，也是个体的社会性发展的重要方面。个体的攻击性行为既有可能来自学校的适应不良，也有可能来自家庭的攻击性代际传递的影响。

# 第二节　暴力视频游戏与攻击性

## 一、暴力视频游戏影响攻击性的理论模型与争论

### （一）一般攻击模型及其发展

#### 1. 一般攻击模型概述

最初，Anderson 和 Morrow（1995）基于情感提出了一般情感攻击模型（general affective aggression model，GAAM）来解释疼痛、枪支图像和媒体暴力对攻击性行为的影响，该模型沿用至 2000 年（Anderson & Dill，2000；Lindsay & Anderson，2000）。Anderson 和 Bushman（2002）在《心理学年鉴》上发表的研究将其发展成适用于各种形式攻击的模型，并将其重新命名为一般攻击模型。但

是，一般攻击模型的首次使用是在 2001 年关于暴力视频游戏效果的元分析中（Anderson & Bushman，2001）。随后，以 Anderson 为核心的研究者对一般攻击模型进行了发展。Anderson 和 Bushman（2018）在回顾了过去多年研究的基础上，对一般攻击模型进行了一些澄清和扩展，并针对媒体暴力与攻击性行为提出了新的研究方向。

图 2-1 概述了一般攻击模型的结构（Allen et al.，2018；Anderson & Bushman，2018）。该模型通过"人格发展"和"社会遭遇"两个核心过程，分别阐述了稳定的长期远端影响因素和临时的短期近端影响因素的独特作用机制。其中，象征"人格发展"的远端过程阐述了稳定的生物和持久的环境因素如何塑造广泛的人格特质；象征"社会遭遇"的近端过程则揭示了个体与情境因素输入通过内部心理状态路径的激活，会影响个体对当前情境的评估和决策过程，最终产生行为结果（攻击或非攻击）。需要强调的是，远端过程和近端过程存在密切的相互作用，即近端过程的个体和情境因素源于远端过程的塑造，而近端过程的行为结果也会通过社会互动的方式导致个体人格方面的长期变化。

具体来看，在近端过程中，个体与情境因素会激活认知、情绪和生理唤醒 3 条内部心理状态路径，进而影响个体对当前情境的评估和决策过程，即对当前信息的整合和对未来结果进行的预期、判断。评估过程包括即时评估和重新评估。即时评估是无意识的、无须或较少意志参与的自动发生过程。即时评估的内容包括情绪（如愤怒）、目标（如报复）和意图（报复意图）等信息。重新评估是更高级的评估过程，即时评估和对评估结果的反馈决定了这一过程是否会发生。如果条件不满足，则会基于即时评估的内容产生冲动反应（攻击或非攻击结果），反之，个体会进行重新评估。这可能会经历多个周期，且会反馈并影响个体的内部状态，并产生熟虑反应（攻击或非攻击结果）。在大多数情况下，经过深思熟虑后的行为的攻击性往往比冲动性行为的攻击性更弱。但特殊情况或个体差异的存在也会使得重新评估后的行为更加激进，如个体沉迷于网络视频游戏中的暴力行为或追求某种利益时。

随后，近端的行为结果会通过特定方式反作用于个体的人格发展，进而应用于新的社会遭遇过程之中。图 2-2 归纳了 6 种与攻击性相关的知识结构（纳入主要方面而非追求包罗万象），包括传统的攻击信念与态度、攻击知觉图式、攻击期望图式、攻击行为图式、对攻击的麻木，以及基于新近研究结果新添加的脑结构和功能。也就是说，生活经历（生物-社会交互）会通过上述与攻击性相关知识结构的学习、练习和强化，以及脑结构和功能的改变，导致个体攻击相关人格特质的增加。随后，这种人格特质的变化还会循环到近端过程中，即通过改变社会互动中经常出现的个体变量和影响社会情境本身（因为性格的发展会导致多方面的系统变化）两种途径，影响当前情境下攻击性行为出现的可能性。

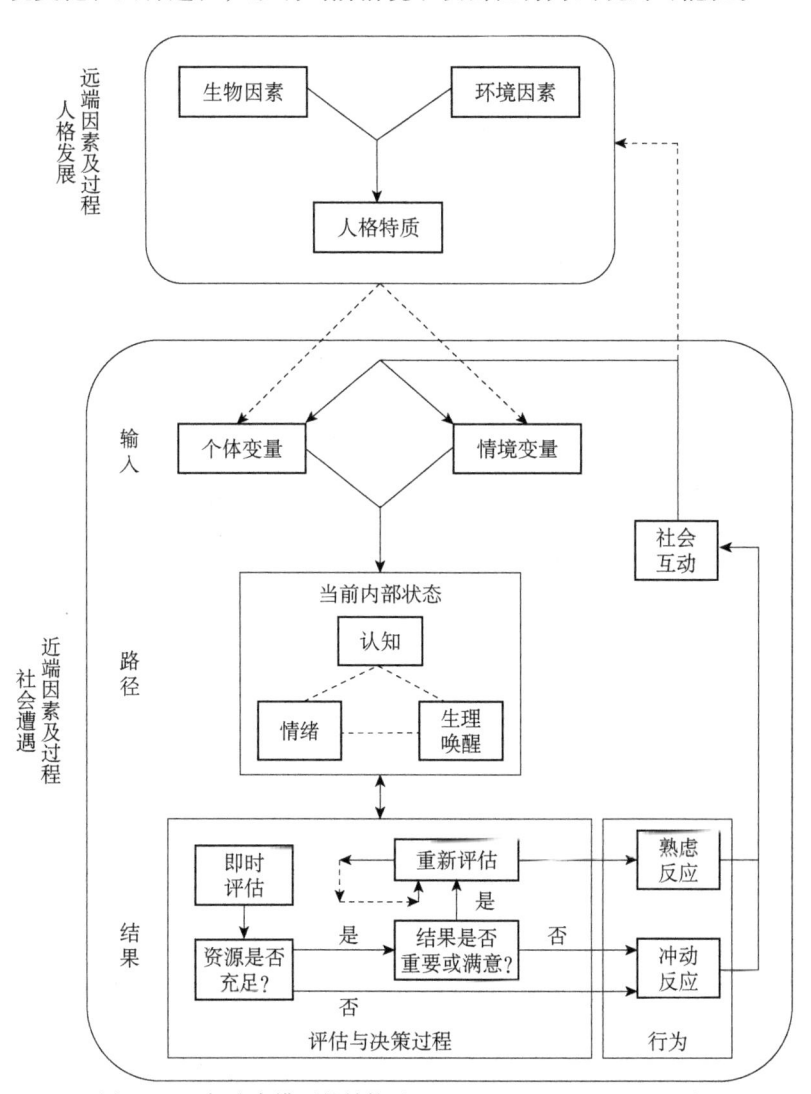

图 2-1　一般攻击模型的结构（Anderson & Bushman，2018）

```
                    生物-社会交互
          与攻击相关的知识结构的学习、练习和强化
                  脑结构和功能的改变
```

```
攻击信念   攻击知觉   攻击期望   攻击行为   对攻击的   脑结构
与态度     图式       图式       图式       麻木       和功能
```

```
                    攻击性人格的增加
```

```
   个体变量                        情境变量
   如攻击性人格                    如社会情境、新朋友
```

```
              一般攻击模型的社会遭遇过程
```

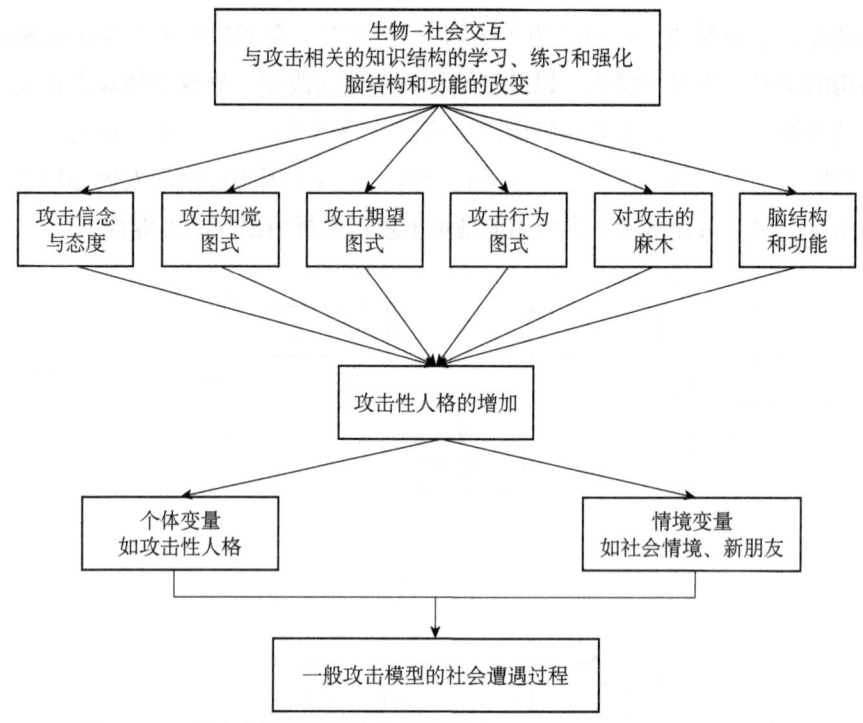

图 2-2　一般攻击模型的人格发展过程（Anderson & Bushman，2018）

**2. 媒体暴力（视频游戏）影响攻击性的传统路径**

以暴力视频游戏为核心的媒体暴力影响攻击性行为的心理过程，可以分为直接但短暂的短期效应和延迟但持久的长期效应两种。

（1）短期媒体暴力效应的解释

接触媒体暴力后，攻击性行为在短期内增加，主要是基于 3 个心理过程：①现有攻击性知识结构（包括脚本）的启动或激活；②对攻击性行为的简单模仿；③媒体暴力刺激带来的生理唤醒变化。

1）启动。一些认知心理学家和神经科学家认为，人类的思维就像是一个由节点和联结组成的联想网络，节点代表概念，联结代表概念间的联系。认知、情感和行为倾向在记忆中通过联想网络联结在一起，而这种密切联系的概念集通常被称为知识结构。环境刺激可以激活记忆中的相关概念，并沿着网络传播到相关概念和更复杂的知识结构中。接触媒体暴力则会启动一系列的复杂联想，包括攻击性认知、情绪和行为动机等。其中，攻击脚本就是一种典型的

知识结构。

2）模仿。人类天生具有模仿自己观察到的人的倾向。因此，观察媒体人物表现出攻击性行为的孩子，更可能在观察后立即做出同样的攻击性行为（Bandura，1997）。理论上，个体与观察榜样越相似，模仿就越可能发生，且模仿通常是自发和无意识的。

3）唤醒。由增加生理唤醒（如心率、血压）场面组成的媒体暴力至少会通过4种潜在方式，在短期内使个体的攻击性行为增加。①高水平的唤醒通常被体验为厌恶，由此可能会以其他厌恶刺激相同的方式激发攻击性；②高唤醒会缩小个体的注意范围，当攻击性线索凸显时，个体会将大部分注意资源集中于它，从而促进攻击；③高唤醒可能会使得任何主导反应倾向在短期内迅速发生，这使得高攻击性的人在唤醒激发时更可能表现出攻击性；④接触暴力媒体产生的高兴奋可能会被错误地归因于其他产生兴奋的刺激，如挑衅，从而表现出高攻击性，这个过程被称为"兴奋转移"（Zillmann，1988）。

（2）长期媒体暴力效应的解释

接触媒体暴力后，攻击性行为会不断增加，主要是基于以下两个心理过程。

1）观察学习。观察学习（也被称为替代学习、社会学习）是通过观察榜样进行的学习（Bandura，1997）。观察学习是模仿的强大延伸，短期模仿只需要一次接触观察到的行为，长期观察学习则需要重复接触，通过逻辑归纳和概括对记忆中的复杂表征进行编码。通过重复接触媒体暴力，个体可能会发展出攻击规范信念，并获得如何及何时表现出攻击性的社会脚本。

2）情绪脱敏。情绪脱敏是随着时间的推移和重复暴露于某些刺激中，个体对该刺激的情绪反应逐渐习惯和减弱的过程。例如，绝大多数人最初观察血腥场面时会产生与生俱来的负面情绪反应，但随着反复接触，这些负面反应会减弱，进而形成习惯。也就是说，个体持续接触（即使是短暂的）媒体暴力后，会导致对暴力场景的生理脱敏，对暴力受害者的同情心减少，这也会导致之后现实生活中攻击性行为的增加、亲社会行为的减少。

Anderson和Bushman（2018）的研究描绘了反复接触媒体暴力后，个体在面临初步的模糊挑衅后升级表现出攻击性行为的过程，如图2-3所示。在短期和长期接触媒体暴力后，个体习得并激活知识结构，增强了攻击性认知的可及性，进而通过做出敌意归因、产生攻击选项、选择攻击选项三个过程，使做出攻击性行为的可能性增大。同样，共情和对攻击性认知的焦虑水平的下降，会弱化个体对攻击性行为的理性控制，从而增加攻击性行为。

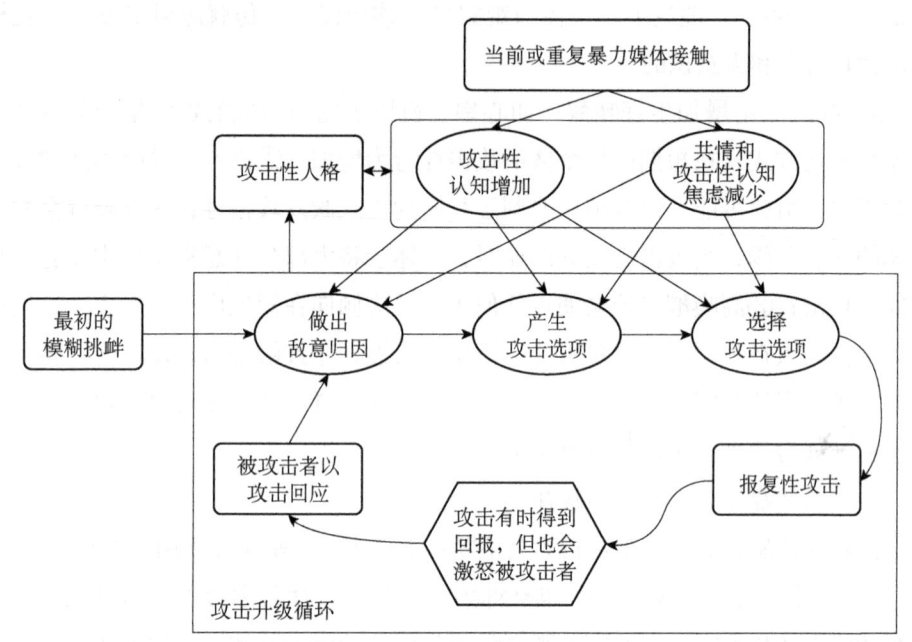

图 2-3 反复接触媒体暴力增加模糊挑衅情境下攻击性行为的过程
（Anderson & Bushman，2018）

在个体从记忆中检索到攻击性脚本并产生报复性攻击后，即使攻击性行为成功了，也会激怒对方，后者可能会以攻击性方式进行回应，攻击性循环将会持续下去。反复陷入这种恶性循环，会导致个体发展出更高水平的攻击性人格。

### 3. 媒体暴力（视频游戏）影响攻击性的新兴路径

除上述传统路径外，Anderson 和 Bushman（2018）通过分析现有文献，还提出了接触媒体暴力增加攻击性的其他新兴途径，包括社会化效应、学校表现、脑、冲动和执行功能、刻板印象等。其中，"同伴群体转变""执行功能-冲动缺陷"因其独特性和重要性而与传统路径共同被纳入接触媒体暴力增加攻击性行为的典型路径中，如图 2-4 所示。然而，新兴的路径仍需要未来更多的高质量研究进行验证。

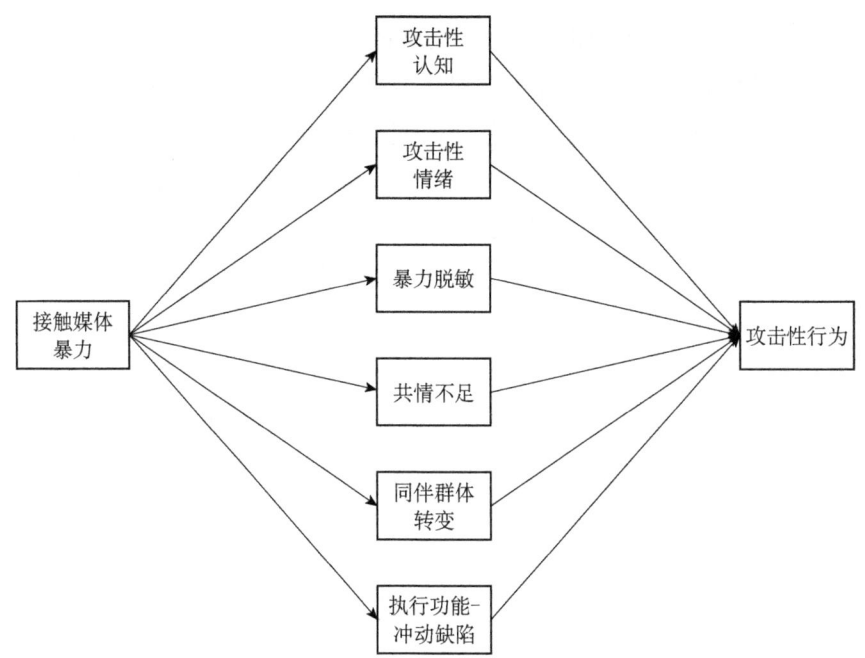

图 2-4　接触媒体暴力增加攻击性行为的路径（Anderson & Bushman，2018）

## （二）催化剂模型及其发展

### 1. 催化剂模型概述

自 2008 年以来，以 Ferguson 为代表的一部分学者对基于社会认知模型（典型代表为一般攻击模型）的攻击性行为理论进行了严厉批判和驳斥，提出了基于遗传和进化模型的催化剂模型（catalyst model，CM），以解释攻击性行为的产生（Ferguson，2023；Ferguson & Beaver，2009；Ferguson et al.，2008）。Ferguson 等（2008）在《暴力游戏与攻击性行为：因果关系还是家庭暴力和内在动机的副产品》（Violent video games and aggression: Causal relationship or byproduct of family violence and intrinsic violence motivation）一文中首次提出了催化剂模型，并对攻击性行为的产生和媒体暴力在其中的作用进行了初步论述。随后，Ferguson 和 Beaver（2009）在《天生杀手：极端暴力的遗传起源》（Natural born killers: The genetic origins of extreme violence）一文中详细论述了他们对攻击性行为来源的思考，以及催化剂模型的理论观点。Ferguson（2023）基于催化剂模型和素质-压力框架，发展出了青少年攻击性行为的进化动机模型，对攻击性行为的概念与功能、来源与发生过程等方面进行了全新的阐释。

催化剂模型的首要观点和基础是对攻击性行为概念的全新理解。Ferguson 等（2008）认为，将攻击性行为定义为"给意图避免的人造成身体伤害或羞辱而产生的行为"的传统观点，存在一个重要的潜在偏见，即攻击的本质是不好、非适应性、病态和不受欢迎的。他们认为攻击应该是一个从"没有"到"病理性攻击"的连续体。其中，中等程度的攻击是具有适应性功能的，如可以引导个体采取社会认可的执法、体育比赛等行为。因此，他们从不考虑道德限制的进化角度，将攻击性行为定义为旨在提高某一生物体相对于其他生物体的社会统治地位的行为，或为提升生存能力而进行的必要防御性行为（Ferguson et al., 2008）。极端的"病理性攻击"则是指对个体（身体或社会）带来高风险，或对他人造成无端伤害（对于提高生存能力或地位并非必要的伤害）的攻击。然而，他们也承认适应性攻击与病态攻击之间的界限是"灰色的"，而这种划分依赖于社会背景。

明确攻击的概念后，他们分别从攻击性人格的发展和攻击性行为的产生两个方面对攻击的来源与发生过程进行了阐释（Ferguson et al., 2008），这也是催化剂模型的核心观点，如图 2-5 所示。首先，攻击性来源于进化和环境因素。基于复杂基因因素（临近或超过 50%）和父母教养因素（约 10%）对攻击性的强大解释效力，他们认为病态攻击性人格的发展来源于基因和恶劣环境的交互作用，即两者兼有的个体更有可能具有极端暴力行为的性格。遗传风险和不利环境导致个体具有不同的攻击性人格倾向，并在面临可能引发攻击性行为的情境时具有一个行为反应范围。随后，攻击性行产生于环境刺激所引发的动机受挫和负面情绪。他们认为，攻击性行为不是认知脚本的激活，而是动机结构的激活。其中，基于自我决定理论，能力、自主和需要动机是动机结构的核心；基于挫折-攻击假说（Berkowitz，1989），动机受挫导致的消极情绪增强了攻击性行为的可及性。在特定环境刺激的影响下，个体的某种动机受挫，负面情绪增加，进而增强了攻击性行为的可及性。然而，即使个体产生了进行攻击的动机，也有可能并未实际做出积极反应。因为严重的攻击通常不被社会认可，且会产生不小的长期成本，而人类进化出的"冲动控制器"能够让个体在行为选择之间进行权衡，最终选择不那么激进的反应。这种位于大脑额叶的控制系统受损的人，做出暴力行为的概率较高。

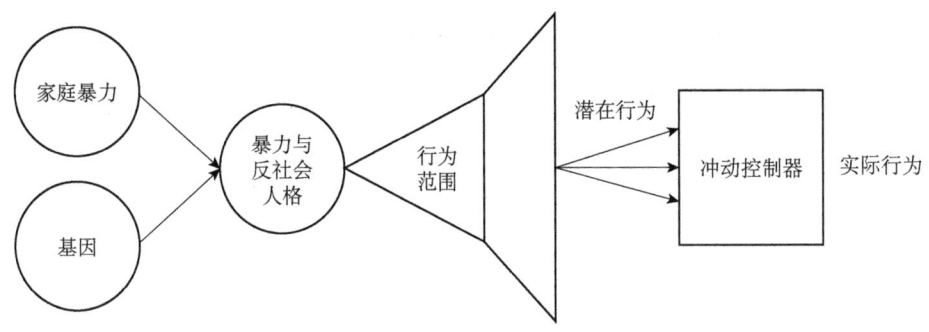

图 2-5 攻击性行为的催化剂模型（Ferguson，2023）

### 2. 催化剂模型观点下的媒体暴力效应

催化剂模型特别强调，媒体暴力并非攻击性行为产生的原因，而仅仅是具有暴力倾向的个体在表现出攻击性行为过程中的一种风格催化剂（Ferguson，2023；Ferguson & Beaver，2009；Ferguson et al.，2008），如图 2-6 所示。

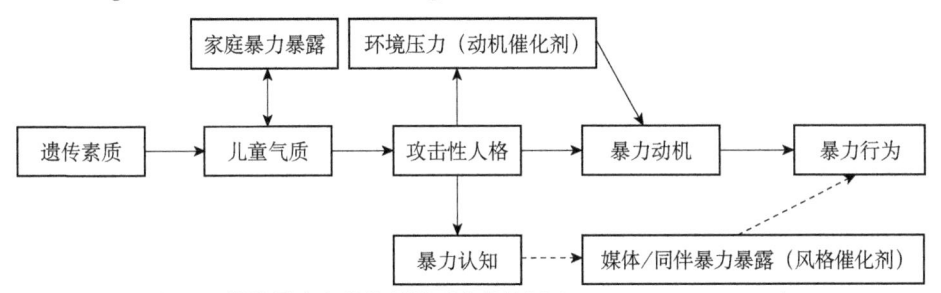

图 2-6 媒体暴力在催化剂模型中的作用（Ferguson et al.，2008）

具体来说，催化剂模型认为，基于生物学途径的遗传素质和不利的早期环境（如家庭暴力暴露）导致了攻击性个体的气质和人格的形成。随后，在特定的环境压力下，高攻击倾向的个体产生了做出暴力行为的即时动机，进而决定做出攻击性行为。然而，媒体暴力也可能在此时发挥作用，即攻击者可能会模仿媒体中的暴力行为方式。如此一来，攻击性行为产生的前因变量就是其从事暴力行为的动机，而这种动机来源于个体的攻击人格倾向和特定环境压力，媒体暴力仅仅是影响了其做出攻击性行为的具体类型。Ferguson（2023）使用这样一个例子来辅助理解：当一个罪犯决定杀人时，他可能会从某部犯罪剧中学会使用漂白剂来清除现场证据。此时，犯罪剧只是一种风格催化剂，无论罪犯是否看过这部剧，凶杀案都会发生，但如果不是因为看了这部剧，罪犯也许不会使用漂白剂。

综上所述，催化剂模型认为，攻击性行为产生的前因变量是攻击性人格特质

（来源于遗传素质和家庭暴力暴露的交互影响）和特定环境压力，而媒体暴力仅仅起到了风格催化的作用。

## 二、暴力视频游戏对攻击性影响的相关研究

暴力视频游戏是否会影响个体的攻击性，是游戏内容效应领域研究最多、争论最激烈的关键问题。以 Anderson 为核心的研究者基于一般攻击模型，通过一系列行为实验、大样本和跨文化调查、纵向追踪和元分析，证实了暴力视频游戏接触会增加个体的攻击性行为。以 Ferguson 为核心的研究者也通过同样的多元方法发现，暴力视频游戏并非攻击性行为产生的前因变量，并使用催化剂模型来解释这一结果。经过数十年的发展，这一争论并未得到解决，反而逐渐扩大。在此，我们分别对两种截然相反的相关研究成果进行归纳。

### （一）暴力视频游戏增加攻击性的相关研究

#### 1. 横断研究

横断研究是应用比较广泛的研究设计，它为暴力视频游戏接触与攻击性的关系提供了最直接和更具生态效度的证据。经过数十年的发展，海量横断研究不仅证实了暴力视频游戏对攻击性具有独特且稳定的影响，还验证了这一影响具有跨文化的普遍性和稳定性，更揭示了这一作用的内在机制（中介变量）和外在条件（调节变量）。

首先，在直接效应方面，东西方的横断调查结果显示，暴力视频游戏接触与个体的各类攻击性行为（如身体攻击、言语攻击、关系攻击）（陈秀芹等，2021）和欺凌行为（如现实欺凌、网络欺凌）（She et al.，2022；Teng et al.，2022；Uçur & Dönmez，2023）、相关攻击性认知（如敌意、攻击规范信念、道德推脱）和情绪（如愤怒、共情）均存在显著的相关关系（Addo et al.，2021；Anderson et al.，2017；Wang & Zhou，2023）。一项跨文化研究为此提供了最典型的证据支持。Anderson 等（2017）对 7 个国家（中国、美国、日本、澳大利亚、德国、罗马尼亚、克罗地亚）的 2154 名青少年和早期成人（$M_{年龄}$=21，

$SD$=4.98）进行了联合调查，以阐明媒体暴力（包括电视、电影和视频游戏）与攻击性之间的关系，以及文化普适性。结果显示，媒体暴力对攻击性行为（包括身体攻击、言语攻击和关系攻击）具有小到中等的预测作用，且关系模式在各个国家之间并无显著差异。更重要的是，他们通过比较发现，媒体暴力是攻击性行为的第二大预测因素（占比23%），仅次于同伴犯罪，而高于父母虐待、邻里暴力、性别和同伴侵害。同时，媒体暴力接触也与攻击规范信念呈显著正相关，与共情呈显著负相关。此外，还有研究显示，暴力视频游戏接触的负面效应不仅存在于个体本身，还能在个体的社会网络中传递。例如，Greitemeyer（2018）的调查发现，朋友的暴力视频游戏接触会通过他们的攻击性影响被试自身的攻击性。也就是说，当被试的朋友玩暴力视频游戏时，即使自己不玩，他们也会变得更具攻击性。

其次，在内在机制方面，研究者以一般攻击模型为框架，深入探讨了暴力视频游戏接触影响攻击性行为的潜在路径。其中，认知因素，如攻击规范信念（Shao & Wang，2019；Zhou et al.，2023）、敌意（Swing & Anderson，2014；Yao et al.，2019）、道德推脱（Wang & Zhou，2023；Yao et al.，2019；Zhao et al.，2021）、去人性化（Jiang et al.，2022）、暴力态度（Li，2022；Swing & Anderson，2014；陈海英等，2012；李永占，2022）、暴力想象（Addo et al.，2021）、愤怒反刍（Zheng et al.，2021），以及情绪因素，如共情（Addo et al.，2021）、愤怒（Swing & Anderson，2014；Yao et al.，2019；Zhao et al.，2021）等，是暴力视频游戏接触增加攻击性行为过程中研究最充分的中介机制。同时，Anderson等（2017）的跨文化研究不仅支持了认知（攻击规范信念）和情绪（共情）是媒体暴力导致攻击性行为的主要机制，还发现认知路径比情绪路径的中介效应更大，这对于理解暴力视频游戏负面效应的机制具有启发性意义。此外，研究者还对"同伴群体转变"和"执行功能-冲动性"路径进行了初步探究。例如，Chen等（2022）对中国2152名中小学生的调查发现，暴力视频游戏接触会通过增加不良同伴交往导致高攻击性行为。针对中国儿童青少年（Zhao et al.，2021）和美国大学生（Swing & Anderson，2014）的调查发现，冲动性会中介暴力媒体暴露对反应性攻击的影响。

最后，在外在条件方面，研究者主要从个体特征、情境特征和游戏特征三个方面检验了暴力视频游戏接触影响攻击性的调节因素。具体来说，公正世界信念

（Lei et al.，2023）、道德认同（Teng et al.，2020）等个体特征，良好的家庭环境（Shao & Wang，2019）、父亲在位（Lei et al.，2023）等情境特征，能够削弱暴力视频游戏对攻击性的影响。反之，冷酷无情特质（Wang & Zhou，2023）、特质愤怒（Li，2022；李永占，2022）、特质攻击（Brändle et al.，2015；Teng et al.，2020）等个体特征，不利环境（Addo et al.，2021）等情境特征，以及游戏竞争性（Dickmeis & Roe，2019）等游戏特征，会增加暴力视频游戏对攻击性的影响。

**2. 实验研究**

实验研究是证明短时效应的强有力的研究设计，为暴力视频游戏接触对攻击性的影响提供了支持短时因果的证据。同样，自 Anderson 和 Dill（2000）首次开展严谨的实验研究以来，数十年间的海量实验研究不仅致力于检验短时接触暴力视频游戏对个体攻击性影响的效应是否存在，还关注了这一效应背后的机制及调节这一效应的潜在因素。

数十年来，大多数实验研究发现了短期玩暴力视频游戏对玩家攻击性的直接效应（Anderson & Dill，2000；李俊一，靳宇倡，2014）。具体来说，短时接触暴力视频游戏会增加个体的攻击性认知（Denson et al.，2020；Zhang et al.，2021）、对攻击性词汇的注意偏向（丁道群，伍艳，2014；甄霜菊等，2013）、愤怒和状态敌意等攻击性情绪（Ivory & Kaestle，2013；Lull & Bushman，2016）、生理唤醒（Gentile et al.，2017）、攻击性行为（Zhang et al.，2021），并导致对暴力的生理脱敏（Carnagey et al.，2007）。例如，Gentile 等（2017）的研究发现，儿童玩 25min 的暴力视频游戏后，其皮质醇和心血管的唤醒显著增加，攻击性想法的可及性显著提高，证实了暴力视频游戏会激活人的交感神经系统。同时，这种效应还得到了纵向实验结果的支持。例如，Bushman 和 Gibson（2011）的研究发现，对于反复思考（反刍）游戏过程的男生来说，玩 20min 的暴力视频游戏，在 24 小时后仍会导致攻击性行为增加。Hasan 等（2013）检验了连续 3 天玩暴力视频游戏对敌对预期和攻击性行为的累计长期影响。结果发现，暴力视频游戏组被试的敌意预期和攻击性行为均随着时间的推移而增加，并显著高于非暴力视频游戏组。对随机对照组的干预研究还发现，对媒体暴力的干预能够通过减少被试的媒体暴力接触，减少攻击性行为（Krahé & Busching，2015；Moller et al.，2012）。

实验研究还发现，短期暴力视频游戏接触会通过认知、情绪和生理唤醒 3 种路径增加攻击性行为。其中，攻击性想法（Anderson & Dill，2000；Zhang et al.，2021）、敌意归因（Tian et al.，2020）、去人性化（Greitemeyer & McLatchie，2011）和对攻击性行为的认知偏见（Greitemeyer，2014）等认知因素，被认为是暴力视频游戏短时效应产生的核心路径。Moller等（2012）的干预研究也发现，对媒体暴力的干预可以减小攻击规范信念的中介作用，进而减少攻击性行为。此外，在情绪路径上，Tian等（2020）的实验发现，负性情绪和敌意归因共同中介了暴力视频游戏对攻击性行为的影响。在生理唤醒路径上，Arriaga等（2015）的研究发现，暴力视频游戏玩家在消极情境下面对暴力受害者的照片时，会有更低水平的非自愿瞳孔扩张反应，进而表现出更高水平的攻击性行为。

此外，实验研究还致力于探究暴力视频游戏消极效应的调节变量或其他影响因素。有研究者考察了被试特质因素的作用。例如，Giumetti和Markey（2007）的研究发现，高愤怒特质的被试在接触暴力视频游戏之后表现出更高水平的攻击性。Tian等（2020）的研究发现，暴力视频游戏对高羞怯个体的攻击性行为、消极情绪和攻击性认知的影响更大。有研究者还考察了游戏特征因素的作用。例如，Fischer等（2010）的研究发现，化身定制能够扩大暴力视频游戏对玩家自我激活和攻击性行为的影响，且自我激活在其中起中介作用。Lin（2013）的研究探究了游戏的互动性与暴力内容的交互作用，结果发现，与观看暴力视频游戏相比，玩暴力视频游戏的玩家认为自己更具攻击性。Zhang等（2021）对中国儿童的研究发现，玩暴力视频游戏比观看暴力视频游戏更能激发儿童的攻击性认知和行为，且攻击性认知在其中起到了部分中介作用。Lull和Bushman（2016）的研究发现，与二维图像相比，在三维图像下玩暴力视频游戏，会让玩家有更高水平的临场感和愤怒。Chen等（2023）的研究发现，高画质下的暴力视频游戏会导致更高水平的攻击性行为。上述结果表明，由高游戏画质带来的高沉浸感，会扩大暴力视频游戏对攻击性的影响。

最后，还有研究考察了暴力视频游戏中其他因素对攻击性的影响。一方面，有研究发现，化身形象在暴力视频游戏与攻击性之间发挥着重要作用，在暴力视频游戏中使用邪恶的（Peña et al.，2009；Yoon & Vargas，2014；衡书鹏等，2017）、黑人（Eastin et al.，2009；Yang et al.，2014a，2014b）、身高更高（Yee & Bailenson，2007；Yee et al.，2009）、男性（Yang et al.，2014a，2014b）或与自身性别相匹配（Eastin，2006）的化身会显著增加被试的攻击性行为。另一方面，有研究者还发现,暴力视频游戏的道德因素会影响攻击性后果,即与不合理的暴力行为相比,游戏中暴力行为的合理化会使得玩家表现出更低水平的内疚感(Grizzard et al., 2014; Hartmann et al., 2010; Hartmann & Vorderer, 2010)、更多的攻击性行为(Chen et al., 2023),且内疚感在其中起到了中介作用(衡书鹏等,2017)。

### 3. 纵向研究

纵向研究是检验长时效应的复杂研究设计,为暴力视频游戏接触对攻击性的影响提供了支持长时因果的证据。与横断研究和实验研究相似,经过数十年的发展,纵向研究检验了个体早期暴力视频游戏接触对晚期攻击性行为的长期影响、作用机制等关键问题。

在各种文化背景(如中国、美国、德国、日本、新加坡)下进行的数十项纵向研究表明,暴力视频游戏接触是个体(从儿童到早期成人)数月、数年甚至数十年后出现攻击性行为的风险因素(Anderson et al., 2008; Gentile et al., 2014; Greitemeyer & Sagioglou, 2017; Hopf et al., 2008; Hull et al., 2014; Krahé et al., 2012; Krahé & Möller, 2010; Lemmens et al., 2011; Teng et al., 2022; Willoughby et al., 2012)。同时,暴力视频游戏接触对个体社会网络中他人攻击性行为的影响,也得到了纵向研究的支持。例如,Verheijen 等(2018)对配对的朋友样本进行主-客体互依模型分析后发现,青少年的暴力视频游戏接触能够显著正向预测其朋友一年后的攻击性。Greitemeyer(2019)的研究则进一步发现,青少年朋友的暴力视频游戏接触能够通过其攻击性影响 6 个月后被试自身的攻击性,这与其横断研究结果相一致(Greitemeyer, 2018)。

此外,与上述变量中心视角的研究不同,还有几项研究从个体中心视角检验了暴力视频游戏接触与攻击性的纵向发展关系。例如,Krahé 等(2012)对 1715 名德国高中生进行了为期 2 年的 3 次调查,发现媒体暴力使用的轨迹包括"稳定高""稳定低""降低" 3 种类别。进一步分析发现,在初始攻击性上,"稳定高"组和"降低"组被试显著高于"稳定低"组被试,前两者的差异并不显著;在攻击性变化斜率上,"降低"组被试的攻击性随时间的推移逐渐减弱,且与"稳定高"组被试具有显著差异,而"稳定高"组和"稳定低"组被试的攻击性保持稳定;在第三次测量的攻击性水平上,"稳定高"组被试仍然显著高于"稳定低"

组被试。上述结果表明，对媒体暴力的早期兴趣会随时间保持稳定并导致更高水平的攻击性，而当对媒体暴力的兴趣降低时，也会伴随着攻击性的降低。Coyne 和 Stockdale（2021）的 10 年追踪研究则发现，暴力视频游戏的发展轨迹也可以分为 3 组，分别为"高初始暴力"组（初始水平高，随时间的推移下降，但在最后会增加）、"中等"组（始终为中等水平）和"低增长"组（初始水平低，逐渐增加）。进一步分析发现，"中等"组被试的最终行为的攻击性显著高于另外两组。这一结果表明，随着时间的推移，持续稳定的暴力视频游戏接触对攻击性行为具有长期影响。可以看出，这一结果与 Krahé 等（2012）关于媒体暴力的研究结果基本一致。随后，Coyne 等（2023）运用多年的追踪数据对青少年攻击性的发展轨迹的研究还发现，初始时具有多重风险因素（来自家庭、个人等）或高暴力视频游戏接触的青少年更具攻击性，且暴力视频游戏可能会增强存在其他风险因素个体的攻击性。

研究者还对暴力视频游戏接触对攻击性长期影响的潜在中介和调节机制进行了考察。在中介机制上，同伴、认知和情感因素被认为是关键的中介变量。除了前文提到的朋友的攻击性能够中介其暴力视频游戏接触对被试攻击性的影响（Greitemeyer，2019），研究还发现青少年感知到同伴对攻击的认可能够中介暴力视频游戏接触对其攻击性的长期影响（Fikkers et al.，2016）。Möller 和 Krahé（2009）对德国青少年的研究发现，早期暴力视频游戏接触会通过增加他们的攻击规范信念和敌意归因两种攻击性认知，影响他们 30 个月后的身体攻击性行为。Teng 等（2019）首先在中国背景下进行纵向研究，结果发现，道德推脱会中介暴力视频游戏接触与青少年攻击性行为的纵向关系。Gentile 等（2014）对新加坡的 3034 名儿童青少年进行了为期 3 年的追踪研究，对认知和情绪是否能中介暴力视频游戏接触与攻击性的纵向关系进行了全面检验。潜在增长模型结果表明，分开检验时，攻击性认知（由攻击规范信念、敌意归因偏差和攻击性幻想构成的潜变量）和共情均能中介暴力视频游戏接触对后期攻击性行为的影响。然而，当将两者共同纳入模型时，仅有攻击性认知的中介效应显著。包括上述在内的少数几项研究考察了哪些变量能调节暴力视频游戏接触与攻击性的纵向关系。Gentile 等（2014）和 Teng 等（2019）的研究均发现，儿童（与早期青少年相比）和早期青少年（与晚期青少年相比）受暴力视频游戏的影响更大。Teng 等（2022）的另一项研究发现，特质攻击性（扩大）和道德认同

(缓和)能够调节暴力视频游戏接触对欺凌行为的纵向消极影响。然而，Gentile 等（2014）的研究则发现，初始攻击性特质和父母媒体监督不能调节暴力视频游戏对攻击性行为的纵向影响。

**4. 元分析**

横断、实验和纵向研究结果的有机结合，为暴力视频游戏接触与攻击性行为的因果关系提供了支持。元分析研究则通过汇总大量研究数据，为暴力视频游戏效应的存在和程度提供了一个综合数值。数十年来，研究者对这一问题开展了多项元分析研究，结果证明暴力视频游戏与攻击性行为通常产生了小到中等的效应量。早期的元分析结果显示，接触暴力视频游戏会增加儿童和青少年的攻击性行为、攻击性认知、攻击性情绪、生理唤醒（Anderson, 2004; Anderson & Bushman, 2001）。需要强调的是，Anderson 等（2010）进行了一项包含 136 项研究、381 个效应量、130 295 名被试的大样本和跨文化的大型元分析，对 2009 年以前的研究成果进行了全面的综合。其研究再次发现，各种研究方法（横断、实验和纵向）和攻击性指标（攻击性行为、攻击性认知、攻击性情绪、生理唤醒）的结果，均支持暴力视频游戏接触是导致攻击性行为的因果性风险因素，且性别、年龄、文化的调节效应均不显著。随后，美国心理学会特别小组对 2010—2013 年的成果再次进行了元分析，与 Anderson 等（2010）的研究结果基本一致，再次支持了暴力视频游戏是导致个体不良社会后果的风险因素（Calvert et al., 2017）。同样，Greitemeyer 和 Mügge（2014）的元分析再次支持了上述结果。我国研究者也进行了相应的元分析研究，并发现暴力视频游戏与攻击性认知关系存在文化和被试群体差异，即西方文化（0.27）＞东方文化（0.18），小学生（0.27）＞大学生（0.26）＞中学生（0.08）（靳宇倡，李俊一，2014）。

鉴于纵向研究对因果关系验证的突出贡献，有研究者专门对此进行了元分析。Prescott 等（2018）首次发表了暴力视频游戏与身体攻击关系的纵向元分析。该项元分析纳入 24 项研究，被试包括不同国家（美国、日本、新加坡等）的 17 000 余人。结果显示，在控制了基线攻击水平后，无论是固定效应模型（$\beta$=0.113, 95%CI[0.098, 0.128]）还是随机效应模型（$\beta$=0.106, 95%CI[0.078, 0.134]），暴力视频游戏均能显著预测后续的身体攻击；在控制了所有可用协变量后，固定效应模型（$\beta$=0.080, 95%CI[0.065, 0.094]）和随机效应模型（$\beta$=

0.078，95%CI[0.053，0.102]）的效应仍然显著。同样，Burkhardt 和 Lenhard（2022）的纵向元分析（$K=30$，$N=15836$）也发现，在控制了基线攻击性后，暴力视频游戏对随后的攻击性具有显著正向的影响（$r=0.11$）。他们还发现，效应值呈现出显著的倒"U"形年龄轨迹，即效应值在青少年早期（14岁）达到巅峰。上述纵向元分析结果既强有力地支持了暴力视频游戏是攻击性行为的重要风险原因，又突出了纵向效应在民族和年龄上的潜在异质性。

## （二）暴力视频游戏未增加攻击性的相关研究

与海量支持暴力视频游戏增加攻击性的研究相反，也有一定数量的研究指出暴力视频游戏并非攻击性的前因变量。

首先，一些横断调查显示，暴力视频游戏与攻击性之间并无显著关系。例如，Ferguson 等（2008）对428名美国大学生的调查发现，尽管暴力视频游戏接触与特质攻击呈显著正相关，但在控制了性别和家庭暴力暴露后，暴力视频游戏接触对特质攻击的预测作用并不显著，暴力视频游戏接触与暴力犯罪行为的相关不显著。相反，结构方程模型结果显示，家庭暴力暴露和性别能够显著预测攻击性特质，进而预测暴力犯罪行为。基于上述结果，Ferguson 等（2008）强调暴力视频游戏接触并非导致攻击性和暴力行为的风险因素。随后，Ferguson 等（2014）对青少年群体（1254名七、八年级学生）的调查显示，在纳入性别、父母投入、压力、家庭/同伴支持、特质攻击和参与课外活动等因素后，暴力视频游戏接触对犯罪和欺凌行为的预测作用均不显著。同时，Ferguson 和 Olson（2014）的研究发现，对于患有抑郁症和注意力缺陷多动障碍（attention-deficit hyperactivity disorder，ADHD）的青少年来说，暴力视频游戏接触对犯罪和欺凌行为的预测也不显著，而压力和特质攻击是导致这种行为的主要风险因素。Przybylski 和 Weinstein（2019）对1004名英国青少年进行的全国代表性调查显示，在控制了性别和特质攻击后，暴力视频游戏接触与被试近一个月的攻击性行为之间不存在显著的线性或二次关系。Uçur 和 Dönmez（2023）对土耳其青少年的调查则显示，游戏成瘾而非暴力视频游戏接触是导致主动性和反应性攻击的风险因素。

其次，一些实验研究发现，短时接触暴力视频游戏并未增加攻击性。一方面，基于暴力视频游戏并不会导致玩家的攻击性上升的观点，研究者开展了相关实验研究。研究发现，短时接触暴力视频游戏并不会导致青少年和大学生的攻击性行为和攻击性认知增加、共情减少（Ferguson et al.，2008，2015，2016）。例如，Ferguson 等（2015）进行了两项实验，分别将青少年被试随机分配到接触暴力和非暴力的动作游戏组（实验1）和叙事游戏组（实验2）玩 45min 的游戏，而后使用冰水任务测量被试的攻击性行为和共情。结果均表明，接触暴力和非暴力的动作游戏组、叙事游戏组被试的攻击性行为与共情水平均无显著差异。一项长时实验研究也支持了这一结果。Kühn 等（2019）的研究将被试随机分为 3 组，分别在两个月内每天玩暴力游戏（《侠盗飞车》）或非暴力游戏（《模拟人生》）至少 30min，或不玩任何游戏（控制组），结果发现，暴力组被试在游戏结束和后测（干预结束2个月后）的攻击性认知、攻击性情绪和攻击性行为方面与非暴力组和控制组均无显著差异。这一结果反驳了暴力视频游戏对成人具有消极影响的固有观点。

另一方面，基于网络视频游戏中其他因素而非暴力内容会导致玩家攻击性增强的观点（Adachi & Willoughby，2011a），研究者也开展了系列实验研究。其中，研究者关注较多的是游戏的竞争性、难度和挫折。在竞争性方面，Adachi 和 Willoughby（2011b）的研究认为，以往研究发现的暴力视频游戏导致玩家攻击性增强，是因为暴力视频游戏通常具有高竞争性。据此，他们使用平衡了难度和动作速度的 4 款游戏作为材料，进行了一项 2（暴力：高、低）×2（竞争：高、低）的实验研究。结果发现，游戏暴力在结果变量（攻击性行为和心率）上的主效应不显著，而竞争因素的主效应显著。他们认为这一结果支持了网络视频游戏中竞争而非暴力是导致攻击性增强的关键因素。Hawk 和 Ridge（2021）的实验研究也发现，游戏中只有竞争因素会导致攻击性行为增加，而难度和暴力的影响均不显著。然而，Dowsett 和 Jackson（2019）的实验则发现，竞争和暴力对敌意与攻击性行为的主效应均不显著。在难度和挫折方面，大多数实验研究表明，网络视频游戏的难度和暴力内容对攻击性的影响均不显著（Ferguson et al.，2022；Hilgard et al.，2019；Kneer et al.，2016；Květon & Jelínek，2020）。例如，Hilgard 等（2019）的研究使用定制游戏作为实验材料，以控制无关变量，考察了暴力内容、难度和被试的 2D：4D（即食指与无名指长度的比值，作为产前睾酮的指标）对游戏后攻击性行为的影响。结果发现，3 个因素对被试攻击性行为的预测作用均不显著。此类研究虽然没有为其他因素效应说提供一致性证据，却在暴力无效应方面得出了一致的结果。

再次，一些纵向研究也为暴力无效应的观点提供了支持。Ferguson 等的纵向研究发现，早期的暴力视频游戏接触并不是儿童和青少年的欺凌、暴力乃至犯罪等严重攻击性行为的显著预测因素，遗传和不良家庭环境等才是主要风险因素（Ferguson，2011；Ferguson et al.，2012，2013a，2013b）。德国（Breuer et al.，2015）和西班牙（López-Fernandez et al.，2021）研究者的追踪研究也发现，暴力视频游戏接触并不能显著预测青少年随后的攻击性行为。Smith 等（2018）对英国"亲子纵向追踪研究"数据的分析显示，儿童在 7 岁时的射击游戏接触并不能预测其 15 岁时的行为障碍和犯罪行为。Ferguson 和 Wang（2019）对新加坡 3034 名青少年的纵向数据分析发现，在控制一系列理论协变量后，暴力视频游戏接触对两年后的 7 种攻击性和亲社会结果的影响均不显著，且与 6 种无意义结果的效应大小差异不大。此外，Adachi 和 Willoughby（2016）的纵向研究发现，暴力视频游戏接触并不会改变竞争视频游戏接触与攻击性情绪和行为的纵向关系模式，并据此认为竞争而非暴力因素是影响攻击性的关键因素。

最后，以 Ferguson 为核心人员的实验室开展了几项元分析，以检验暴力视频游戏接触对攻击性的影响。在早期的元分析中（Ferguson，2007a，2007b；Ferguson & Kilburn，2009），暴力视频游戏与攻击性存在显著相关，但研究者认为这些研究存在显著的共同方法偏差，矫正之后，两者的关系变得不再显著。鉴于早期元分析的研究对象是大学生，Ferguson（2015）专门开展了元分析，以检验暴力视频游戏对儿童的影响。结果显示，暴力视频游戏接触与攻击性行为的双变量效应值 $r$ 为 0.17（95%CI=[0.14，0.20]），而纳入控制变量之后，两者的总体效应值仅为 0.06（95%CI=[0.04，0.09]）。进一步区分研究方法的结果显示，实验（$r$=0.09，95%CI=[0.03，0.16]）、纵向（$r$=0.08，95%CI=[0.05，0.11]）和相关（$r$=0.04，95%CI=[0.01，0.08]）研究的效应虽然显著，但效应量较小。因此，Ferguson 认为，暴力视频游戏对儿童攻击性的影响虽然显著，但微乎其微。随后，作为对 2015 年美国心理学会特别工作小组元分析的回复，Ferguson 等（2020）再次对 2009—2013 年的文献进行了元分析，结果仍然显示暴力视频游戏对攻击性具有较小程度的显著效应。同时，Ferguson 团队也对这一领域的纵向研究进行了单独的元分析。该研究共纳入 28 个独立样本，约 21 000 名年轻人。结果发现，暴力视频游戏接触对攻击性的总体纵向效应为 0.059（95% CI=[0.034，

0.084]），种族的调节效应并不显著（Drummond et al., 2020）。可以看出，上述元分析研究结果由认为暴力视频游戏接触并不会增强攻击性，转变为认为效应量过小而可以忽略不计。这也反映出暴力视频游戏与攻击性行为是否存在关系的争论，由最初的"是否存在"转变为"显著的小效应是否重要"。

## 三、争论产生的原因分析

暴力视频游戏到底是不是攻击性行为产生的前因变量？产生这种争论的原因主要有哪些？滕召军等（2015）在研究中将争论产生和扩大的原因总结如下：①暴力视频游戏中的非暴力因素会影响攻击性行为；②对攻击性行为测量范式的信效度的质疑；③暴力视频游戏与攻击性行为关系的元分析结果不一致。近些年，理论和实证研究得到不断发展，人们对该争论产生的原因有了进一步的理解。

首先，争论来源于理论观点的不同阐释。出于对攻击性行为内涵界定和产生机制理解的差异，针对"暴力视频游戏对攻击性行为的影响"这一问题，两个阵营的研究者提出了截然不同的目的和假设。以 Anderson 为核心的研究者基于社会认知模型框架下的一般攻击模型（Anderson & Bushman，2002，2018），强调攻击性行为是在特定情境下具有特定人格特质的个体经过一系列认知、情感和决策加工后的行为结果。以 Ferguson 为核心的研究者基于遗传和进化框架下的催化剂模型（Ferguson，2023；Ferguson & Beaver，2009；Ferguson et al.，2008），强调个体攻击性人格是多种风险因素和早期不良家庭环境导致的，并且在遭遇动机挫折后，个体表现出高攻击性行为。因此，暴力视频游戏是作为显著的情境因素影响攻击性行为的，还是作为攻击性行为表现方式的风格催化剂，成了研究者争论的理论起点。

其次，争论来源于研究过程的不同操作。一方面，研究中对无关变量的控制是研究结果不一致的重要原因。在调查研究中，Ferguson 等（2008）在控制一系列协变量（家庭和个体变量）之后，检验了暴力视频游戏与攻击性行为之间的关系。Bushman 和 Anderson（2023）则批判这种过度控制方式会削弱暴力媒体与攻击性行为之间的关系。在实验研究中，暴力视频游戏和非暴力视频游戏的游戏难度、竞争性和动作快慢等因素（会影响攻击性行为）没有在研究中得到很好的操纵，可能会使得到的结果备受争论（Adachi & Willoughby，2011a）。另一方面，研究中攻击性行为的测量方式是研究结果产生矛盾的重要原因。Ferguson（2023）认为对攻击性行为的测量方式（如竞争反应时任务和"辣椒酱"范式）存在效度和标准化问题，与实际的攻击性行为差异极大，测量出的在很大程度上是"恶作剧式"的攻击。Bushman 和 Anderson（2023）则认为，采用极端（如学校枪击）或不恰当（应使用状态而非特质）的攻击性行为测量方式会大大削弱媒体暴力的效应。

最后，争论来源于对研究结果的不同解释。元分析结果的冲突进一步使暴力视频游戏对攻击性行为影响的争论扩大。Anderson 等多个研究团队和美国心理学会特别小组的元分析研究显示，暴力视频游戏对攻击性行为的影响存在较小规模的短时和长时效应（Anderson & Bushman，2001；Anderson et al.，2010；Burkhardt & Lenhard，2022；Calvert et al.，2017；Greitemeyer & Mugge，2014；Prescott et al.，2018）。Ferguson 团队的早期元分析显示，矫正偏差后，暴力视频游戏对攻击性行为的影响不显著（Ferguson，2007a，2007b；Ferguson & Kilburn，2009）。他们近期的元分析结果则显示，暴力视频游戏对攻击性行为的影响具有较小但显著的效应量（Drummond et al.，2020；Ferguson，2015；Ferguson et al.，2020）。因此，元分析的结果使得争论的焦点聚焦于暴力视频游戏对攻击性行为影响的小效应是否具有意义上。Bushman 和 Anderson（2023）则认为，由于任何心理现象都是由很多原因决定的，任何单一原因很可能只起到很小的作用，当具有坚实的理论支撑时，并不能否认和忽视这一小效应。

上述原因导致关于暴力视频游戏是否会增加攻击性行为的争论仍在继续，且呈现出两个流派相持不下的局面。未来研究应更多地探究效应本身，而不应该纠结于理论流派间的争辩，在观点上取长补短、相互整合，避免将各自的理论极端化。在研究过程中，应该规范评估工具，正确看待在实验条件下得出的结论在真实世界推广的可行性。

# 第三节　亲社会视频游戏与攻击性

## 一、亲社会视频游戏影响行为的理论

随着积极心理学的兴起，研究者开始思考与暴力视频游戏相反的亲社会视频游戏（含有助人内容，不含或者含有较少暴力内容的游戏，游戏的目的是有益于其他游戏角色）是否会起到相反的作用，即是否会抑制攻击性？基于这一思考，研究者开展了一系列理论思考和实证研究。在理论方面，Buckley 和 Anderson（2006）以社会认知理论为基础，将一般攻击模型拓展成一般学习模型，从而为解释不同类型的视频游戏对个体行为的影响及心理机制提供了一个全面整合的理论框架（Gentile et al., 2009；张一等，2016）。

与一般攻击模型的核心观点一致，一般学习模型认为个体变量和环境变量的交互作用激活了个体的内部状态（如认知、情感和生理唤醒），内部状态的激活又影响了个体对当前行为的评估和决策过程。评估包括即时评估和重新评估，即时评估是自动的，无须意志努力，是自发的和无意识的；重新评估是更高层级的评估，评估的结果和即时的反馈决定了这一行为是否发生。如果资源不足或者即时评估结果是不重要的或令人满意的，那么个体可能就会根据情况做出冲动性行为。反之，如果资源充足且结果是重要的或不能令人满意的，个体就会进行次级评估。决策过程的结果最终决定了个体的外显行为。同时，个体从决策结果的反馈中实现对行为的学习，该学习过程既可以改变个体变量，也可以对环境变量做出新的反应，从而构成循环的学习过程（图2-7）。

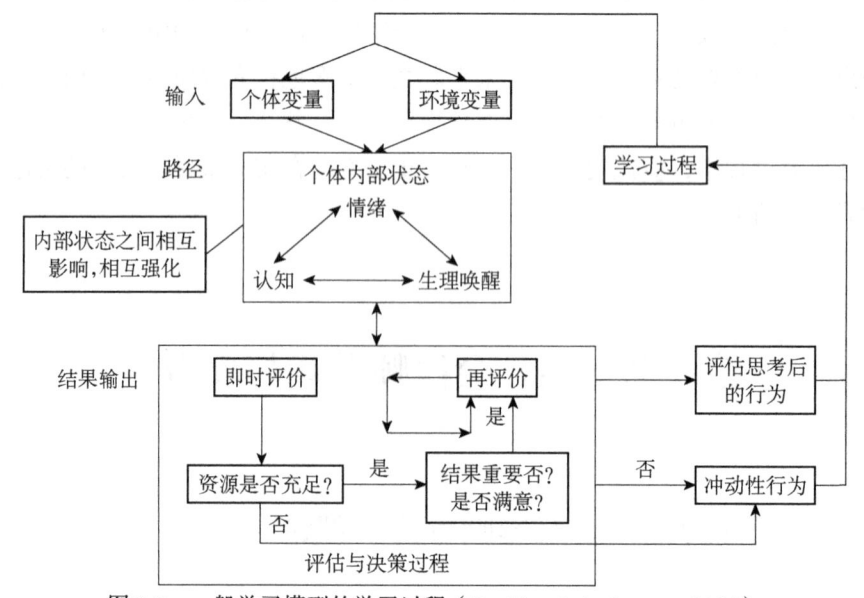

图2-7 一般学习模型的学习过程（Buckley & Anderson, 2006）

一般学习模型认为，媒体接触对个体的影响具有短时效应和长时效应。在短时效应中，个体的认知、情感和生理唤醒等内部状态是由个体变量和环境变量的交互作用激活的，该内部状态决定了个体对当前行为的决策过程，个体通过决策评估来确定行为结果是否发生。如果媒体接触对行为反应的短期效应得到重复，那么就会对个体产生长期的影响。长期接触某种类型的电子游戏，可以改变游戏者的行为、态度、期望、信念及知觉图式，获得行为脚本。它还会改变个体的认知结构和情感，最终导致个体人格特质的改变，而改变的人格又会作为部分个体因素与情景因素一起调节在特定社会情境中的认知过程和行为反应，形成一个循环。一般学习模型的长时效应，如图 2-8 所示。

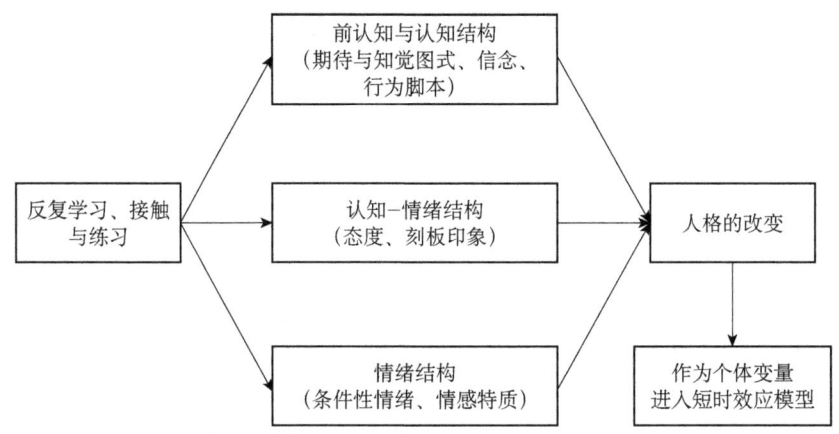

图 2-8　一般学习模型的长时效应（Buckley & Anderson，2006）

总体来看，一般学习模型是对一般攻击模型的补充、深化和拓展，适用于所有类型媒体对个体行为的影响，一般攻击模型是一般学习模型的一种特殊形式。根据一般学习模型，亲社会视频游戏与暴力视频游戏一样，也会对个体的行为（如攻击性行为）产生短期和长期影响，且认知和情绪因素是重要路径。

## 二、亲社会视频游戏影响攻击性的相关研究

基于一般学习模型，研究者从游戏内容和游戏方式两个方面检验了亲社会视频游戏对玩家攻击性的影响，并得出了相对一致的研究结果（Greitemeyer，2022）。其中，研究较多的是亲社会视频游戏内容对玩家攻击性的作用。在行为

方面，Gentile 等（2009）在检验亲社会视频游戏内容对大学生亲社会行为影响的实验研究中发现，相较于中性和暴力视频游戏，短期接触亲社会视频游戏的被试有更多的助人行为和更少的伤害行为。Whitaker 和 Bushman（2012）在大学生群体中，再次验证了玩放松性的亲社会视频游戏能够显著减少玩家的攻击性行为。随后，Saleem 等（2012a）让 191 名 9—14 岁的儿童随机接触亲社会、中性或暴力视频游戏 30min，运用七巧板范式测量其攻击性行为和助人行为。结果显示，亲社会视频游戏组儿童的攻击性行为显著少于中性和暴力视频游戏组，上述结果证实了亲社会视频游戏对攻击性行为的积极作用可以由大学生拓展至儿童群体。李梦迪等（2016）的研究进一步发现，与中性和暴力视频游戏相比，亲社会视频游戏不仅能够显著减少小学生的攻击性行为，且男生的效应更强，同时他们还发现亲社会想法是亲社会视频游戏减少攻击性行为的内在机制。Holmgren 等（2019）对 1193 名青少年的调查结果显示，亲社会视频游戏可以显著负向预测关系攻击。

在认知方面，一方面，研究发现，亲社会视频游戏能够降低玩家的敌意归因偏差、反社会思想可及性和内隐攻击性认知水平（Greitemeyer & Osswald，2009；韩陈陈等，2021；雷浩等，2013；李俊一，靳宇倡，2014）。例如，雷浩等（2013）让 60 名高中学生随机接触亲社会视频游戏和中性视频游戏 15min，并在游戏前后测量被试的内隐攻击性认知。结果发现，两组被试前测的内隐攻击性认知无显著差异，而亲社会视频游戏组被试的后测内隐攻击性认知水平显著低于中性视频游戏组，且亲社会视频游戏组后测与前测的差异显著大于中性视频游戏组，证实了亲社会视频游戏对青少年内隐攻击性认知的抑制作用。另一方面，研究还发现，亲社会视频游戏能够提高玩家的人性化知觉水平（Greitemeyer，2013；陈朝阳等，2014）。Greitemeyer（2013）以社会人员为被试进行了两项实验研究，发现相较于中性视频游戏，玩亲社会视频游戏能够引发玩家的自我人性化知觉，且这一效应在控制了游戏角色特征效应后仍然显著。陈朝阳等（2014）的研究则发现，亲社会视频游戏能够影响玩家对自我及他人的外显和内隐人性化知觉，进一步丰富了这一领域的研究成果。

在情绪方面，东西方相关研究发现，亲社会视频游戏能够减少大学生的敌意情绪，增加积极情绪（Saleem et al.，2012b；李俊一，靳宇倡，2014）。例如，Saleem 等（2012b）随机安排被试玩 3 类视频游戏（2 款暴力视频游戏，2 款中性视频游戏，2款亲社会视频游戏）20min，游戏结束以后完成量表。实验结果表明，玩亲社会视频游戏的被试的敌意程度显著低于玩中性视频游戏与暴力视频游戏的被试，亲社会视频游戏组被试的积极情绪显著多于中性视频游戏组与暴力视频游戏组。实验结果还表明，3组被试的被激怒水平与刻薄程度都存在显著的差异，这都证明了亲社会视频游戏可以对大学生的情感产生影响。Boduszek 等（2019）进行的随机对照实验发现，亲社会视频游戏干预能增加被试对亲密暴力受害者的共情反应，这为亲社会视频游戏的实践应用提供了借鉴。

  Greitemeyer 等（2012）对亲社会视频游戏如何影响攻击性进行了系统考察。在实验1中，研究者让大学生被试随机玩亲社会视频游戏、中性视频游戏或暴力视频游戏15min，而后测量其情绪、唤醒和攻击性行为。结果显示，亲社会视频游戏组被试的攻击性行为显著少于中性视频游戏组，也少于暴力视频游戏组，且在控制情绪和唤醒后效应仍然显著。在实验2中，研究者让被试随机玩亲社会视频游戏和中性视频游戏12min，然后测量其攻击性认知、攻击性情绪、直接攻击和间接攻击。结果显示，亲社会视频游戏组被试的攻击性认知、攻击性情绪和两种攻击性行为均显著少于中性视频游戏组被试，证实了亲社会视频游戏对攻击性的抑制作用。随后，中介效应分析显示，攻击性认知和攻击性情绪共同完全中介了亲社会视频游戏接触对间接攻击的影响，仅有攻击性认知完全中介了亲社会视频游戏接触对直接攻击的影响。上述结果与一般学习理论的假设相符，再次强调了认知路径较情感路径更为重要。

  此外，鉴于多人游戏的不断兴起，研究者提出游戏方式也是影响游戏后玩家现实行为的重要因素（Gentile，2011）。其中，合作作为一种典型的亲社会游戏方式，会对玩家的社会行为产生诸多有益影响，降低攻击性就是一种典型效应。实验研究发现，合作坑视频游戏能够显著减少玩家的敌意情绪（Eastin，2007）、攻击性认知（Schmierbach，2010）和攻击性行为（Gitter et al.，2013；Jerabeck & Ferguson，2013；Velez et al.，2016，2014）。例如，Velez 等（2016）的研究发现，在暴力视频游戏中，与单人游戏和竞争游戏方式相比，合作游戏能够减少玩家对游戏伙伴和非游戏伙伴的攻击性行为。

  Greitemeyer 和 Mugge（2014）的元分析研究为亲社会视频游戏接触降低攻击性提供了综合性证据。元分析结果显示，亲社会视频游戏接触对玩家的攻击性行为（$r=-0.16$，$K=6$，95%CI=[-0.30，-0.02]）、攻击性认知（$r=-0.30$，$K=7$，

95%CI=[-0.44，-0.13]）、攻击性情绪（$r$=-0.35，$K$=4，95%CI=[-0.56，-0.11]）的负向预测作用均显著。同时，Coyne 等（2018）对亲社会媒体接触（包括视频游戏）与攻击性行为关系的元分析也发现了显著的负相关关系（$r$=-0.14，$K$=28，95%CI=[0.09，0.19]），这为上述观点提供了间接的支持。

## 第四节　网络视频游戏影响攻击性的认知神经机制研究

### 一、ERP 研究

ERP 可以反映认知过程中大脑的神经电生理变化，是考察大脑神经活动的一项重要生理指标。ERP 技术具有毫秒级的时间分辨率，可以精确地反映大脑对外界刺激信息的认知加工。当前，关于视频游戏影响攻击性的 ERP 研究主要检验了暴力视频游戏接触对个体暴力脱敏、注意偏向、疼痛共情的影响及其神经机制。

研究者考察了长期和短期暴力视频游戏接触对暴力脱敏的影响及其神经机制，并揭示了其与攻击性行为的关系。有研究者认为，暴力脱敏应该反映在 ERP 的 P300 的波幅上。P300 是刺激呈现后约 300ms 出现的正波，与诸多高级认知功能有关。在频繁出现的中性刺激中，突然出现的新异负面刺激（如暴力图片）会引起较大的 P300 波幅。因此，研究者推断 P300 波幅降低可能是暴力脱敏的重要标志。Bartholow 等（2006）首次检验了长期暴力视频游戏接触者在观看暴力图片时的暴力脱敏现象，结果发现，玩家的暴力视频游戏经验越丰富，观看暴力图片时的 P300 波幅越小，攻击性行为越多，且 P300 波幅与攻击性行为存在显著正相关。即使控制了被试的攻击性特质，上述效应仍然存在。这一结果首次从神经机制角度证实了长期接触暴力视频游戏会导致个体产生暴力脱敏，进而表现出更高水平的攻击性。这一结果在中国被试群体中得到了验证（高雪梅等，2014；赵偲等，2016）。随后，Engelhardt 等（2011）采用 2（暴力视频游戏经验：高、低）×2（短时游戏接触：暴力、非暴力）的被试间实验设计，检验了长时和短时暴力视频游戏接触的暴力脱敏现象及其与攻击性行为的关系。结果发现，高暴力视频游戏经验组被试在观看暴力图片时的 P300 波幅显著小于低暴力视频游戏经验组。同时，研究还发现了显著的交互作用。具体分析显示，玩暴力视频游戏的低暴力视频游戏经验组被试在观看暴力图片时的 P300 波幅显著小于非暴力视频游戏组被试。上述研究结果不仅再次证实了长期暴力视频游戏接触的脱敏现象，还发现短时的暴力视频游戏接触会导致低暴力视频游戏经验者产生暴力脱敏。中介分析显示，P300 中介了短时暴力视频游戏接触对攻击性行为的影响，证明了暴力脱敏是短时暴力视频游戏接触导致高水平攻击性行为的内在机制。

然而，钟毅平等（2013）的研究结果却截然相反，即短时暴力视频游戏接触会导致被试在观看暴力图片时产生更大的 P300 波幅，即产生暴力敏感而非暴力脱敏。他们将这一差异结果解释为实验范式的参数设置和指导语不同。此外，Liu 等（2015）对亲社会视频游戏的研究则发现，亲社会视频游戏能够使被试对暴力词汇反应的 P300 波幅显著减小，进而减少攻击性行为。这一结果似乎与关于暴力视频游戏研究的结论并不一致。他们认为除了游戏材料和情绪材料的不同，还可能是因为 P300 波幅反映的是攻击性认知的激活，而亲社会视频游戏会抑制攻击性认知的激活，从而减少攻击性行为。他们还基于钟毅平等（2013）的研究结果提出一种解释，即短期暴力视频游戏接触会导致暴力敏感性（P300 波幅增大），而亲社会视频游戏接触则会导致暴力脱敏（P300 波幅减小），进而导致攻击性行为减少。可以看出，关于视频游戏接触对暴力脱敏的短时影响及其神经机制，仍存在争议，仍需后续进一步研究澄清。

研究者还考察了长期接触暴力视频游戏对个体注意偏向的影响及其神经机制。早期研究显示，玩暴力视频游戏会引发玩家对攻击性线索的注意偏向（陈朝阳等，2014；丁道群，伍艳，2014；甄霜菊等，2013）。ERP 研究则揭示了这一效应的神经机制。研究者认为，对负面信息的注意偏向应该反映在 ERP 成分 N1 的波幅上。N1 是刺激开始后约 150ms 出现的早期 ERP 成分，与选择性注意相关。在负面线索背景下，更大的 N1 波幅可能表明了玩家对负面信息的选择性注意偏差。东西方的研究结果表明，暴力视频游戏玩家对带有攻击性的词语或图片的反应诱发的 N1 波幅显著大于非暴力视频游戏玩家（Jabr et al.，2018；高雪梅等，2014）。此外，Jabr 等（2018）的研究还揭示了暴力视频游戏玩家注意偏向、暴力脱敏和攻击性行为之间的复杂关系。一方面，他们发现，玩游戏时间更长和N1波幅较大的个体表现出更小的P300波幅，这说明对暴力更多倾向于选择性关注（N1波幅大）的高频游戏玩家会表现出更多的暴力脱敏（P300波幅小）。另一方面，他们发现，P300波幅更小的游戏玩家的攻击性行为更多，这恰好与前人的研究相呼应。除了检验暴力视频游戏接触对攻击等消极线索的认知模式的影响外，研究者还考察了其对积极面孔认知加工的影响。通常来讲，与愤怒的表情相比，人们通常能够更快地识别出快乐的表情，这种现象被称为"快乐面孔优势"。然而，Kirsh和Mounts（2007）的早期研究发现，短期接触暴力视频游戏会导致快乐面孔优势消失。这似乎表明，暴力视频游戏接触会导致个体产生负性偏差，从而更加偏向于注意胁迫性情感，更可能启动攻击性脚本，进而出现攻击性行为。Stockdale等（2017）的一项ERP研究的结果为此提供了支持，他们发现高暴力视频游戏经验玩家对快乐面孔识别时的P100波幅显著小于低暴力视频游戏经验玩家，表明长期接触暴力视频游戏会导致玩家较少关注带有积极信息的面孔。此外，他们还发现，对于共情水平较低的人来说，这种效应更大。

一项ERP研究考察了长期和短时接触暴力视频游戏对疼痛共情的影响及其神经机制。Miedzobrodzka等（2022）让58名暴力视频游戏经验不同（分为高经验组和低经验组）的男性被试玩40min暴力视频游戏，在游戏前后进行疼痛判断任务并记录其大脑反应。结果显示，高暴力视频游戏经验组被试在游戏前观看疼痛和非疼痛图片时的P300和P625波幅无显著差异，即无疼痛效应（观看疼痛图片时的P300和P625波幅显著大于观看非疼痛图片时），表明长期接触暴力视频游戏会导致习惯性的疼痛共情脱敏。短期接触暴力视频游戏会导致低暴力视频游戏组被试在游戏后对疼痛图片的P300和P625波幅减小，表明短期接触暴力视频游戏也会导致疼痛共情的脱敏效应。他们认为，高暴力视频游戏经验者在看到他人痛苦时，会下调负面情绪唤醒，这将有助于改善其在游戏中的表现，所以表现出习惯性的脱敏。低暴力视频游戏经验者在游戏前会表现出疼痛共情，但经过暴力视频游戏中的学习后，也学会了主动下调负面情绪唤醒，从而表现出即时的脱敏效应。

## 二、fMRI研究

功能性磁共振成像（functional magnetic resonance imaging，fMRI）技术可以

为研究网络视频游戏与攻击性的关系提供精确的大脑定位，有利于进一步揭示网络视频游戏对攻击性的影响机制。当前，网络视频游戏与攻击性相关的 fMRI 研究集中于暴力视频游戏。研究者采用多种研究范式，从情绪调节和认知控制两个方面考察了短期和长期接触暴力视频游戏如何导致大脑结构与功能的变化，并将其与攻击性联系起来。

一方面，研究者从情绪角度探讨了暴力视频游戏影响大脑神经系统的信息加工，但对研究结果的争议较大。有研究发现，接触暴力视频游戏会影响与情绪调节相关的大脑活动，而情绪调节神经环路的损伤是攻击性行为产生的一种原因。早期研究分析了玩家在玩第一人称射击游戏（暴力视频游戏）时的大脑活动（Mathiak & Weber，2006；Weber et al.，2006），发现游戏中的暴力行为会抑制前扣带回、杏仁核等情感区域的激活。研究者认为，这些与情绪调节密切相关的边缘系统结构受损反映了暴力视频游戏会导致情绪脱敏。Montag 等（2012）的研究发现，与非暴力视频游戏玩家相比，暴力视频游戏玩家在处理负面情绪图片时左内侧前额叶（参与情感和认知整合）的激活降低，并将其解释为对他人疼痛共情的减弱。Gentile 等（2016）的研究发现，相较于玩非暴力视频游戏，无暴力视频游戏经验的玩家在玩暴力视频游戏时情绪相关的脑区（如杏仁核）被显著激活，而有暴力视频游戏经验的玩家与情绪相关的脑区激活较少。这一结果支持了非暴力视频游戏玩家在面对暴力视频游戏时具有强烈的负面情绪反应，而暴力视频游戏玩家则表现出长期的脱敏效应。

然而，有研究发现，暴力视频游戏玩家与非暴力视频游戏玩家在观看普通的消极图片和具有社会互动属性的消极图片时的大脑激活均无显著差异（Szycik et al.，2017）。Gao 等（2017）采用疼痛共情任务对中国大学生的研究显示，暴力视频游戏玩家和非暴力视频游戏玩家对他人疼痛感知时的大脑区域没有显著差异。随后，一项纵向干预的 fMRI 研究将非游戏玩家随机分配到暴力视频游戏组、社交游戏组和不玩游戏组，对游戏组被试进行持续 16 周（每天玩游戏 30min）的干预，并采用疼痛共情任务测量其干预前、干预后和干预后两个月的疼痛共情脑区激活，结果在任意时间点上都没有发现暴力视频游戏组产生疼痛共情的脱敏效果（Kühn et al.，2018）。上述研究否定了长期暴力视频游戏接触会导致玩家疼痛共情脱敏的观点。Compton 等（2022）采用动作模拟任务同时考察了短期和长时暴力视频游戏接触如何影响与共情密切相关的动作模拟回路（又称镜像神经元系统）的神经活动，尽管结果并未发现短时暴力视频游戏接触对动作模拟回路相关脑区的影响，却发现近几个月内的累计暴力视频游戏接触量与左侧额下回（动作模拟回路的重要区域）呈显著负相关。这一结果表明，长时而非短时暴力视频游戏接触会导致模拟行为减少，为暴力视频游戏接触会对共情产生长期影响这一观点提供了部分支持。

另一方面，研究者从认知角度探讨了暴力视频游戏影响大脑神经系统的信息加工。同样，研究发现，短时和长期接触暴力视频游戏会影响与认知控制相关的大脑活动，最典型的是前额叶皮层，而认知控制能力损伤也是导致攻击性行为产生的原因。Wang 等（2009）的研究发现，玩家在接触暴力视频游戏后执行计算 Stroop 任务时，内侧前额叶的激活降低。Hummer 等（2010）采用 Go/No-go 范式考察了短时接触暴力视频游戏或非暴力视频游戏被试脑区的激活模式，结果发现，暴力视频游戏组被试的右背外侧前额叶（dorsal lateral prefrontal cortex，DLPFC）的激活降低，右背外侧前额叶和楔前叶的联结减弱。研究者认为，短期接触暴力视频游戏也会导致个体在执行认知任务时受到抑制，从而出现攻击性行为。暴力视频游戏组被试的 DLPFC 与楔前叶的联结更弱，说明个体对主动行为的抑制能力减弱。Gentile 等（2016）的研究还发现，非暴力视频游戏玩家在短时接触暴力视频游戏后，其空间注意力、导航和认知控制区域的激活显著增加，而暴力视频游戏玩家则无显著变化。Hummer 等（2019）进行的一项纵向干预研究，再次支持了暴力视频游戏对前额叶皮层的抑制作用。被试被随机分配玩暴力视频游戏（video game，VG）或不玩游戏 1 周，随后暴力视频游戏组被试分别继续玩暴力视频游戏（video game 2，VG2）、不玩游戏（video game 1，VG1）或玩认知训练游戏（cognitive training game，CT）1 周，分别在基线、游戏 1 周后和游戏 2 周后测量被试在认知抑制期间的大脑活动。结果发现，在游戏 1 周后，VG 组被试在认知抑制期间的前额叶活动显著减少；游戏 2 周后，VG2 组被试的前额叶活动水平再次显著下降，VG1 组被试的前额叶活动水平有所增加但并不显著，认知训练并未显著改变其前额叶的活动。这一研究有力地证明了长期接触暴力视频游戏会对青少年的双侧前额叶等抑制控制脑区产生显著的负面影响。Mohammadi 等（2020）的研究发现，与对照组相比，暴力视频游戏成瘾被试大脑的灰质（包括左右侧颞上回、额叶、脑岛等）普遍减少而非增加，且灰质密度与游戏时长呈显著负相关，同时他们的双侧扣带回的白质厚度更低。这一结果表明，过度接触暴力视频游戏会导致个体大脑结构的改变，其中就包括认知控制相关的脑区。然而，Pan等（2018）对中国大学生的研究却发现，长期接触暴力视频游戏并不会影响自发的大脑活动，尤其是涉及执行控制、道德判断和短期记忆的脑区。

接触暴力视频游戏导致认知控制能力减弱还体现在脑区之间的功能联结（function connection）发生变化。Wang等（2009）的研究发现，玩暴力视频游戏的被试在计算Stroop任务中左背外侧前额叶和前扣带回的功能联结减弱，在情绪Stroop任务中右杏仁核和内侧前额叶皮质的负向耦合发生变化。Hummer等（2010）的研究发现，暴力视频游戏玩家的DLPFC与楔前叶的负向联结更低。Zvyagintsev等（2016）的研究发现，玩暴力视频游戏会导致感觉运动网络、奖赏网络、默认网络、右侧额顶网络的功能联结下降。上述研究表明，接触暴力视频游戏会导致与认知控制相关的功能联结受损，进而导致因行为控制不足而产生的攻击性行为增加。

神经调控和药理学的实验研究再次支持了认知控制相关脑区和功能联结在暴力视频游戏接触与攻击性行为之间发挥了重要作用。Riva等（2017）让大学生被试随机接受20min的右腹外侧前额叶（right ventrolateral prefrontal cortex，rVLPFC）经颅直流电刺激（transcranial direct current stimulation，tDCS）或虚假刺激，而后玩暴力视频游戏或非暴力视频游戏20min，并完成竞争反应时任务。结果发现，当接受虚假刺激时，玩暴力视频游戏被试的攻击性行为显著多于玩非暴力视频游戏被试。当接受真实刺激时，两组被试的攻击性行为无显著差异。这一结果证实了对rVLPFC的刺激能缓解暴力视频游戏对攻击性行为的影响，表明它是暴力视频游戏与攻击性行为相关的重要神经基础，并为后续干预研究提供了方向。Klasen等（2013）以健康的男性游戏玩家为被试，采用了使用喹硫平（quetiapine）被试组和安慰剂被试组的双盲实验设计，让被试完成玩暴力视频游戏和非暴力视频游戏的fMRI任务。研究结果表明，在暴力视频游戏组中，喹硫平增强了前扣带回、背外侧前额叶和杏仁核的功能联结，同时减弱了前额叶和杏仁核的功能耦合。这项研究表明，接触暴力视频游戏会导致个体的认知控制和冲动控制失败，进而引发攻击性行为，而喹硫平会影响这种神经网络功能联结。这一结果佐证了暴力视频游戏影响攻击性的神经机制,并揭示了喹硫平作为一种抗精神分裂药物具有抑制冲动、降低攻击性的效果。

## 参考文献

陈朝阳,马兵兵,马婷,张锋.(2014).亲社会视频游戏对玩家人性化知觉水平的影响.*心理发展与教育*,(6),561-569.

陈海英,刘衍玲,崔文波.(2012).大学生网络暴力游戏与攻击行为的关系:暴力态度的中介作用.*中国特殊教育*,(8),79-84.

陈秀芹,应佳丽,黄丽妹,杨琛,喻彦,高雪梅.(2021).上海市初中生暴力电子游戏对攻击性行为的影响.*中国学校卫生*,(8),1184-1188.

丁道群,伍艳.(2014).暴力电子游戏使用者对攻击性相关线索的注意偏向.*湖南师范大学教育科学学报*,(5),115-118.

高雪梅,赵偲,周群,翁蕾.(2014).暴力电子游戏玩家对攻击性词语的注意偏向:一项ERP研究.*西南大学学报(自然科学版)*,(6),167-174.

韩陈陈,刘衍玲,魏灵真.(2021).亲社会视频游戏对大学生内隐攻击性和内隐自尊的影响.*西南大学学报(自然科学版)*,(6),162-167.

衡书鹏,周宗奎,牛更枫,刘庆奇.(2017).虚拟化身对攻击性的启动效应:游戏暴力性、玩家性别的影响.*心理学报*,(11),1460-1472.

雷浩,魏锦,刘衍玲,田澜,潘彦谷,陈容.(2013).亲社会性视频游戏对内隐攻击性认知抑制效应的实验.*心理发展与教育*,(1),10-17.

李俊一,靳宇倡.(2014).暴力视频游戏与亲社会游戏对认知、情感和行为的影响:基于一般学习模型的视角.*中国临床心理学杂志*,(6),969,985-988.

李梦迪,牛玉柏,温广辉.(2016).短时亲社会电子游戏对小学儿童攻击行为的影响.*应用心理学*,(3),218-226.

李永占.(2022).暴力视频游戏接触对大学生网络攻击行为的影响:一个有中介的调节模型.*心理科学*,(4),888-895.

刘桂芹.(2010).*武器图片和暴力电影片段对青少年攻击性认知的启动研究*.西南大学.

潘绮敏,张卫.(2007).青少年攻击性问卷的编制.*心理与行为研究*,(1),41-46.

滕召军,刘衍玲,郭成.(2015).暴力电子游戏对攻击行为的影响及其争论.*心理发展与教育*,(4),494-502.

杨丽珠,杜文轩,沈悦.(2011).特质愤怒与反应性攻击的综合认知模型述评.*心理科学进展*,(9),1249-1258.

张一,陈容,刘衍玲.(2016).亲社会视频游戏对国外青少年行为的影响.*心理科学进展*,(10),1600-1612.

赵偲,高雪梅,周群,翁蕾.(2016).暴力电子游戏玩家对攻击性图片注意偏向的ERP研究.*心理与行为研究*,(5),584-590.

甄霜菊,谢晓东,胡丽萍,张卫.(2013).暴力游戏对个体注意偏向影响的机制研究.*华南师*

范大学学报（社会科学版），（2），67-73，160.

钟毅平，张宇驰，田桑，郭可，李文和，颜玉平，周路平．（2013）．短期接触暴力电脑游戏导致暴力敏感：一项 ERP 研究．*心理与行为研究*，（6），732-738.

Adachi, P. J. C., & Willoughby, T.（2011a）. The effect of video game competition and violence on aggressive behavior: Which characteristic has the greatest influence? *Psychology of Violence*, *1*（4）, 259-274.

Adachi, P. J. C., & Willoughby, T.（2011b）. The effect of violent video games on aggression: Is it more than just the violence? *Aggression and Violent Behavior*, *16*（1）, 55-62.

Adachi, P. J. C., & Willoughby, T.（2016）. The longitudinal association between competitive video game play and aggression among adolescents and young adults. *Child Development*, *87*（6）, 1877-1892.

Addo, P. C., Fang, J. M., Kulbo, N. B., Gumah, B., Dagadu, J. C., & Li, L. Q.（2021）. Violent video games and aggression among young adults: The moderating effects of adverse environmental factors. *Cyberpsychology, Behavior and Social Networking*, *24*（1）, 17-23.

Allen, J. J., Anderson, C. A., & Bushman, B. J.（2018）. The general aggression model. *Current Opinion in Psychology*, *19*, 75-80.

Anderson, C. A.（2004）. An update on the effects of playing violent video games. *Journal of Adolescence*, *27*（1）, 113-122.

Anderson, C. A., & Bushman, B. J.（2001）. Effects of violent video games on aggressive behavior, aggressive cognition, aggressive affect, physiological arousal, and prosocial behavior: A meta-analytic review of the scientific literature. *Psychological Science*, *12*（5）, 353-359.

Anderson, C. A., & Bushman, B. J.（2002）. Human aggression. *Annual Review of Psychology*, *53*, 27-51.

Anderson, C. A., & Bushman, B. J.（2018）. Media violence and the general aggression model. *Journal of Social Issues*, *74*（2）, 386-413.

Anderson, C. A., & Dill, K. E.（2000）. Video games and aggressive thoughts, feelings, and behavior in the laboratory and in life. *Journal of Personality and Social Psychology*, *78*（4）, 772-790.

Anderson, C. A., & Morrow, M.（1995）. Competitive aggression without interaction: Effects of competitive versus cooperative instructions on aggressive behavior in video games. *Personality and Social Psychology Bulletin*, *21*（10）, 1020-1030.

Anderson, C. A., Sakamoto, A., Gentile, D. A., Ihori, N., Shibuya, A., Yukawa, S., …, Kobayashi, K.（2008）. Longitudinal effects of violent video games on aggression in Japan and the United States. *Pediatrics*, *122*（5）, E1067-E1072.

Anderson, C. A., Shibuya, A., Ihori, N., Swing, E. L., Bushman, B. J., Sakamoto, A., & Saleem, M.（2010）. Violent video game effects on aggression, empathy, and prosocial behavior in Eastern and Western countries: A meta-analytic review. *Psychological Bulletin*, *136*（2）, 151-173.

Anderson, C. A., Suzuki, K., Swing, E. L., Groves, C. L., Gentile, D. A., Prot, S., …, Petrescu, P.（2017）. Media violence and other aggression risk factors in seven nations.

*Personality and Social Psychology Bulletin*, *43*（7）, 986-998.

Arriaga, P., Adrião, J., Madeira, F., Cavaleiro, I., Silva, A. M. E., Barahona, I., & Esteves, F.（2015）. A "dry eye" for victims of violence: Effects of playing a violent video game on pupillary dilation to victims and on aggressive behavior. *Psychology of Violence*, *5*（2）, 199-208.

Bandura, A.（1997）. *Self-efficacy: The Exercise of Control*. Freeman.

Bartholow, B. D., Bushman, B. J., & Sestir, M. A.（2006）. Chronic violent video game exposure and desensitization to violence: Behavioral and event-related brain potential data. *Journal of Experimental Social Psychology*, *42*（4）, 532-539.

Berkowitz, L.（1989）. Frustration-aggression hypothesis: Examination and reformulation. *Psychological Bulletin*, *106*（1）, 59-73.

Boduszek, D., Debowska, A., Jones, A. D., Ma, M. H., Smith, D., Willmott, D., ..., Kirkman, G.（2019）. Prosocial video game as an intimate partner violence prevention tool among youth: A randomised controlled trial. *Computers in Human Behavior*, *93*, 260-266.

Brändle, G., Cardaba, M. A. M., & Rivera, R. G.（2015）. Violent audiovisual content and social consequences: The moderating role of aggression in adolescents. *Communications-European Journal of Communication Research*, *40*（2）, 199-218.

Breuer, J., Vogelgesang, J., Quandt, T., & Festl, R.（2015）. Violent video games and physical aggression: Evidence for a selection effect among adolescents. *Psychology of Popular Media Culture*, *4*（4）, 305-328.

Buckley, K. E., & Anderson, C. A.（2006）. A theoretical model of the effects and consequences of playing video games. In P. Vorderer & J. Bryant（Eds.）, *Playing Video Games: Motives, Responses, and Consequences*（pp. 363-378）. Lawrence Erlbaum Associates Publishers.

Burkhardt, J., & Lenhard, W.（2022）. A meta-analysis on the longitudinal, age-dependent effects of violent video games on aggression. *Media Psychology*, *25*（3）, 499-512.

Bushman, B. J., & Anderson, C. A.（2023）. Solving the puzzle of null violent media effects. *Psychology of Popular Media*, *12*（1）, 1-9.

Bushman, B. J., & Gibson, B.（2011）. Violent video games cause an increase in aggression long after the game has been turned off. *Social Psychological and Personality Science*, *2*（1）, 29-32.

Buss, A. H., & Perry, M. J. P. S. P.（1992）. The aggression questionnaire. *Journal of Personality and Social Psychology*, *63*（3）, 452-459.

Calvert, S. L., Appelbaum, M., Dodge, K. A., Graham, S., Hall, G. C. N., Hamby, S., ..., Hedges, L. V.（2017）. The American Psychological Association task force assessment of violent video games: Science in the service of public interest. *The American Psychologist*, *72*（2）, 126-143.

Carnagey, N. L., Anderson, C. A., & Bushman, B. J.（2007）. The effect of video game violence on physiological desensitization to real-life violence. *Journal of Experimental Social Psychology*, *43*（3）, 489-496.

Chen, S., Mao, B., & Liu, Y. L.（2023）. The effect of justified video game violence on aggressive behavior and moderated immersion: An experimental approach. *Aggressive Behavior*, *49*（1）, 68-75.

Chen, S., Yi, Z. S., Wei, M. C., & Liu, Y. L. (2022). Deviant peer affiliation: A newly verified mechanism by which violent video game exposure affect aggressive and prosocial behavior. *Cyberpsychology, Behavior and Social Networking*, *25*(10), 634-640.

Compton, S. A. H., Ritchie, M., Oliver, L., Finger, E., & Mitchell, D. G. V. (2022). Dissociable effects of acute versus cumulative violent video game exposure on the action simulation circuit in university students. *Social Neuroscience*, *17*(4), 368-381.

Coyne, S. M., & Stockdale, L. (2021). Growing up with Grand Theft Auto: A 10-year study of longitudinal growth of violent video game play in adolescents. *Cyberpsychology, Behavior, and Social Networking*, *24*(1), 11-16.

Coyne, S. M., Padilla-Walker, L. M., Holmgren, H. G., Davis, E. J., Collier, K. M., Memmott-Elison, M. K., & Hawkins, A. J. (2018). A Meta-analysis of prosocial media on prosocial behavior, aggression, and empathic concern: A multidimensional approach. *Developmental Psychology*, *54*(2), 331-347.

Coyne, S. M., Warburton, W., Swit, C., Stockdale, L., & Dyer, W. J. (2023). Who is most at risk for developing physical aggression after playing violent video games? An individual differences perspective from early adolescence to emerging adulthood. *Journal of Youth and Adolescence*, *52*(4), 719-733.

Crick, N. R., & Dodge, K. A. (1996). Social information-processing mechanisms in reactive and proactive aggression. *Child Development*, *67*(3), 993-1002.

Denson, T. F., Dixson, B. J. W., Tibubos, A. N., Zhang, E., Harmon-Jones, E., & Kasumovic, M. M. (2020). Violent video game play, gender, and trait aggression influence subjective fighting ability, perceptions of men's toughness, and anger facial recognition. *Computers in Human Behavior*, *104*, 106175.

Dickmeis, A., & Roe, K. (2019). Genres matter: Video games as predictors of physical aggression among adolescents. *Communications*, *44*(1), 105-129.

Dodge, K. A. (1991). The structure and function of reactive and proactive aggression. In D. J. Pepler & K. H. Rubin (Eds.), *The Development and Treatment of Childhood Aggression* (pp. 201-218). Lawrence Erlbaum Associates Publishers.

Drummond, A., Sauer, J. D., & Ferguson, C. J. (2020). Do longitudinal studies support long-term relationships between aggressive game play and youth aggressive behaviour? A meta-analytic examination. *Royal Society Open Science*, *7*(7), 200373.

Dowsett, A., & Jackson, M. (2019). The effect of violence and competition within video games on aggression. *Computers in Human Behavior*, *99*, 22-27.

Eastin, M. S. (2006). Video game violence and the female game player: Self- and opponent gender effects on presence and aggressive thoughts. *Human Communication Research*, *32*(3), 351-372.

Eastin, M. S. (2007). The influence of competitive and cooperative group game play on state hostility. *Human Communication Research*, *33*(4), 450-466.

Eastin, M. S., Appiah, O., & Cicchirllo, V. (2009). Identification and the influence of cultural stereotyping on postvideogame play hostility. *Human Communication Research*, *35*(3), 337-356.

Engelhardt, C. R., Bartholow, B. D., Kerr, G. T., & Bushman, B. J. (2011). This is your brain on violent video games: Neural desensitization to violence predicts increased aggression following violent video game exposure. *Journal of Experimental Social Psychology*, *47*(5), 1033-1036.

Ferguson, C. J. (2007a). Evidence for publication bias in video game violence effects literature: A meta-analytic review. *Aggression and Violent Behavior*, *12*(4), 470-482.

Ferguson, C. J. (2007b). The good, the bad and the ugly: A meta-analytic review of positive and negative effects of violent video games. *Psychiatric Quarterly*, *78*(4), 309-316.

Ferguson, C. J. (2011). Video games and youth violence: A prospective analysis in adolescents. *Journal of Youth and Adolescence*, *40*(4), 377-391.

Ferguson, C. J. (2015). Do angry birds make for angry children? A meta-analysis of video game influences on children's and adolescents' aggression, mental health, prosocial behavior, and academic performance. *Perspectives on Psychological Science*, *10*(5), 646-666.

Ferguson, C. J. (2023). An evolutionary model for aggression in youth: Rethinking aggression in terms of the Catalyst model. *New Ideas in Psychology*, *70*, 101029.

Ferguson, C. J., & Beaver, K. M. (2009). Natural born killers: The genetic origins of extreme violence. *Aggression and Violent Behavior*, *14*(5), 286-294.

Ferguson, C. J., Garza, A., Jerabeck, J., Ramos, R., & Galindo, M. (2013a). Not worth the fuss after all? Cross-sectional and prospective data on violent video game influences on aggression, visuospatial cognition and mathematics ability in a sample of youth. *Journal of Youth and Adolescence*, *42*(1), 109-122.

Ferguson, C. J., & Kilburn, J. (2009). The public health risks of media violence: A meta-analytic review. *The Journal of Pediatrics*, *154*(5), 759-763.

Ferguson, C. J., Ivory, J. D., & Beaver, K. M. (2013b). Genetic, maternal, school, intelligence, and media use predictors of adult criminality: A longitudinal test of the catalyst model in adolescence through early adulthood. *Journal of Aggression Maltreatment & Trauma*, *22*(5), 447-460.

Ferguson, C. J., Miguel, C. S., Garza, A., & Jerabeck, J. M. (2012). A longitudinal test of video game violence influences on dating and aggression: A 3-year longitudinal study of adolescents. *Journal of Psychiatric Research*, *46*(2), 141-146.

Ferguson, C. J., & Olson, C. K. (2014). Video game violence use among "vulnerable" populations: The impact of violent games on delinquency and bullying among children with clinically elevated depression or attention deficit symptoms. *Journal of Youth and Adolescence*, *43*(1), 127-136.

Ferguson, C. J., & Wang, J. C. K. (2019). Aggressive video games are not a risk factor for future aggression in youth: A longitudinal study. *Journal of Youth and Adolescence*, *48*(8), 1439-1451.

Ferguson, C. J., Barr, H., Figueroa, G., Foley, K., Gallimore, A., LaQuea, R., ..., Garza, A. (2015). Digital poison? Three studies examining the influence of violent video games on youth. *Computers in Human Behavior*, *50*, 399-410.

Ferguson, C. J., Copenhaver, A., & Markey, P. (2020). Reexamining the findings of the

American Psychological Association's 2015 task force on violent media: A meta-analysis. *Perspectives on Psychological Science*, 15(6), 1423-1443.

Ferguson, C. J., Gryshyna, A., Kim, J. S., Knowles, E., Nadeem, Z., Cardozo, I., ..., Willis, E. (2022). Video games, frustration, violence, and virtual reality: Two studies. *The British Journal of Social Psychology*, 61(1), 83-99.

Ferguson, C. J., Olson, C. K., Kutner, L. A., & Warner, D. E. (2014). Violent video games, catharsis seeking, bullying, and delinquency: A multivariate analysis of effects. *Crime & Delinquency*, 60(5), 764-784.

Ferguson, C. J., Rueda, S. M., Cruz, A. M., Ferguson, D. E., Fritz, S., & Smith, S. M. (2008). Violent video games and aggression: Causal relationship or byproduct of family violence and intrinsic violence motivation? *Criminal Justice and Behavior*, 35(3), 311-332.

Ferguson, C. J., Trigani, B., Pilato, S., Miller, S., Foley, K., & Barr, H. (2016). Violent video games don't increase hostility in teens, but they do stress girls out. *Psychiatric Quarterly*, 87(1), 49-56.

Fikkers, K. M., Piotrowski, J. T., Lugtig, P., & Valkenburg, P. M. (2016). The role of perceived peer norms in the relationship between media violence exposure and adolescents' aggression. *Media Psychology*, 19(1), 4-26.

Fischer, P., Kastenmüller, A., & Greitemeyer, T. (2010). Media violence and the self: The impact of personalized gaming characters in aggressive video games on aggressive behavior. *Journal of Experimental Social Psychology*, 46(1), 192-195.

Gao, X. M., Pan, W., Li, C., Weng, L., Yao, M. Y., & Chen, A. T. (2017). Long-time exposure to violent video games does not show desensitization on empathy for pain: An fMRI study. *Frontiers in Psychology*, 8, 650.

Gentile, D. A. (2011). The multiple dimensions of video game effects. *Child Development Perspectives*, 5(2), 75-81.

Gentile, D. A., Anderson, C. A., Yukawa, S., Ihori, N., Saleem, M., Ming, L. K., ..., Sakamoto, A. (2009). The effects of prosocial video games on prosocial behaviors: International evidence from correlational, longitudinal, and experimental studies. *Personality and Social Psychology Bulletin*, 35(6), 752-763.

Gentile, D. A., Bender, P. K., & Anderson, C. A. (2017). Violent video game effects on salivary cortisol, arousal, and aggressive thoughts in children. *Computers in Human Behavior*, 70, 39-43.

Gentile, D. A., Li, D. D., Khoo, A., Prot, S., & Anderson, C. A. (2014). Mediators and moderators of long-term effects of violent video games on aggressive behavior practice, thinking, and action. *JAMA Pediatrics*, 168(5), 450-457.

Gentile, D. A., Swing, E. L., Anderson, C. A., Rinker, D., & Thomas, K. M. (2016). Differential neural recruitment during violent video game play in violent-and nonviolent-game players. *Psychology of Popular Media Culture*, 5(1), 39-51.

Gitter, S. A., Ewell, P. J., Guadagno, R. E., Stillman, T. F., & Baumeister, R. F. (2013). Virtually justifiable homicide: The effects of prosocial contexts on the link between violent video games, aggression, and prosocial and hostile cognition. *Aggressive Behavior*, 39(5), 346-

354.

Giumetti, G. W., & Markey, P. M.（2007）. Violent video games and anger as predictors of aggression. *Journal of Research in Personality*, *41*（6）, 1234-1243.

Greitemeyer, T.（2013）. Effects of playing video games on perceptions of one's humanity. *Journal of Social Psychology*, *153*（4）, 499-514.

Greitemeyer, T.（2014）. Intense acts of violence during video game play make daily life aggression appear innocuous: A new mechanism why violent video games increase aggression. *Journal of Experimental Social Psychology*, *50*, 52-56.

Greitemeyer, T.（2018）. The spreading impact of playing violent video games on aggression. *Computers in Human Behavior*, *80*, 216-219.

Greitemeyer, T.（2019）. The contagious impact of playing violent video games on aggression: Longitudinal evidence. *Aggressive Behavior*, *45*（6）, 635-642.

Greitemeyer, T.（2022）. Prosocial modeling: Person role models and the media. *Current Opinion in Psychology*, *44*, 135-139.

Greitemeyer, T., Agthe, M., Turner, R., & Gschwendtner, C.（2012）. Acting prosocially reduces retaliation: Effects of prosocial video games on aggressive behavior. *European Journal of Social Psychology*, *42*（2）, 235-242.

Greitemeyer, T., & McLatchie, N.（2011）. Denying humanness to others: A newly discovered mechanism by which violent video games increase aggressive behavior. *Psychological Science*, *22*（5）, 659-665.

Greitemeyer, T., & Mügge, D. O.（2014）. Video games do affect social outcomes a meta-analytic review of the effects of violent and prosocial video game play. *Personality and Social Psychology Bulletin*, *40*（5）, 578-589.

Greitemeyer, T., & Osswald, S.（2009）. Prosocial video games reduce aggressive cognitions. *Journal of Experimental Social Psychology*, *45*（4）, 896-900.

Greitemeyer, T., & Sagioglou, C.（2017）. The longitudinal relationship between everyday sadism and the amount of violent video game play. *Personality and Individual Differences*, *104*, 238-242.

Grizzard, M., Tamborini, R., Lewis, R. J., Wang, L., & Prabhu, S.（2014）. Being bad in a video game can make us morally sensitive. *Cyberpsychology, Behavior, and Social Networking*, *17*（8）, 499-504.

Hartmann, T., Toz, E., & Brandon, M.（2010）. Just a game? Unjustified virtual violence produces guilt in empathetic players. *Media Psychology*, *13*（4）, 339-363.

Hartmann, T., & Vorderer, P.（2010）. It's okay to shoot a character: Moral disengagement in violent video games. *Journal of Communication*, *60*（1）, 94-119.

Hasan, Y., Bègue, L., Scharkow, M., & Bushman, B. J.（2013）. The more you play, the more aggressive you become: A long-term experimental study of cumulative violent video game effects on hostile expectations and aggressive behavior. *Journal of Experimental Social Psychology*, *49*（2）, 224-227.

Hawk, C. E., & Ridge, R. D.（2021）. Is it only the violence? The effects of violent video game content, difficulty, and competition on aggressive behavior. *Journal of Media Psychology-

*Theories Methods and Applications*, 33（3）, 134-144.

Hilgard, J., Engelhardt, C. R., Rouder, J. N., Segert, I. L., & Bartholow, B. D.（2019）. Null effects of game violence, game difficulty, and 2D：4D digit ratio on aggressive behavior. *Psychological Science*, 30（4）, 606-616.

Holmgren, H. G., Padilla-Walker, L. M., Stockdale, L. A., & Coyne, S. M.（2019）. Parental media monitoring, prosocial violent media exposure, and adolescents' prosocial and aggressive behaviors. *Aggressive Behavior*, 45（6）, 671-681.

Hopf, W. H., Huber, G. L., & Weiß, R. H.（2008）. Media violence and youth violence：A 2-year longitudinal study. *Journal of Media Psychology：Theories, Methods, and Applications*, 20（3）, 79-96.

Hull, J. G., Brunelle, T. J., Prescott, A. T., & Sargent, J. D.（2014）. A longitudinal study of risk-glorifying video games and behavioral deviance. *Journal of Personality and Social Psychology*, 107（2）, 300-325.

Hummer, T. A., Kronenberger, W. G., Wang, Y., & Mathews, V. P.（2019）. Decreased prefrontal activity during a cognitive inhibition task following violent video game play：A multi-week randomized trial. *Psychology of Popular Media Culture*, 8（1）, 63-75.

Hummer, T. A., Wang, Y., Kronenberger, W. G., Mosier, K. M., Kalnin, A. J., Dunn, D. W., & Mathews, V. P.（2010）. Short-term violent video game play by adolescents alters prefrontal activity during cognitive inhibition. *Media Psychology*, 13（2）, 136-154.

Ivory, A. H., & Kaestle, C. E.（2013）. The effects of profanity in violent video games on players' hostile expectations, aggressive thoughts and feelings, and other responses. *Journal of Broadcasting & Electronic Media*, 57（2）, 224-241.

Jabr, M. M., Denke, G., Rawls, E., & Lamm, C.（2018）. The roles of selective attention and desensitization in the association between video gameplay and aggression：An ERP investigation. *Neuropsychologia*, 112, 50-57.

Jerabeck, J. M., & Ferguson, C. J.（2013）. The influence of solitary and cooperative violent video game play on aggressive and prosocial behavior. *Computers in Human Behavior*, 29（6）, 2573-2578.

Jiang, Z. C., Qi, K. K., Zhao, Y., Liu, J., & Lv, C. C.（2022）. Other-dehumanization rather than self-dehumanization mediates the relationship between violent video game exposure and aggressive behavior. *Cyberpsychology, Behavior, and Social Networking*, 25（1）, 37-42.

Kirsh, S. J., & Mounts, J. R. W.（2007）. Violent video game play impacts facial emotion recognition. *Aggressive Behavior*, 33（4）, 353-358.

Klasen, M., Zvyagintsev, M., Schwenzer, M., Mathiak, K. A., Sarkheil, P., Weber, R., & Mathiak, K.（2013）. Quetiapine modulates functional connectivity in brain aggression networks. *NeuroImage*, 75, 20-26.

Kneer, J., Elson, M., & Knapp, F.（2016）. Fight fire with rainbows：The effects of displayed violence, difficulty, and performance in digital games on affect, aggression, and physiological arousal. *Computers in Human Behavior*, 54, 142-148.

Krahé, B., & Busching, R.（2015）. Breaking the vicious cycle of media violence use and aggression：A test of intervention effects over 30 months. *Psychology of Violence*, 5（2）, 217-

226.

Krahé, B., & Möller, I. (2010). Longitudinal effects of media violence on aggression and empathy among German adolescents. *Journal of Applied Developmental Psychology*, *31*(5), 401-409.

Krahé, B., Busching, R., & Möller, I. (2012). Media violence use and aggression among German adolescents: Associations and trajectories of change in a three-wave longitudinal study. *Psychology of Popular Media Culture*, *1*(3), 152-166.

Kühn, S., Kugler, D. T., Schmalen, K., Weichenberger, M., Witt, C., & Gallinat, J. (2019). Does playing violent video games cause aggression? A longitudinal intervention study. *Molecular Psychiatry*, *24*(8), 1220-1234.

Kühn, S., Kugler, D., Schmalen, K., Weichenberger, M., Witt, C., & Gallinat, J. (2018). The myth of blunted gamers: No evidence for desensitization in empathy for pain after a violent video game intervention in a longitudinal fMRI study on non-gamers. *Neuro-Signals*, *26*(1), 22-30.

Květon, P., & Jelínek, M. (2020). Frustration and violence in mobile video games an experimental evaluation of their effect on implicit aggression. *Swiss Journal of Psychology*, *79*(2), 63-70.

Lei, X. W., Nie, Q., Chen, C., & Teng, Z. J. (2023). Violent video game exposure and bullying perpetration among Chinese adolescents: The moderating role of belief in a just world. *Aggressive Behavior*, *49*(6), 701-709.

Lemmens, J. S., Valkenburg, P. M., & Peter, J. (2011). The effects of pathological gaming on aggressive behavior. *Journal of Youth and Adolescence*, *40*(1), 38-47.

Li, Y. Z. (2022). Linking violent video games to cyberaggression among college students: A cross-sectional study. *Aggressive Behavior*, *48*(2), 241-252.

Lin, J. H. (2013). Identification matters: A moderated mediation model of media interactivity, character identification, and video game violence on aggression. *Journal of Communication*, *63*(4), 682-702.

Lindsay, J. J., & Anderson, C. A. (2000). From antecedent conditions to violent actions: A general affective aggression model. *Personality and Social Psychology Bulletin*, *26*(5), 533-547.

Liu, Y. L., Teng, Z. J., Lan, H. Y., Zhang, X., & Yao, D. Z. (2015). Short-term effects of prosocial video games on aggression: An event-related potential study. *Frontiers in Behavioral Neuroscience*, *9*, 193.

López-Fernández, F. J., Mezquita, L., Etkin, P., Griffiths, M. D., Ortet, G., & Ibanez, M. I. (2021). The role of violent video game exposure, personality, and deviant peers in aggressive behaviors among adolescents: A two-wave longitudinal study. *Cyberpsychology, Behavior, and Social Networking*, *24*(1), 32-40.

Lull, R. B., & Bushman, B. J. (2016). Immersed in violence: Presence mediates the effect of 3D violent video gameplay on angry feelings. *Psychology of Popular Media Culture*, *5*(2), 133-144.

Mathiak, K., & Weber, R. (2006). Toward brain correlates of natural behavior: fMRI during violent video games. *Human Brain Mapping*, *27*(12), 948-956.

Miedzobrodzka, E., van Hooff, J. C., Konijn, E. A., & Krabbendam, L. (2022). Is it painful? Playing violent video games affects brain responses to painful pictures: An event-related potential study. *Psychology of Popular Media*, *11*(1), 13-23.

Mohammadi, B., Szycik, G. R., te Wildt, B., Heldmann, M., Samii, A., & Münte, T. F. (2020). Structural brain changes in young males addicted to video-gaming. *Brain and Cognition*, *139*, 105518.

Möller, I., & Krahé, B. (2009). Exposure to violent video games and aggression in German adolescents: A longitudinal analysis. *Aggressive Behavior*, *35*(1), 75-89.

Möller, I., Krahé, B., Busching, R., & Krause, C. (2012). Efficacy of an intervention to reduce the use of media violence and aggression: An experimental evaluation with adolescents in Germany. *Journal of Youth and Adolescence*, *41*(2), 105-120.

Montag, C., Weber, B., Trautner, P., Newport, B., Markett, S., Walter, N. T., ..., Reuter, M. (2012). Does excessive play of violent first-person-shooter-video-games dampen brain activity in response to emotional stimuli? *Biological Psychology*, *89*(1), 107-111.

Pan, W., Gao, X. M., Shi, S., Liu, F. Q., & Li, C. (2018). Spontaneous brain activity did not show the effect of violent video games on aggression: A resting-state fMRI study. *Frontiers in Psychology*, *8*, 2219.

Peña, J., Hancock, J. T., & Merola, N. A. (2009). The priming effects of avatars in virtual settings. *Communication Research*, *36*(6), 838-856.

Prescott, A. T., Sargent, J. D., & Hull, J. G. (2018). Metaanalysis of the relationship between violent video game play and physical aggression over time. *Proceedings of the National Academy of Sciences of the United States of America*, *115*(40), 9882-9888.

Przybylski, A. K., & Weinstein, N. (2019). Violent video game engagement is not associated with adolescents' aggressive behaviour: Evidence from a registered report. *Royal Society Open Science*, *6*(2), 171474.

Riva, P., Gabbiadini, A., Lauro, R. L., Andrighetto, L., Volpato, C., & Bushman, B. J. (2017). Neuromodulation can reduce aggressive behavior elicited by violent video games. *Cognitive, Affective & Behavioral Neuroscience*, *17*(2), 452-459.

Saleem, M., Anderson, C. A., & Gentile, D. A. (2012a). Effects of prosocial, neutral, and violent video games on children's helpful and hurtful behaviors. *Aggressive Behavior*, *38*(4), 281-287.

Saleem, M., Anderson, C. A., & Gentile, D. A. (2012b). Efects of prosocial, neutral, and violent video games on college students' affect. *Aggressive Behavior*, *38*(4), 263-271.

Schmierbach, M. (2010). "Killing spree": Exploring the connection between competitive game play and aggressive cognition. *Communication Research*, *37*(2), 256-274.

Shao, R., & Wang, Y. Q. (2019). The relation of violent video games to adolescent aggression: An examination of moderated mediation effect. *Frontiers in Psychology*, *10*, 384.

She, Y. H., Yang, Z. D., Xu, L. Y., & Li, L. P. (2022). The association between violent video game exposure and sub-types of school bullying in Chinese adolescents. *Frontiers in Psychiatry*, *13*, 1026625.

Smith, S., Ferguson, C., & Beaver, K. (2018). A longitudinal analysis of shooter games and their relationship with conduct disorder and cself-reported delinquency. *International Journal of*

*Law and Psychiatry*, *58*, 48-53.

Spielberger, C. D., Krasner, S. S., & Solomon, E. P. (1988). The experience, expression, and control of anger. In M. P. Janisse (Ed.), *Individual Differences, Stress, and Health Psychology. Contributions to Psychology and Medicine* (pp. 89-108). Springer.

Stockdale, L., Morrison, R. G., Palumbo, R., Garbarino, J., & Silton, R. L. (2017). Cool, callous and in control: Superior inhibitory control in frequent players of video games with violent content. *Social Cognitive and Affective Neuroscience*, *12*(12), 1869-1880.

Swing, E. L., & Anderson, C. A. (2014). The role of attention problems and impulsiveness in media violence effects on aggression. *Aggressive Behavior*, *40*(3), 197-203.

Szycik, G. R., Mohammadi, B., Hake, M., Kneer, J., Samii, A., Münte, T. F., & te Wildt, B. T. (2017). Excessive users of violent video games do not show emotional desensitization: An fMRI study. *Brain Imaging and Behavior*, *11*(3), 736-743.

Teng, Z. J., Nie, Q., Guo, C., Zhang, Q., Liu, Y. L., & Bushman, B. J. (2019). A longitudinal study of link between exposure to violent video games and aggression in Chinese adolescents: The mediating role of moral disengagement. *Developmental Psychology*, *55*(1), 184-195.

Teng, Z. J, Nie, Q., Zhu, Z. G, & Guo, C. (2020). Violent video game exposure and (cyber) bullying perpetration among Chinese youth: The moderating role of trait aggression and moral identity. *Computers in Human Behavior*, *104*, 106193.

Teng, Z. J., Yang, C. Y., Stomski, M., Nie, Q., & Guo, C. (2022). Violent video game exposure and bullying in early adolescence: A longitudinal study examining moderation of trait aggressiveness and moral identity. *Psychology of Violence*, *12*(3), 149-159.

Tian, Y., Gao, M. J., Wang, P., & Gao, F. Q. (2020). The effects of violent video games and shyness on individuals' aggressive behaviors. *Aggressive Behavior*, *46*(1), 16-24.

Uçur, Ö., & Dönmez, Y. E. (2023). The effects of violent video games on reactive-proactive aggression and cyberbullying. *Current Psychology*, *42*(4), 2609-2618.

Velez, J. A., Greitemeyer, T., Whitaker, J. L., Ewoldsen, D. R., & Bushman, B. J. (2016). Violent video games and reciprocity: The attenuating effects of cooperative game play on subsequent aggression. *Communication Research*, *43*(4), 447-467.

Velez, J. A., Mahood, C., Ewoldsen, D. R., & Moyer-Gusé, E. (2014). Ingroup versus outgroup conflict in the context of violent video game play: The effect of cooperation on increased helping and decreased aggression. *Communication Research*, *41*(5), 607-626.

Verheijen, G. P., Burk, W. J., Stoltz, S. E. M. J., van den Berg, Y. H. M., & Cillessen, A. H. N. (2018). Friendly fire: Longitudinal effects of exposure to violent video games on aggressive behavior in adolescent friendship dyads. *Aggressive Behavior*, *44*(3), 257-267.

Wang, L. A., & Zhou, J. H. (2023). Violent video game exposure and cyberbullying in early adolescents: A latent moderated mediation model. *Cyberpsychology, Behavior, and Social Networking*, *26*(6), 417-424.

Wang, Y., Mathews, V. P., Kalnin, A. J., Mosier, K. M., Dunn, D. W., Saykin, A. J., & Kronenberger, W. G. (2009). Short term exposure to a violent video game induces changes in frontolimbic circuitry in adolescents. *Brain Imaging and Behavior*, *3*(1), 38-50.

Weber, R., Ritterfeld, U., & Mathiak, K. (2006). Does playing violent video games induce aggression? Empirical evidence of a functional magnetic resonance imaging study. *Media Psychology*, 8(1), 39-60.

Whitaker, J. L., & Bushman, B. J. (2012). "Remain calm. be kind." effects of relaxing video games on aggressive and prosocial behavior. *Social Psychological and Personality Science*, 3(1), 88-92.

Willoughby, T., Adachi, P. J. C., & Good, M. (2012). A longitudinal study of the association between violent video game play and aggression among adolescents. *Developmental Psychology*, 48(4), 1044-1057.

Yang, G. S., Gibson, B., Lueke, A. K., Huesmann, L. R., & Bushman, B. J. (2014a). Effects of Avatar race in violent video games on racial attitudes and aggression. *Social Psychological and Personality Science*, 5(6), 698-704.

Yang, G. S., Huesmann, L. R., & Bushman, B. J. (2014b). Effects of playing a violent video game as male versus female Avatar on subsequent aggression in male and female players. *Aggressive Behavior*, 40(6), 537-541.

Yao, M. Y., Zhou, Y. H., Li, J. Y., & Gao, X. M. (2019). Violent video games exposure and aggression: The role of moral disengagement, anger, hostility, and disinhibition. *Aggressive Behavior*, 45(6), 662-670.

Yee, N., & Bailenson, J. (2007). The proteus effect: The effect of transformed self-representation on behavior. *Human Communication Research*, 33(3), 271-290.

Yoon, G., & Vargas, P. T. (2014). Know thy Avatar: The unintended effect of virtual-self representation on behavior. *Psychological Science*, 25(4), 1043-1045.

Zhang, Q., Cao, Y., & Tian, J. J. (2021). Effects of violent video games on players' and observers' aggressive cognitions and aggressive behaviors. *Journal of Experimental Child Psychology*, 203, 105005.

Zhao, H. Y., Zhou, J. X., Xu, X. F., Gong, X., Zheng, J. M., & Zhou, J. H. (2021). How to be aggressive from virtual to reality? Revisiting the violent video games exposure- aggression association and the mediating mechanisms. *Cyberpsychology, Behavior, and Social Networking*, 24(1), 56-62.

Zheng, X. L., Chen, H. P., Wang, Z. Y., Xie, F. W., & Bao, Z. Z. (2021). Online violent video games and online aggressive behavior among Chinese college students: The role of anger rumination and self-control. *Aggressive Behavior*, 47(5), 514-520.

Zhou, H. L., Wei, X. Y., Jiang, H. B., Tuo, A. X., Lu, G. Z., Liang, H. Y., & Xiao, N. (2023). The link between exposure to violent media, normative beliefs about aggression, self-control, and aggression: A comparison of traditional and cyberbullying. *Aggressive Behavior*, 49(2), 165-171.

Zillmann, D. (1988). Cognition-excitation interdependences in aggressive-behavior. *Aggressive Behavior*, *14*(1), 51-64.

Zvyagintsev, M., Klasen, M., Weber, R., Sarkheil, P., Esposito, F., Mathiak, K. A., ..., Mathiak, K. (2016). Violence-related content in video game may lead to functional connectivity changes in brain networks as revealed by fMRI-ica in young men. *Neuroscience*, *320*, 247-258.

## 第三章

# 暴力视频游戏接触对中小学生攻击性的影响：不良同伴交往的中介作用

　　本研究拟解决的问题有两个：其一，通过大样本横断数据来揭示暴力视频游戏接触与中小学生攻击性之间的关系；其二，揭示不良同伴交往在暴力视频游戏与攻击性之间的中介作用。这对验证和拓展一般攻击模型提出的群体转变路径，以及加深对暴力视频游戏接触影响攻击性的心理机制的理解，具有重要意义。

# 第一节　被试及方法

## 一、被试

实验招募中国某城市4所学校46个班的2214名中小学生进行问卷调查。剔除无效问卷62份（如被试缺失数据较多，所有答案一致等），最终纳入分析的问卷2152份。被试的年龄范围在9—17岁（13.12±2.17），3人未报告年龄。其中，男生988人（45.91%），女生1120人（52.04%），44人（2.04%）未报告性别。小学621人（28.86%），初中740人（34.39%），高中791人（36.76%）。以班级为单位，在课堂时间，被试自愿完成问卷调查，持续时间约20min。

## 二、研究工具

1）暴力视频游戏接触量表。采用最喜欢的视频游戏列表法测量暴力视频游戏接触（Anderson & Dill, 2000）。首先，被试写下他们最喜欢的3款游戏名称；其次，使用5点评分（1=很少，5=非常多）对他们玩游戏的频率和暴力内容等级（该游戏包含血腥、射击、攻击、杀戮、打架等元素的程度）进行评分。暴力视频游戏接触水平是通过频率评分和暴力内容评分的乘积来计算的。在本研究中，469名被试报告称自己并不玩游戏，参照前人的研究，并没有剔除他们的数据，而是将其游戏接触量改为0（Teng et al., 2019）。通过计算3款游戏的分数得出，暴力视频游戏接触量表的Cronbach's $\alpha$ 系数为0.873。

2）不良同伴交往量表。采用不良同伴交往量表测量一年内被试朋友的酒精使用、作弊、网络成瘾等偏差行为（Li et al., 2013）。该量表包括8个项目，采用5点评分（1=从不，5=非常多）。本研究中，不良同伴交往量表的Cronbach's $\alpha$ 系数为0.773。

3）攻击性量表。采用简版Buss-Perry特质攻击量表测量被试的攻击性

(Webster et al.，2014)。该量表包括 12 个项目，采用 5 点评分（1=非常不符合，5=非常符合）测量 4 个维度，包括身体攻击（例如，"我要是被谁惹急了，我可能就会打他"）、言语攻击（例如，"当我不同意朋友的意见时，我会公开地告诉他们"）、敌意（例如，"我总是觉得有人在背后笑话我"）和愤怒（例如，"我很难控制自己的脾气"）。本研究中，攻击性量表的 Cronbach's α 系数为 0.739。

## 三、数据处理与统计

由于被试的疏忽，某些变量存在缺失数据的比例为 0.403%，本研究采用平均数替代。首先，使用 SPSS 25.0 进行共同方法偏差检验，进行描述性统计和相关分析。本研究采用 Harman 单因子检验法检验共同方法偏差，共析出 7 个特征根大于 1 的公因子，其中首因子解释的变异量（18.47%）小于临界值（40%）。基于此，可以认为本研究的共同方法偏差并不显著。其次，使用 AMOS 24.0 通过路径分析对研究假设模型进行检验。最后，采用极大似然法估计模型参数，采用卡方检验、GFI（≥0.90）、CFI（≥0.90）、TLI（≥0.90）、RMSEA（≤0.05 拟合优秀，≤0.080 可接受）衡量模型的拟合优度。

# 第二节 不良同伴交往中介暴力视频游戏接触对攻击性影响的结果与分析

## 一、描述统计及相关分析

首先进行描述统计和 Pearson 相关分析，以此来检验所关注变量的基本情况和相关系数，分析结果如表 3-1 所示。由此可以发现，暴力视频游戏接触与不良同伴交往和攻击性呈显著正相关，不良同伴交往与攻击性呈显著正相关。

表3-1 各变量描述性统计结果与变量间的相关（$N=2152$）

| 项目 | M | SD | 1 | 2 | 3 |
| --- | --- | --- | --- | --- | --- |
| 1. 暴力视频游戏接触 | 4.15 | 3.85 | — | | |
| 2. 不良同伴交往 | 1.23 | 0.35 | 0.203*** | — | |
| 3. 攻击性 | 2.28 | 0.62 | 0.172*** | 0.347*** | — |

注：***$p<0.001$，**$p<0.01$，*$p<0.05$，下同

## 二、暴力视频游戏接触影响攻击性的直接与间接效应检验

以年龄和性别作为控制变量，建立两个结构方程模型来检验结果。首先，建立模型1检验暴力视频游戏接触对攻击性影响的直接效应。模型1的结果显示，模型拟合良好，$\chi^2=697.573$，$df=70$，GFI$=0.958$，CFI$=0.912$，TLI$=0.886$，RMSEA$=0.065$。暴力视频游戏接触可以显著正向预测攻击性行为（$\beta=0.245$，$p<0.01$），并能够解释攻击性行为8.7%的变异。

其次，建立模型2检验暴力视频游戏接触对攻击性影响的直接效应与间接效应。模型2的结果表明，假设模型对数据的拟合良好，$\chi^2=703.478$，$df=92$，GFI$=0.962$，CFI$=0.929$，TLI$=0.908$，RMSEA$=0.056$。假设路径结果（图3-1）显示，暴力视频游戏接触能正向预测不良同伴交往（$\beta=0.224$，$p<0.01$）；不良同伴交往能正向预测攻击性（$\beta=0.470$，$p<0.01$），暴力视频游戏接触对攻击性（$\beta=0.137$，$p<0.01$）仍有直接影响。该模型分别解释了不良同伴交往11.5%的变异，攻击性28.0%的变异。

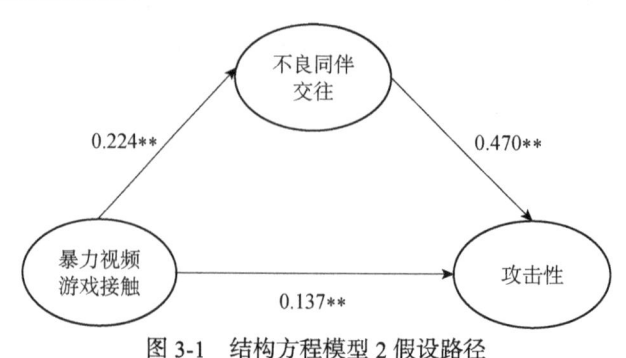

图3-1 结构方程模型2假设路径

同时，采用偏差校正非参数百分位Bootstrap检验，重复取样5000次，进行中介效应检验及置信区间估计，若95%CI不包括0，则表明间接效应显著（表3-

2）。结果表明，不良同伴交往能中介暴力视频游戏接触对攻击性（$\beta=0.105$，$p<0.01$）的影响，中介效应占总效应的43.39%。

表3-2 结构方程模型标准化路径系数

| 模型 | 效应 | 路径 | $\beta$ | SE | 95%CI 下限 | 95%CI 上限 |
|---|---|---|---|---|---|---|
| 模型1 | 总效应 | 暴力视频游戏接触→攻击性 | 0.245** | 0.031 | 0.185 | 0.307 |
| 模型2 | 直接效应 | 暴力视频游戏接触→攻击性 | 0.137** | 0.031 | 0.073 | 0.192 |
| 模型2 | 间接效应 | 暴力视频游戏接触→不良同伴交往→攻击性 | 0.105** | 0.017 | 0.077 | 0.145 |

# 第三节 不良同伴交往中介暴力视频游戏接触对攻击性影响的讨论

## 一、暴力视频游戏接触对攻击性的影响

鉴于关于暴力视频游戏接触负面效应的争论（Bushman & Anderson，2021），本研究探讨了暴力视频游戏接触对我国中小学生攻击性的消极影响。研究结果显示，暴力视频游戏接触能显著正向预测攻击性。这与之前关于暴力媒体的负面效应研究结果一致（Anderson et al.，2010；Calvert et al.，2017；Greitemeyer & Mügge，2014），与关于"零效应"的研究结果不一致（Drummond et al.，2020；Ferguson et al.，2020）。这支持了以一般攻击模型（扩展为一般学习模型）为代表的诸多理论，即假设重复接触游戏会影响感知-认知结构、认知-情绪结构和情绪结构，进而导致人格特质的长期发展（Greitemeyer & Osswald，2009）。暴力媒体使用通过攻击性认知、暴力脱敏、降低同理心、同伴群体转变和执行功能-冲动缺陷导致攻击性行为（Anderson & Bushman，2018；Bushman & Anderson，2021），从而可能会增强个体的攻击性。

## 二、不良同伴交往的中介效应

鉴于对同伴群体路径（Anderson & Bushman，2018）的检验不足，本研究探

讨了不良同伴交往在暴力视频游戏接触对攻击性影响过程中的中介作用。研究结果表明，暴力视频游戏接触会通过不良同伴交往对攻击性产生影响，并进一步发现了同伴群体转变在暴力视频游戏接触产生负性影响过程中的作用，支持了对于一般攻击模型的扩展（Anderson & Bushman, 2018），这为理解暴力视频游戏接触负面效应的心理社会机制提供了新的视角。一方面，暴力视频游戏接触能显著正向预测不良同伴交往。这支持了暴力视频游戏接触负面效应具有"传染性"的论断。简而言之，暴力视频游戏接触会影响同伴选择和同伴的行为。由于多人游戏的流行，游戏通常被视为一种社会联系活动，并用来建立和维持友谊（de Grove, 2014; Eklund & Roman, 2017; Kowert et al., 2014）。暴力视频游戏接触青少年通常会寻找与自己的暴力视频游戏接触水平一致的同学作为朋友（Sun & Sun, 2021; Verheijen et al., 2021），这些朋友通常也会表现出较多的攻击性行为（Greitemeyer, 2018; Verheijen et al., 2018）。另一方面，不良同伴交往能显著正向预测攻击性，这与以往的研究结果一致（Laible et al., 2016）。

此外，犯罪的社会学习理论为此提供了坚实的理论基础（Proctor & Niemeyer, 2020）。该理论认为，个体在与不良同伴交往的过程中通过多种学习方式（如观察学习）习得某些行动与习惯、条件性行为或记忆，随后导致犯罪和越轨行为的产生。也就是说，同伴的行为对青少年起到了"榜样"和强化作用，青少年会模仿不良同伴，从而做出更多的攻击性行为（Benson & Buehler, 2012; Tian et al., 2019; Wang et al., 2017）。同时，不良同伴交往还会塑造和影响个体的态度、价值观、规范信念（van Hoorn et al., 2016）。例如，与不良同伴交往会影响儿童青少年的道德发展，提高其道德推脱水平，形成不良道德认知体系（Wang et al., 2020）。道德推脱会使道德自我调节机制失效（Bandura et al., 1996），被试对自己的不良行为进行辩护和合理化，进而做出较高水平的攻击性行为（Gini et al., 2014, 2022）。

## 参考文献

Anderson, C. A., & Bushman, B. J.（2018）. Media violence and the general aggression model. *Journal of Social Issues*, 74（2）, 386-413.

Anderson, C. A., & Dill, K. E.（2000）. Video games and aggressive thoughts, feelings, and behavior in the laboratory and in life. *Journal of Personality and Social Psychology*, 78（4），

772-790.

Anderson, C. A., Shibuya, A., Ihori, N., Swing, E. L., Bushman, B. J., Sakamoto, A., ..., Saleem, M. (2010). Violent video game effects on aggression, empathy, and prosocial behavior in Eastern and Western countries: A meta-analytic review. *Psychological Bulletin*, *136*(2), 151-173.

Bandura, A., Barbaranelli, C., Caprara, G. V., & Pastorelli, C. (1996). Mechanisms of moral disengagement in the exercise of moral agency. *Journal of Personality and Social Psychology*, *71*(2), 364-374.

Benson, M. J., & Buehler, C. (2012). Family process and peer deviance influences on adolescent aggression: Longitudinal effects across early and middle adolescence. *Child Development*, *83*(4), 1213-1228.

Bushman, B. J., & Anderson, C. A. (2021). Solving the puzzle of null violent media effects. *Psychology of Popular Media*, *12*(1), 1-9.

Calvert, S. L., Appelbaum, M., Dodge, K. A., Graham, S., Hall, G. C. N., Hamby, M., ..., Hedges, L. V. (2017). The American Psychological Association task force assessment of violent video games: Science in the service of public interest. *The American Psychologist*, *72*(2), 126-143.

de Grove, F. (2014). Youth, friendship, and gaming: A network perspective. *Cyberpsychology, Behavior, and Social Networking*, *17*(9), 603-608.

Drummond, A., Sauer, J. D., & Ferguson, C. J. (2020). Do longitudinal studies support long-term relationships between aggressive game play and youth aggressive behaviour? A meta-analytic examination. *Royal Society Open Science*, *7*(7), 200373.

Eklund, L., & Roman, S. (2017). Do adolescent gamers make friends offline? Identity and friendship formation in school. *Computers in Human Behavior*, *73*, 284-289.

Ferguson, C. J., Copenhaver, A., & Markey, P. (2020). Reexamining the findings of the American Psychological Association's 2015 task force on violent media: A meta-analysis. *Perspectives on Psychological Science*, *15*(6), 1423-1443.

Gini, G., Pozzoli, T., & Hymel, S. (2014). Moral disengagement among children and youth: A meta-analytic review of links to aggressive behavior. *Aggressive Behavior*, *40*(1), 56-68.

Gini, G., Thornberg, R., Bussey, K., Angelini, F., & Pozzoli, T. (2022). Longitudinal links of individual and collective morality with adolescents' peer aggression. *Journal of Youth and Adolesc*ence, *51*(3), 524-539.

Greitemeyer, T. (2018). The spreading impact of playing violent video games on aggression. *Computers in Human Behavior*, *80*, 216-219.

Greitemeyer, T., & Mügge, D. O. (2014). Video games do affect social outcomes: A meta-analytic review of the effects of violent and prosocial video game play. *Personality and Social Psychology Bulletin*, *40*(5), 578-589.

Greitemeyer, T., & Osswald, S. (2009). Prosocial video games reduce aggressive cognitions. *Journal of Experimental Social Psychology*, *45*(4), 896-900.

Kowert, R., Domahidi, E., Festl, R., & Quandt, T. (2014). Social gaming, lonely life? The impact of digital game play on adolescents' social circles. *Computers in Human Behavior*, *36*,

385-390.

Li, D. P., Li, X., Wang, Y. H., Zhao, L. Y., Bao, Z. Z., & Wen, F. F. (2013). School connectedness and problematic internet use in adolescents: A moderated mediation model of deviant peer affiliation and self-control. *Journal of Abnormal Child Psychology*, *41*(8), 1231-1242.

Proctor, K. R., & Niemeyer, R. E. (2020). Retrofitting social learning theory with contemporary understandings of learning and memory derived from cognitive psychology and neuroscience. *Journal of Criminal Justice*, *66*, 101655.

Sun, Y. Q., & Sun, M. R. (2021). How peer influence mediates the effects of video games playing on adolescents' aggressive behavior. *Children and Youth Services Review*, *130*, 106225.

Teng, Z. J., Nie, Q., Guo, C., Zhang, Q., Liu, Y. L., & Bushman, B. J. (2019). A longitudinal study of link between exposure to violent video games and aggression in Chinese adolescents: The mediating role of moral disengagement. *Developmental Psychology*, *55*(1), 184-195.

Tian, Y. L., Yu, C. F., Lin, S., Lu, J. M., Liu, Y., & Zhang, W. (2019). Parental psychological control and adolescent aggressive behavior: Deviant peer affiliation as a mediator and school connectedness as a moderator. *Frontiers in Psychology*, *10*, 358.

van Hoorn, J., van Dijk, E., Meuwese, R., Rieffe, C., & Crone, E. A. (2016). Peer influence on prosocial behavior in adolescence. *Journal of Research on Adolescence*, *26*(1), 90-100.

Verheijen, G. P., Burk, W. J., Stoltz, S. E. M. J., van den Berg, Y. H. M., & Cillessen, A. H. N. (2018). Friendly fire: Longitudinal effects of exposure to violent video games on aggressive behavior in adolescent friendship dyads. *Aggressive Behavior*, *44*(3), 257-267.

Verheijen, G. P., Burk, W. J., Stoltz, S. E. M. J., van den Berg, Y. H. M., & Cillessen, A. H. N. (2021). A longitudinal social network perspective on adolescents' exposure to violent video games and aggression. *Cyberpsychology, Behavior, and Social Networking*, *24*(1), 24-31.

Wang, X. C., Yang, J. P., Wang, P. C., Zhang, Y. X., Li, B., Xie, X. C., & Lei, L. (2020). Deviant peer affiliation and bullying perpetration in adolescents: The mediating role of moral disengagement and the moderating role of moral identity. *The Journal of Psychology*, *154*(3), 199-213.

Wang, Z., Yu, C. F., Zhang, W., Chen, Y. Y., Zhu, J. J., & Liu, Q. Y. (2017). School climate and adolescent aggression: A moderated mediation model involving deviant peer affiliation and sensation seeking. *Personality and Individual Differences*, *119*, 301-306.

Webster, G. D., DeWall, C. N., Jr Pond, R. S., Deckman, T., Jonason, P. K., Le, B. M., ..., Bator, R. J. (2014). The brief aggression questionnaire: Psychometric and behavioral evidence for an efficient measure of trait aggression. *Aggressive Behavior*, *40*(2), 120-139.

# 第四章

# 暴力视频游戏接触对中学生攻击性影响的追踪研究：道德推脱的中介作用

本研究拟解决的问题有三个：其一，通过纵向数据的交叉滞后中介模型检验暴力视频游戏接触对青少年攻击性的纵向效应，以及道德推脱的中介作用；其二，通过多水平中介模型检验道德推脱中介暴力视频游戏接触纵向影响攻击性的个体内和个体间效应；其三，检验性别和年龄的调节作用。这对深入理解暴力视频游戏对攻击性的影响及内在心理机制具有重要意义。

# 第一节　被试及方法

## 一、被试

研究样本为四川和云南6所中学50个班级的约1500名中学生。样本具有民族多样性，接近40%的被试为少数民族（如彝族、苗族和土家族）。40%的被试来自农村地区，约20%的学生属于留守儿童（父母去城市打工至少3个月）。在1500名学生中，139名学生因不玩任何视频游戏而被排除（9.27%）。此外，在3次测试中，少量被试（$n=21$，T1；$n=15$，T2；$n=10$，T3）的数据因不真实（例如，完全不真实或大部分不真实）而被排除。本研究中的被试要进行3次测量，每次间隔6个月。①第一次在2016年6月（$n=1340$，男生45.1%；$M_{年龄}=14.86$，$SD=1.50$），②第二次在2016年12月（$n=1208$，男生46.4%；$M_{年龄}=15.30$，$SD=1.48$），③第三次在2017年6月（$n=1086$，男生43.2%；$M_{年龄}=16.12$，$SD=1.49$）。被试样本量信息采用G*power version 3.1（Faul et al.，2009）软件计算。本研究中1086的样本量至少可以提供90%的统计效力（$1-\beta$），在研究的主要变量（如暴力视频游戏接触、道德推脱）中检测一个较小的效应（$r=0.10$）。

## 二、研究工具

1）暴力视频游戏接触量表。本研究采用最喜爱法评估，要求被试列举3款最喜欢的视频游戏，然后分别对每款游戏进行评价，评价的内容包含频率（你玩这款游戏的频率，1=偶尔，5=经常）、暴力性（你觉得这款游戏的暴力程度，1=根本没有，5=非常多）。由于在所有学生列出的游戏中，所有的游戏都存在相同情况，为了得到更加准确的结果，我们对所列出的游戏的暴力性求平均分（$M$）。对于每一款游戏，都可以采用频率乘以暴力性得到暴力视频游戏接触指数，然后对

3款游戏的暴力视频游戏指数进行平均，得到该被试的暴力视频游戏接触量（Anderson & Dill，2000）。得分越高，表明该被试接触暴力视频游戏的数量越多。该量表3次测量的Cronbach's $\alpha$系数分别为0.78（T1）、0.79（T2）和0.76（T3）。

2）道德推脱量表。道德推脱的测量采用Bandura等（1996）编制的道德推脱量表。该量表包含32个项目，其中4个项目构成一个分量表。该量表共包括8个分量表，即道德推脱的8个心理机制，条目采用5点评分（1=非常不同意，5=非常同意）。研究表明，中文版的道德推脱量表具有较好的信度和效度（杨继平，王兴超，2012）。本研究中，8个分量表的内部一致性系数在0.65—0.79。该量表3次测量的Cronbach's $\alpha$系数分别为0.92（T1）、0.93（T2）、0.94（T3）。

3）攻击性量表。攻击性采用自我报告和同伴报告的形式进行测量。自我报告的攻击性的测量，采用简版的攻击性量表（Webster et al.，2014）。该量表包括12个条目，共4个维度：①身体攻击；②言语攻击；③愤怒；④敌意。项目采用5点计分（1=非常不同意，5=非常同意）。4个分量表可以构成一个潜变量表现自我评价的攻击性，该量表3次测量的Cronbach's $\alpha$系数分别为0.69（T1）、0.71（T2）和0.72（T3）。同伴报告的攻击性量表包括7个条目（Crick & Grotpeter，1995），其中3个条目用来测量外显攻击[例如，"骂他人或给他（她）人取不好的外号"]，4个条目用来测量关系攻击[例如，"当生气时，他（她）经常远离他的朋友"]。这个量表被翻译成了中文，条目采用5点评分（1=从不，5=总是）。此外，在中国的大部分中学里，一些学生坐在一起至少一个学期，因此同伴可以对对方进行评估，所以对这两个维度采用同伴评估，构成了同伴攻击性量表。整个量表3次测量的Cronbach's $\alpha$系数分别为0.76（T1）、0.81（T2）和0.80（T3）。

4）人口统计学变量。本研究中收集的人口统计学信息包含年龄、性别（1=男生，0=女生）、学生类型、民族、独生子女信息（1=是，0=否）、留守经历、生源地（1=城镇，0=农村）、家庭月收入等，具体如表4-1所示。

表4-1 被试人口统计学信息

| | 特征 | T1（$n$=1340） | T2（$n$=1208） | T3（$n$=1086） |
|---|---|---|---|---|
| 年龄 | 12—15岁 | 754（56.3） | 710（58.8） | 582（53.6） |
| | 15—19岁 | 586（43.7） | 498（41.2） | 504（46.4） |
| 性别 | 男生 | 604（45.1） | 560（46.4） | 469（43.2） |
| | 女生 | 736（54.9） | 648（53.6） | 617（56.8） |

续表

| 特征 | | T1（$n$=1340） | T2（$n$=1208） | T3（$n$=1086） |
|---|---|---|---|---|
| 学生类型 | 初中 | 710（53.0） | 671（55.5） | 541（49.8） |
| | 高中 | 630（47.0） | 537（44.5） | 545（50.2） |
| 民族 | 汉族 | 762（58.9） | 719（59.5） | 656（60.4） |
| | 其他民族 | 532（41.1） | 489（40.5） | 430（39.6） |
| 独生子女（是） | | 574（42.8） | 502（41.6） | 490（45.1） |
| 留守经历（是） | | 292（21.8） | 268（22.2） | 249（22.9） |
| 生源地 | 农村 | 678（50.6） | 627（51.9） | 533（49.1） |
| | 城市或城镇 | 662（49.4） | 581（48.1） | 553（50.9） |
| 家庭月收入 | 低于或等于3000元 | 548（40.9） | 502（41.6） | 420（38.7） |
| | 3001—10 000元 | 649（48.4） | 582（48.2） | 544（50.1） |
| | 高于10 000元 | 143（10.7） | 124（10.3） | 122（11.2） |

注：部分被试没有报告民族信息；括号内的数字为百分比，括号外的数字为人数；因进行了四舍五入处理，个别数据之和不等于100，下同

## 三、数据处理与统计

受过专业训练的研究生在教室发放问卷，被试在知情同意后进行作答，被试有40min的时间来填写问卷。在数据分析方面，首先进行缺失值处理。考虑到本研究属于追踪研究，数据缺失问题是不可避免的。在3次测量中，354名被试的数据缺失。我们创建了一个辅助变量（1=缺失，0=完整），以检验缺失数据是否取决于研究中的某一关键变量。检验结果表明，在暴力视频游戏接触[$t$（1338）=1.2，$p$=0.223]、道德推脱[$t$（1338）=1.79，$p$=0.073]、年龄[$t$（1338）=−0.15，$p$=0.880]、性别[$\chi^2$（1，$n$=354）=0.46，$p$=0.498]上均没有显著差异，表明这些变量的数据是完全随机缺失的。然而，其在攻击性上存在显著差异，$t$（1338）=3.85，$p$<0.001，表明数据是随机缺失，而非完全随机缺失。由于两种缺失同时出现在主要变量中，采用完全信息极大似然估计法（full-information maximum-likelihood，FIML），使用软件Mplus 7.10（Muthén & Muthén，2014）进行数据分析。在3次数据分析中，0.5%—1.5%的项目因被试疏忽而缺失，采用平均数进行替代。

本研究采用描述性统计方法检验研究变量的相关关系，采用交叉滞后中介模型检验假设。由于 $\chi^2$ 对样本量极为敏感，采用 RMSEA、SRMR、CFI 和 TLI 这类标准拟合指数评估模型。RMSEA 和 SRMR 小于 0.05，CFI 和 TLI 大于 0.90，表明模型拟合良好。另外，采用多组分析（限制系数在年龄和性别之间相等）检验年龄和性别的差异，使用参数约束的 Wald 检验来考察年龄和性别的差异，使用 1000 次的 Bootstrapping 检验估计间接效应的置信区间。所有分析采用 0.05 的显著性水平，将"家庭月收入"作为协变量纳入交叉滞后模型。

此外，还进行了个体内效应分析，用这种方法考察个体内的变异，从而建立多水平模型。组内相关系数（intraclass correlation coefficient，ICC）反映的是组间变异占总变异的比例。本研究中，暴力视频游戏接触、道德推脱和攻击性的 ICC 分别为 0.69、0.71 和 0.64，表明在暴力视频游戏接触的变异中，69%是个体间的，31%是个体内的；在道德推脱的变异中，71%是个体间的，29%是个体内的；在攻击性的变异中，64%是个体间的，36%是个体内的。

本研究采用 Mplus 7.10 进行多水平纵向中介作用分析，分离出个体内模型和个体间模型（Hoffman，2015；Preacher et al.，2010），将暴力视频游戏接触作为自变量，将道德推脱作为中介变量，将攻击性作为因变量。在本研究中，自变量、中介变量及因变量都属于时间变化的变量，即纵向数据的变量（也就是说这些变量在 T1、T2 及 T3 都进行了测量），因此被认为是表示时间变化的变量（time-varying covariates，TVC）。这种方法有诸多优势，每一名被试的个人水平都可以被控制（Hoffman，2015；Singer & Willett，2003），并且个体内效应不会受到个体间效应的影响。也就是说，这种时间变化的变量可以使得个体间效应和个体内效应出现真正意义上的分离（Curran & Bauer，2011；Hoffman & Stawski，2009）。值得注意的是，这种分离非常有意义，它避免了以往个体间效应和个体内效应的混淆（Raudenbush & Bryk，2002）。

为了更好地理解个体内（within-person level）及个体间（between-person level）效应，两个模型的方程式如下。

Level 1（within-person level）：

$AG_{ij} = B_{0j} + B_{1j} + B_{2j}(\text{time}) + B_{2j}(\text{TVC}) + e_{ij}$

Level 2（between-person level）：

$B_{0j} = \gamma_{00} + \gamma_{01}(\text{average TVC}) + \gamma_{0n}(\text{covariates}) + U_{0j}$

$B_{1j} = \gamma_{11} + \gamma_{12}(\text{average TVC}) + \gamma_{1n}(\text{covariates}) + U_{1j}$

$B_{2j}=\gamma_{20}$

这些模型包含结果变量截距、时间变量的斜率及时间变化的变量。为了更好地解释这些变量，首先对这些变量进行中心化。对于个体内变量而言，中心化为个体的某一时间点的值减去个体3次测量的平均值，即进行组内中心化或个体中心化（Enders & Tofighi，2007；Hoffman & Stawski，2009；Kreft et al.，1995）。这样Level 1的变量中没有了个体间信息，从而可以对个体内水平的变量进行分析（Curran & Bauer，2011；Singer & Willett，2003；Wang & Maxwell，2015）。同时，个体间也就是Level 2的变量也进行中心化，中心化为减去一个总平均值，即恒定值，然后对所有的个体间和个体内变量进行标准化处理。这种策略使个体内效应从个体间效应中分离出来（Hoffman & Stawski，2009；Kreft et al.，1995）。这种策略也在一定程度上考察了个体间变量随时间变化及个体内变量随时间变化的性质。本研究中，个体间变量包含的斜率及截距都属于Level 2变量，而时间变化的变量、个体内变量描述为Level 1变量。

此外，考虑到研究中的练习效应和习惯效应的存在，并且其会对研究结果产生影响，因此将时间变量作为控制变量在个体内水平得以控制（Wang & Maxwell，2015）。此外，在中介模型中，将年龄和性别视为个体间调节变量。

## 第二节　暴力视频游戏接触对青少年攻击性影响的纵向效应的结果与分析

### 一、相关分析

表4-2表明了3次测量中各变量的相关系数，即3个时间点上的结果均显示暴力视频游戏接触与道德推脱、自评攻击性和他评攻击性之间呈显著正相关。

表4-2　3个时间点变量间的相关

| | 变量 | 1 | 2 | 3 | 4 | 5 | M | SD | 偏度 | 峰度 |
|---|---|---|---|---|---|---|---|---|---|---|
| T1<br>(N=1340) | 1. 性别 | — | | | | | | | | |
| | 2. 年龄 | −0.01 | — | | | | 14.86 | 1.50 | 0.17 | −1.23 |
| | 3. 家庭月收入 | −0.01 | 0.06* | — | | | 2.19 | 0.82 | 0.36 | −0.80 |
| | 4. 暴力视频游戏接触 | 0.51** | −0.10** | 0.16** | — | | 7.25 | 6.68 | 0.48 | −0.55 |
| | 5. 道德推脱 | 0.24** | 0.16** | −0.08** | 0.18** | — | 2.08 | 0.50 | 0.13 | 0.24 |
| | 6. 攻击性 | 0.11** | −0.09** | −0.12** | 0.14** | 0.34* | 2.15 | 0.45 | 0.93 | 1.40 |
| T2<br>(N=1208) | 1. 性别 | — | | | | | | | | |
| | 2. 年龄 | −0.01 | — | | | | 15.30 | 1.48 | 0.17 | −1.23 |
| | 3. 家庭月收入 | −0.01 | 0.06* | — | | | 2.19 | 0.82 | 0.36 | −0.80 |
| | 4. 暴力视频游戏接触 | 0.48** | −0.09** | 0.16** | — | | 7.67 | 3.70 | 0.38 | −0.54 |
| | 5. 道德推脱 | 0.25** | 0.13** | −0.11** | 0.21** | — | 2.07 | 0.53 | 0.13 | −0.06 |
| | 6. 攻击性 | 0.15** | −0.05** | −0.13** | 0.19** | 0.38* | 2.17 | 0.47 | 0.72 | 0.64 |
| T3<br>(N=1086) | 1. 性别 | — | | | | | | | | |
| | 2. 年龄 | −0.01 | — | | | | 16.12 | 1.49 | 0.17 | −1.23 |
| | 3. 家庭月收入 | −0.01 | 0.06* | — | | | 2.19 | 0.82 | 0.36 | −0.80 |
| | 4. 暴力视频游戏接触 | 0.46** | −0.08** | 0.16** | — | | 7.02 | 3.51 | 0.48 | −0.45 |
| | 5. 道德推脱 | 0.24** | 0.14** | 0.08** | 0.19** | — | 2.06 | 0.49 | 0.14 | 0.85 |
| | 6. 攻击性 | 0.13** | −0.07** | −0.12** | 0.14** | 0.36* | 2.05 | 0.43 | 0.78 | 0.97 |

注：性别，1=男，0=女

## 二、交叉滞后中介效应模型

交叉滞后中介效应模型结果如图4-1所示。在控制家庭月收入后，自由模型拟合良好，$\chi^2(1194)=3618.77$，$p<0.01$，CFI=0.92，TLI=0.91，RMSEA=0.039，90%CI=[0.037, 0.040]，SRMR=0.056。路径系数结果表明，在T1的暴力视频游戏接触能够预测T2的道德推脱（$\beta=0.08$，$SE=0.03$，$p=0.003$），在T2的道德推脱能够预测T3的攻击性（$\beta=0.19$，$SE=0.06$，$p=0.001$）。此外，T2的暴力视频游戏接触通过T2的道德推脱对T3的攻击性有显著的间接效应（效应值：$a\times b=0.017$，95%CI=[0.007, 0.033]）。

图 4-1　交叉滞后中介效应模型

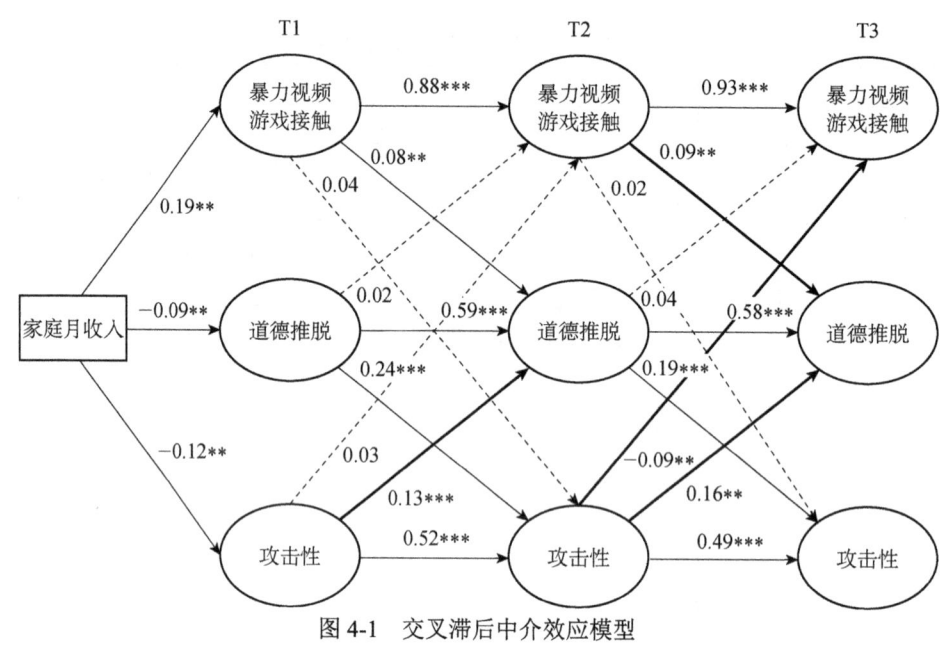

注：所有路径系数均为标准化回归系数，粗线表示存在显著年龄差异的路径，细线则表示该路径不存在年龄差异。虚线表示路径系数不显著。

多组分析结果显示，当年龄间（青春早期和青春晚期）的路径系数被约束为相等时，约束模型与非约束模型有显著差异，$\Delta\chi^2(18)=33.10$，$p=0.016$。这一结果表明，年龄可能会调节交叉滞后中介效应模型。进一步分析发现，显著差异（或边缘显著）出现在 4 条路径上：①T1 道德推脱到 T2 攻击性[Wald $\chi^2(1)=3.15$，$p=0.076$；$\beta_{初中生}=0.36$，$\beta_{高中生}=0.13$]；②T2 暴力视频游戏接触到 T3 道德推脱[Wald $\chi^2(1)=2.89$，$p=0.089$；$\beta_{初中生}=0.12$，$\beta_{高中生}=0.05$]；③T2 攻击性到 T3 道德推脱[Wald $\chi^2(1)=2.77$，$p=0.096$；$\beta_{初中生}=0.26$，$\beta_{高中生}=0.06$]；④T2 攻击性到 T3 暴力视频游戏接触[Wald $\chi^2(1)=5.35$，$p=0.021$；$\beta_{初中生}=-0.24$，$\beta_{高中生}=0.03$]。当性别间的路径系数被约束为相等时，约束模型和非约束模型之间无显著差异，$\Delta\chi^2(18)=26.56$，$p=0.088$。因此，模型结果在性别上并没有差异。

尽管交叉滞后中介效应模型表明道德推脱在暴力视频游戏接触与攻击性之间的纵向关系中起到了中介作用，但其局限在于不能得到关于个体内效应的结论。因此，本研究进一步运用多水平中介效应把个体内效应从个体间效应中直接分离出来，结果如图 4-2 所示，既包括个体内效应（上半部分），又包括个体间效应

第四章 暴力视频游戏接触对中学生攻击性影响的追踪研究：道德推脱的中介作用

（下半部分）。结果显示，个体内的中介效应并不显著。暴力视频游戏接触对攻击性只有直接影响（$c'=0.12$，$p=0.017$）。暴力视频游戏接触影响道德推脱的效应并不显著（$a=-0.03$，$p=0.579$），然而道德推脱影响攻击性的效应却是显著的（$b=0.31$，$p<0.01$）。

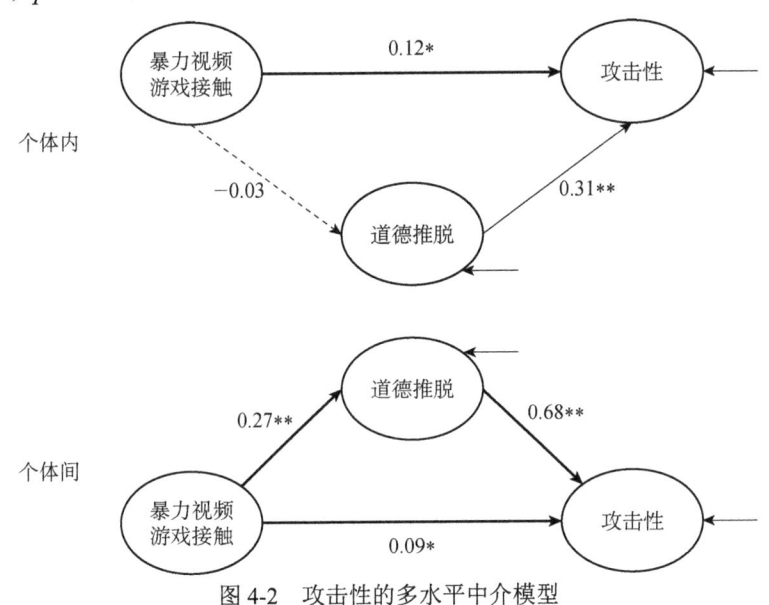

图 4-2 攻击性的多水平中介模型

注：所有路径系数均为标准化回归系数，粗线表示存在显著年龄差异的路径，细线则表示该路径不存在年龄差异

个体间的中介效应显著。暴力视频游戏接触与道德推脱显著相关（$a=0.27$，$p<0.01$），道德推脱与攻击性的关系显著（$b=0.68$，$p<0.01$）。此外，暴力视频游戏接触通过道德推脱对攻击性的间接影响是显著的（$a \times b=0.19$，$95\%\text{CI}=[0.14, 0.23]$）。在控制了道德推脱后，暴力视频游戏接触对攻击性的直接效应仍然显著（$c'=0.09$，$p=0.012$），表明道德推脱发挥的是部分中介作用。

为了进一步测试年龄（连续变量）和性别（0=女，1=男）是否能调节个体内和个体间的中介效应模型，进行了一系列的斜率检验。结果发现，年龄显著调节了个体间层面的暴力视频游戏接触与道德推脱的关系（$b_{\text{interaction}}=-0.010$，$p=0.001$），年龄还显著调节了个体间道德推脱与攻击性的关系（$b_{\text{interaction}}=-0.029$，$p<0.001$）。然而，个体内的调节作用不显著（$p>0.05$）。此外，年龄还显著调节了个体间（$b_{\text{interaction}}=-0.002$，$p=0.043$）和个体内（$b_{\text{slope}}=-0.012$，$p=0.017$）暴力视频游戏接触对攻击性的直接效应。年龄的斜率都是负数，所以这些结果表明早期青少年的各变量相关性比晚期青少年更强。此外，性别差异均不显著。

## 第三节　暴力视频游戏接触对青少年攻击性影响的纵向效应的讨论

与诸多研究一致，本研究在中国青少年群体中发现了暴力视频游戏接触与攻击性之间的联系。同时，研究结果表明，暴力视频游戏接触与攻击性的关系在被试间和被试内都存在。更重要的是，本研究揭示了道德推脱是暴力视频游戏影响攻击性的可能途径，特别是在个体间层面上。在交叉滞后中介效应模型和多层次的个体间中介效应分析中（但在个体内的中介分析中没有），道德推脱都是暴力视频游戏接触与攻击性纵向联系的重要中介因素。道德推脱为什么在个体内没有发挥作用？我们推测一种可能是被试的道德推脱在6个月的时间内并不容易发生变化，另一种可能是对被试视频游戏暴力评分进行平均化处理，减小了暴力视频游戏的个体差异。

从发展的角度看，年龄似乎是一个重要调节因素。与预期相符，早期青少年比晚期青少年更容易受到暴力视频游戏的影响，尤其是个体间水平差异显著。这些发现表明，早期青少年比晚期青少年更可能受到暴力媒体接触的影响（Gentile et al., 2014；Teng et al., 2017），在道德上更推脱（Paciello et al., 2008），并且更具有攻击性（Kirsh, 2003）。尽管我们预测暴力视频游戏对男生的影响比女生大，但实际结果显示性别并不是一个重要的调节因素，这一结果与其他纵向研究结果相符（Gentile et al., 2014；Prot et al., 2014）。

本研究结果具有重要的理论意义和实践意义。在理论上，本研究结果符合社会认知理论模型（Bandura & National Inst of Mental Health, 1986；Bandura 2001），即暴力视频游戏作为情景变量可以通过个体认知变量预测行为结果，这里的道德推脱就是个体的一种特殊的道德认知，即歪曲的认知或偏差的认知。实际上，以往许多研究也表明了道德认知在暴力视频游戏结果与攻击性之间的关系。从发展的视角来看，特别是对于早期青少年而言，他们会学习暴力视频游戏的一些不道德元素，但是儿童并不是被动地接受这些不道德元素，而是要对这些元素进行进一步加工，即暴力视频游戏会影响个体内部的认知过程。随着时间的变化，这些认知变量会进一步对儿童及其成年后的攻击性产生影响。在实践上，本研究建议教育者可以采用两种途径来降低青少年的攻击性：一是减少对暴力媒体的接触；二是减少道德推脱。例如，教育者可以向青少年介绍道德推脱的过程，教会他们更具有同情心，同时父母与孩子形成安全型的依恋也有助于减少道德推脱。

# 参考文献

杨继平，王兴超.（2012）.道德推脱对青少年攻击行为的影响：有调节的中介效应. *心理学报*，（8），1075-1085.

Bandura, A. (2001). Social cognitive theory of mass communication. *Media Psychology*, 3 (3), 265-299.

Bandura, A., Barbaranelli, C., Caprara, G. V., & Pastorelli, C. (1996). Mechanisms of moral disengagement in the exercise of moral agency. *Journal of Personality and Social Psychology*, 71 (2), 364-374.

Bandura, A., & National Inst of Mental Health. (1986). *Social Foundations of Thought and Action: A Social Cognitive Theory*. Prentice-Hall.

Crick, N. R., & Grotpeter, J. K. (1995). Relational aggression, gender, and social-psychological adjustment. *Child Development*, 66 (3), 710-722.

Curran, P. J., & Bauer, D. J. (2011). The disaggregation of within-person and between-person effects in longitudinal models of change. *Annual Review of Psychology*, 62, 583-619.

Enders, C. K., & Tofighi, D. (2007). Centering predictor variables in cross-sectional multilevel models: A new look at an old issue. *Psychological Methods*, 12 (2), 121-138.

Faul, F., Erdfelder, E., Buchner, A., & Lang, A. G. (2009). Statistical power analyses using G*Power 3.1: Tests for correlation and regression analyses. *Behavior Research Methods*, 41 (4), 1149-1160.

Gentile, D. A., Li, D. D., Khoo, A., Prot, S., & Anderson, C. A. (2014). Mediators and moderators of long-term effects of violent video games on aggressive behavior: Practice, thinking, and action. *Journal of the American Medical Association Pediatrics*, 168 (5), 450-457.

Greitemeyer, T. (2019). The contagious impact of playing violent video games on aggression: Longitudinal evidence. *Aggressive Behavior*, 45 (6), 635-642.

Greitemeyer, T., & Osswald, S. (2010). Effects of prosocial video games on prosocial behavior.

*Journal of Personality and Social Psychology*, 98（2）, 211-221.

Hoffman, L.（2015）. *Longitudinal Analysis*: *Modeling Within-person Fluctuation and Change.* Routledge/Taylor & Francis Group.

Hoffman, L., & Stawski, R. S.（2009）. Persons as contexts: Evaluating between-person and within-person effects in longitudinal analysis. *Research in Human Development*, 6（2-3）, 97-120.

Kirsh, S. J.（2003）. The effects of violent video games on adolescents: The overlooked influence of development. *Aggression and Violent Behavior*, 8（4）, 377-389.

Kreft, I. G., de Leeuw, J., & Aiken, L. S.（1995）. The effect of different forms of centering in hierarchical linear models. *Multivariate Behavioral Research*, 30（1）, 1-21.

Laible, D., Carlo, G., Davis, A. N., & Karahuta, E.（2016）. Maternal sensitivity and effortful control in early childhood as predictors of adolescents' adjustment: The mediating roles of peer group affiliation and social behaviors. *Developmental Psychology*, 52（6）, 922-932.

Muthén, L. K., & Muthén, B. O.（2014）. Mplus user's guide（7th ed.）. *International Journal of Behavioral Development*, 10（4）, 397-438.

Paciello, M., Fida, R., Tramontano, C., Lupinetti, C., & Caprara, G. V.（2008）. Stability and change of moral disengagement and its impact on aggression and violence in late adolescence. *Child Development*, 79（5）, 1288-1309.

Preacher, K. J., Zyphur, M. J., & Zhang, Z.（2010）. A general multilevel SEM framework for assessing multilevel mediation. *Psychological Methods*, 15（3）, 209-233.

Prot, S., Gentile, D. A., Anderson, C. A., Suzuki, K., Swing, E., Lim, K. M., ..., Lam, B. C. P.（2014）. Long-term relations among prosocial-media use, empathy, and prosocial behavior. *Psychological Science*, 25（2）, 358-368.

Raudenbush, S. W., & Bryk, A. S.（2002）. *Hierarchical Linear Models*: *Applications and Data Analysis Methods*（Vol. 1）. Sage.

Singer, J. D., & Willett, J. B.（2003）. *Applied Longitudinal Data Analysis*: *Modeling Change and Event Occurrence.* Oxford University Press.

Teng, Z. J., Nie, Q., Pan, Y. G., Liu, Y. L., & Guo, C.（2017）. A cross-lagged model of the relationship between violent video game exposure and moral disengagement in middle school and high school students. *Children and Youth Services Review*, 81, 117-123.

Twenge, J. M., & Nolen-Hoeksema, S.（2002）. Age, gender, race, socioeconomic status, and birth cohort differences on the children's depression inventory: A meta-analysis. *Journal of Abnormal Psychology*, 111（4）, 578-588.

Verheijen, G. P., Burk, W. J., Stoltz, S. E. M. J., van den Berg Y. H. M., & Cillessen, A. H. N.（2021）. A longitudinal social network perspective on adolescents' exposure to violent video games and aggression. *Cyberpsychology, Behavior, and Social Networking*, 24（1）, 24-31.

Wang, L. P., & Maxwell, S. E.（2015）. On disaggregating between-person and within-person effects with longitudinal data using multilevel models. *Psychological Methods*, 20（1）, 63-83.

Webster, G. D., DeWall, C. N., Jr Pond, R. S., Deckman, T., Jonason, P. K., Le, B. M., ..., Bator, R. J.（2014）. The Brief Aggression Questionnaire: Psychometric and behavioral evidence for an efficient measure of trait aggression. *Aggressive Behavior*, 40（2）, 120-139.

# 第五章

# 暴力视频游戏对不同现实暴力接触大学生内隐攻击性的影响

　　本研究拟探讨的问题有两个：其一，已有研究表明，暴力视频游戏和现实暴力接触都可能会导致个体的攻击性增强，但是当暴力视频游戏和现实暴力接触连接在一起时，暴力视频游戏是否会增强现实暴力接触者的攻击性？其二，假如暴力视频游戏能够增强现实暴力接触者的攻击性，究竟是增强了高暴力现实接触者的攻击性还是低暴力现实接触者的攻击性？

# 第一节　被试及方法

## 一、研究对象

由问卷施测筛选出的大学生被试有 66 人，其中男生 31 人，女生 35 人；高暴力接触者 36 人，低暴力接触者 30 人。被试的裸视或矫正视力正常，能较为熟练地操作计算机。所有被试均未接触过实验材料，自愿参加实验，对实验目的一无所知。

## 二、研究工具

### （一）现实暴力接触问卷

我们对 Schwartz 和 Proctor（2000）发展的现实暴力接触问卷版本进行修订，使其符合中国本土文化的特点。经过预试和正式施测，最终留下 34 个项目，其中 19 个项目考察的是大学生的社区暴力接触，15 个项目考察的是大学生的家庭暴力接触。每一个项目都要求被试回答"从来没有""一次""几次""发生过许多次"，分别记 0、1、2、3 分，被试暴力接触的总量通过把这些项目的分数相加获得，分数越高，说明被试接触的现实暴力总量越多。

### （二）网络视频游戏：《反恐精英》《跑跑卡丁车》

首先，对 100 名大学生进行开放式的问卷调查，然后根据问卷调查结果，请熟悉网络游戏的玩家根据经验选出他们认为属于暴力性质的视频游戏和非暴力性质的视频游戏，3 款暴力视频游戏分别为《反恐精英》《地下城与勇士》《穿越火线》，3 款非暴力视频游戏分别为《QQ 斗地主》《跑跑卡丁车》《实况足球》。其次，选取90名大学生，将其随机分成6组，每组15人，每组玩其中一款游戏，游戏时间为20min。时间一到，让被试完成Anderson和Ford（1986）编制的游戏评估问卷。该问卷包括7个项目，用以评估游戏的难易程度、游戏趣味性程度、游戏带给被试的挫败感、游戏兴奋程度、游戏的动作快慢程度、游戏内容暴力程度和游戏画面暴力程度。

独立样本 $t$ 检验的结果表明，《反恐精英》《跑跑卡丁车》在游戏内容暴力程度（$t=9.91$，$p<0.001$）和游戏画面暴力程度（$t=9.42$，$p<0.001$）上存在显著差异，而在游戏的难易程度、游戏兴奋程度、游戏带给被试的挫败感、游戏趣味性程度、游戏的动作快慢程度上不存在显著差异。因此，我们最终选择《反恐精英》《跑跑卡丁车》作为正式实验使用的游戏。

## （三）内隐联想测验

国内外普遍采用内隐联想测验（implicit association test，IAT）范式来考察个体的内隐攻击性水平，主要是考察个体认知图式中自我概念与攻击概念的联结紧密程度。本实验采用E-Prime软件编程，整个程序包括练习阶段和测验阶段，被试根据程序中的指导语，依次完成所有的测试，整个测试过程均要求被试尽可能快速而正确地做出反应。测验共分7步，如表5-1所示。所有任务的样例词汇均按照完全随机的方式呈现。系统自动记录被试的反应时和准确率。实验中，练习部分给被试正确和错误的反馈，测验部分没有反馈。为了保证实验均衡，减小顺序效应的影响，一半被试先完成相容任务，再完成不相容任务，另一半被试则相反。

表5-1 IAT测验程序

| 顺序 | 任务描述 | D键反应 | K键反应 | 任务数 |
|---|---|---|---|---|
| 1 | 初始目标概念辨别（练习） | 自我（如"我"） | 非我（如"他"） | 20 |
| 2 | 联想属性概念辨别（练习） | 攻击（如"战争"） | 非攻击（如"友善"） | 20 |
| 3 | 相容联合任务（练习） | 自我+攻击 | 非我+非攻击 | 20 |
| 4 | 相容联合任务（测验） | 自我+攻击 | 非我+非攻击 | 40 |
| 5 | 相反目标概念辨别（练习） | 非我 | 自我 | 20 |
| 6 | 不相容联合任务（练习） | 自我+非攻击 | 非我+攻击 | 20 |
| 7 | 不相容联合任务（测验） | 自我+非攻击 | 非我+攻击 | 40 |

## 三、实验设计

实验采用2（游戏类型：暴力视频游戏，非暴力视频游戏）×2（现实暴力接触：高，低）×2（性别：男，女）的三因素被试间设计。现实暴力接触包括高、低2个水平，根据现实暴力接触问卷的得分分布情况，前27%为高现实暴力接触组，后27%为低现实暴力接触组。通过对两组被试进行独立样本 $t$ 检验，发现两组被试的得分存在显著差异（$t=-24.92$，$p<0.001$），因此对大学生现实暴力接触的分组是有效的。

## 四、实验程序

本研究采用个体施测的方式进行实验。主试讲明实验要求后，不再对被试进行任何指导和干扰，每名被试均按照程序的指导语单独完成所有测验。首先，让被试完成现实暴力接触问卷，筛选出符合实验要求的被试；其次，签署知情同意书，告诉被试实验内容与注意事项；再次，每名被试随机接受一种实验处理，并完成 IAT，完成后，询问被试在实验过程中是否有不舒服的感觉，是否知道本实验的意图；最后，让被试玩一款益智类小游戏，缓和被试的情绪，并赠予被试小礼物表示感谢。

## 五、数据处理与分析

本研究采用 SPSS 16.0 进行数据统计。IAT 的数据由 E-Prime 程序完成，收集被试的反应时和正确率数据。根据 Greenwald 等（1998）关于数据的处理方法，对本研究所得数据进行如下处理：①反应时短于 300ms 的记为 300ms，反应时长于 3000ms 的记为 3000ms；②将错误率超过 20%的被试删除，不进行统计分析；③将相容任务和不相容任务的反应时差作为衡量内隐攻击性的指标。对于 IAT 得到的数据，用不相容任务（自我＋非攻击、非我＋攻击）的反应时减去相容任务（自我＋攻击、非我＋非攻击）的反应时代表内隐攻击性，差值越大，表明被试内隐认知中自我和攻击的联系越紧密，被试的内隐攻击性越强。剔除 4 份不合格数据后,最终得到有效数据62份。

## 第二节 暴力视频游戏对不同现实暴力接触大学生内隐攻击性影响的结果与分析

### 一、大学生现实暴力接触现状

#### (一)大学生现实暴力接触的基本情况及性别差异检验

大学生现实暴力接触的均值及性别的差异比较,如表5-2所示。从表5-2中可以看出,男女生在现实暴力接触总量表、社区暴力接触总量表及直接暴力接触和间接暴力接触分量表上的得分存在显著差异,男生的得分显著高于女生;在家庭暴力接触总量表及直接暴力接触和间接暴力接触分量表上的得分,男生的得分高于女生,但不存在显著差异。

表5-2 大学生现实暴力接触的均值及性别的差异比较

| 类别 | 总体($N=367$)<br>($M \pm SD$) | 男生($n=160$)<br>($M \pm SD$) | 女生($n=207$)<br>($M \pm SD$) | $t$ |
| --- | --- | --- | --- | --- |
| 现实暴力接触总量表 | 16.86 ± 12.21 | 19.81 ± 13.67 | 14.57 ± 10.43 | 4.167*** |
| 社区暴力接触总量表 | 12.39 ± 8.23 | 14.88 ± 9.05 | 10.46 ± 6.97 | 5.275*** |
| 直接暴力接触分量表 | 3.17 ± 3.92 | 4.16 ± 4.49 | 2.41 ± 3.23 | 4.33*** |
| 间接暴力接触分量表 | 9.22 ± 5.75 | 10.72 ± 6.09 | 8.05 ± 5.20 | 4.516*** |
| 家庭暴力接触总量表 | 4.46 ± 5.63 | 4.94 ± 6.36 | 4.11 ± 4.98 | 1.404 |
| 直接暴力接触分量表 | 2.36 ± 3.23 | 2.58 ± 3.34 | 2.19 ± 3.15 | 1.122 |
| 间接暴力接触分量表 | 2.11 ± 3.22 | 2.36 ± 3.73 | 1.91 ± 2.7 | 1.327 |

#### (二)大学生社区暴力和家庭暴力接触的差异性检验

由表5-3可知,大学生社区暴力接触和家庭暴力接触在总量上存在显著差异($t=21.338$, $p<0.001$),大学生社区暴力接触总分显著高于家庭暴力接触总分,

在两个维度上也存在显著差异。进一步对大学生的直接暴力接触和间接暴力接触进行差异性检验，结果表明，大学生间接暴力接触的得分（$M=11.23$）显著高于直接暴力接触（$M=5.49$），$t=-16.048$，$p<0.001$。这说明大学生在现实生活中接触到的暴力大多数来自在学校、社区等公共场所看到或听到的暴力事件。

表5-3 大学生社区暴力接触和家庭暴力接触的差异性检验

| 类别 | 社区暴力接触（$M±SD$） | 家庭暴力接触（$M±SD$） | $t$ |
|---|---|---|---|
| 直接暴力接触 | 3.17 ± 3.92 | 2.36 ± 3.23 | 4.499*** |
| 间接暴力接触 | 9.22 ± 5.75 | 2.11 ± 3.22 | 25.291*** |
| 暴力接触总量 | 12.39 ± 8.23 | 4.46 ± 5.63 | 21.338*** |

## 二、大学生内隐攻击性的总分分析

暴力视频游戏和非暴力视频游戏对高、低现实暴力接触大学生内隐攻击性的影响存在差异。由表5-4可知，在暴力视频游戏情景下，高现实暴力接触组被试的内隐攻击性高于低现实暴力接触组。通过独立样本$t$检验发现，不管被试的性别如何，高现实暴力接触组和低现实暴力接触组被试的内隐攻击性不存在显著差异，$t=-0.141$，$p=0.889$。

表5-4 暴力视频游戏情景下大学生IAT效应差值的独立样本$t$检验

| 性别 | 高现实暴力接触组（$M±SD$） | 低现实暴力接触组（$M±SD$） | $t$ | $p$ |
|---|---|---|---|---|
| 男 | 97.29 ± 74.88 | 94.74 ± 56.83 | −0.071 | 0.945 |
| 女 | 91.18 ± 71.63 | 87.10 ± 71.63 | −0.096 | 0.925 |
| 总分 | 94.41 ± 71.12 | 90.62 ± 75.63 | −0.141 | 0.889 |

在非暴力视频游戏情景下，就男生而言，高现实暴力接触组被试的内隐攻击性显著高于低现实暴力接触组，$t=-2.495$，$p=0.026$；但女生之间却不存在显著差异，$t=-1.834$，$p=0.088$。就整体而言，高现实暴力接触组被试的内隐攻击性显著高于低现实暴力接触组，$t=-3.071$，$p=0.005$（表5-5）。

表5-5 非暴力视频游戏情景下大学生IAT效应差值的独立样本$t$检验

| 性别 | 高现实暴力接触组（$M±SD$） | 低现实暴力接触组（$M±SD$） | $t$ | $p$ |
|---|---|---|---|---|
| 男 | 92.31 ± 56.42 | 7.77 ± 77.49 | −2.495 | 0.026 |
| 女 | 88.33 ± 70.25 | 6.11 ± 105.55 | −1.834 | 0.088 |
| 总分 | 90.32 ± 61.58 | 6.94 ± 89.45 | −3.071 | 0.005 |

## 三、大学生内隐攻击性总分的方差分析

对两种实验条件下（暴力视频游戏、非暴力视频游戏）高现实暴力接触和低现实暴力接触男女被试的内隐攻击性总分进行方差分析，结果如表5-6所示。性别的主效应不显著（$F=0.059$，$p=0.808$），即男大学生和女大学生在内隐攻击性的总分上不存在显著差异；游戏类型的主效应显著（$F=4.894$，$p=0.031$），这表明无论被试的性别如何，暴力视频游戏对大学生内隐攻击性的影响（$M=92.58$）都显著大于非暴力视频游戏对大学生内隐攻击性的影响（$M=48.63$）；现实暴力接触的主效应显著（$F=4.761$，$p=0.033$），即高现实暴力接触大学生的内隐攻击性（$M=92.28$）显著高于低现实暴力接触大学生（$M=48.93$）。性别、现实暴力接触和游戏类型三者之间的交互作用不显著（$F=0.002$，$p=0.962$）。但是，研究结果表明，现实暴力接触和游戏类型之间的交互作用显著（$F=4.061$，$p=0.049$）（图5-1），说明大学生在暴力视频游戏和非暴力视频游戏下的内隐攻击性受到了现实暴力接触的影响。

表5-6 现实暴力接触对大学生内隐攻击性影响的方差分析

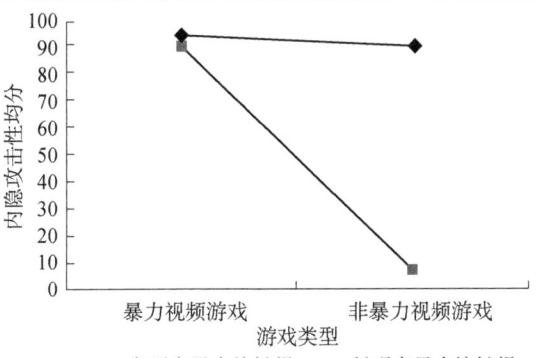

| 变异来源 | $SS$ | $df$ | $MS$ | $F$ | $p$ |
| --- | --- | --- | --- | --- | --- |
| 性别 | 358.933 | 1 | 358.933 | 0.059 | 0.808 |
| 游戏类型 | 29 550.893 | 1 | 29 550.893 | 4.894 | 0.031 |
| 现实暴力接触 | 28 750.526 | 1 | 28 750.526 | 4.761 | 0.033 |
| 性别×游戏类型 | 62.917 | 1 | 62.917 | 0.010 | 0.919 |
| 性别×现实暴力接触 | 0.592 | 1 | 0.592 | 0.000 | 0.992 |
| 游戏类型×现实暴力接触 | 24 523.279 | 1 | 24 523.279 | 4.061 | 0.049 |
| 性别×游戏类型×现实暴力接触 | 14.121 | 1 | 14.121 | 0.002 | 0.962 |

图5-1 游戏类型和现实暴力接触的交互作用

## 四、游戏类型、现实暴力接触对大学生内隐攻击性影响的简单效应检验

由方差分析结果可知,游戏类型与不同现实暴力接触的交互作用显著,需要进一步对这一交互作用进行简单效应分析。由表 5-7 的进一步简单效应分析可知,游戏类型和现实暴力接触对内隐攻击性的交互作用具体表现为:对于低现实暴力接触的大学生而言,暴力视频游戏和非暴力视频游戏对其内隐攻击性的影响存在显著差异,$F=7.188$,$p=0.012$,$M_{暴力视频游戏}$(90.62)$>M_{非暴力视频游戏}$(6.94),即对低现实暴力接触大学生来说,暴力视频游戏对其内隐攻击性的影响显著大于非暴力视频游戏。对高现实暴力接触大学生来说,暴力视频游戏和非暴力视频游戏对其内隐攻击性的影响不存在显著差异,$F=0.031$,$p=0.861$,$M_{暴力视频游戏}$(94.41)$>M_{非暴力视频游戏}$(92.42),即对高现实暴力接触大学生来说,暴力视频游戏对其内隐攻击性的影响大于非暴力视频游戏,但差异不显著。总之,与非暴力视频游戏相比,暴力视频游戏对低现实暴力接触大学生内隐攻击性的影响更显著,对高现实暴力接触大学生内隐攻击性的影响不显著。

表5-7 暴力视频游戏对大学生内隐攻击性影响的简单效应分析

| 变异来源 | SS | df | MS | F | p |
| --- | --- | --- | --- | --- | --- |
| 低现实暴力接触×游戏类型 | 50 229.765 | 1 | 50 229.765 | 7.188 | 0.012 |
| 高现实暴力接触×游戏类型 | 138.022 | 1 | 138.022 | 0.031 | 0.861 |
| 暴力视频游戏×现实暴力接触 | 105.623 | 1 | 105.623 | 0.020 | 0.889 |
| 非暴力视频游戏×现实暴力接触 | 55 617.128 | 1 | 55 617.128 | 9.431 | 0.005 |

由表 5-7 可知,对暴力视频游戏组的被试而言,现实暴力接触对其内隐攻击性的影响存在差异,但差异不显著,$F=0.020$,$p=0.889$,$M_{高}$(94.41)$>M_{低}$(90.62),高现实暴力接触对其内隐攻击性的影响小于低现实暴力接触大学生;对非暴力视频游戏组的被试而言,现实暴力接触对其内隐攻击性的影响存在显著差异,$F=9.431$,$p=0.005$,$M_{高}$(90.32)$>M_{低}$(6.94)。总之,不管游戏类型如何,高现实暴力接触大学生的内隐攻击性都高于低现实暴力接触大学生。

# 第三节　暴力视频游戏对不同现实暴力接触大学生内隐攻击性影响的讨论

## 一、性别、高低现实暴力接触、游戏类型的主效应分析

我们对暴力视频游戏和非暴力视频游戏两种实验条件下的男生和女生在高现实暴力接触和低现实暴力接触水平下的内隐攻击性总分进行分析发现，性别的主效应不存在显著差异，即男生和女生的内隐攻击性不存在显著差异。这与前人的研究结果相一致，即男生和女生均具有内隐攻击性，但不存在显著差异。

现实暴力接触的主效应显著，具体表现为高现实暴力接触大学生的内隐攻击性强，低现实暴力接触大学生的内隐攻击性低。有研究表明，现实暴力接触与攻击性之间存在密切关系。Champion 和 Durant（2001）的研究发现，青少年目睹社区暴力事件、家庭暴力事件等，在一定程度上会致使其对暴力使用者的行为更加认可。现实暴力接触会影响被试对暴力的态度和认同度，从而影响被试的攻击性。

游戏类型的主效应显著，说明暴力视频游戏对大学生内隐攻击性的影响显著大于非暴力视频游戏对大学生内隐攻击性的影响。暴力视频游戏玩家更倾向于将自我和攻击性联系起来，这与前人的研究结果相一致。Uhlmann 和 Swanson（2004）的研究发现，玩暴力视频游戏被试的内隐攻击性要显著强于玩非暴力视频游戏的被试，田媛等（2011）的研究也发现，网络暴力刺激会提高青少年的内隐攻击性水平。这可能是因为暴力视频游戏中的暴力内容启动了玩家的内隐攻击性，激活了自我图式中与攻击性相联系的自我，也就是"攻击性自我"，从而使个体的内隐攻击性不断增强。暴力视频游戏使得个体的自我概念与攻击性之间的联结更加紧密，个体对自我概念的识别会激活与攻击性相关的结点，这种激活易化了个体对攻击性词汇的反应，促使个体对攻击类词汇进行自动化加工。

Anderson 和 Carnage（2009）的研究证明了这一点，他们发现玩暴力视频游戏的被试分辨攻击性词汇所用的时间显著短于控制组。另外，玩暴力视频游戏的玩家直接参与到游戏中，选择并以第一人称的方式扮演游戏中的角色，主动选择和实施攻击，因此玩家对游戏角色的认同度较高。还有研究表明，当游戏玩家认同游戏中的攻击性角色时，会表现出更强的攻击性（Konijn et al., 2007）。

## 二、游戏类型和高低现实暴力接触的交互作用分析

实验结果显示，游戏类型和高低现实暴力接触与内隐攻击性总分的两因素交互作用显著，说明暴力视频游戏对大学生内隐攻击性的影响受到其现实暴力接触水平的影响。具体的影响作用表现为：不同现实暴力接触的大学生在暴力视频游戏和非暴力视频游戏启动下的内隐攻击性存在差异，但具体表现有所不同。对于低现实暴力接触的大学生而言，暴力视频游戏组被试的内隐攻击性显著强于非暴力视频游戏组，而高现实暴力接触被试的内隐攻击性不存在显著差异。与非暴力视频游戏相比，暴力视频游戏对低现实暴力接触大学生的内隐攻击性的影响显著，对高现实暴力接触大学生的影响不显著。这一结果表明，低现实暴力接触大学生更容易受到暴力视频游戏的影响。

产生这种结果的原因可能是大学生在实验前接触了过多的现实暴力，这种接触可能会导致脱敏效应，即个体在现实生活中已经接触了大量的暴力行为和暴力事件，所以在接触实验处理时很少会受到暴力视频游戏的影响（李婧洁等，2008）。魏华等（2010）的研究发现，对于前测中内隐攻击性较高的被试而言，暴力视频游戏和非暴力视频游戏均不会增强个体的内隐攻击性，而对于内隐攻击性较低的个体来说，暴力视频游戏增强了他们的内隐攻击性。这可能说明媒体暴力对攻击性的影响存在上限，当个体的内隐攻击性已经很高时，媒体暴力对攻击性的影响会很小。本研究中，高现实暴力接触大学生的内隐攻击性显著于低现实暴力接触的大学生，因此相比实验前高现实暴力接触的大学生，低现实暴力接触的大学生本身的内隐攻击性相对比较弱，更容易受到暴力视频游戏的影响。

# 参考文献

陈美芬, 陈舜蓬. (2005). 攻击性网络游戏对个体内隐攻击性的影响. *心理科学*, (2), 458-460.

李婧洁, 张卫, 甄霜菊, 梁娟, 章聪. (2008). 暴力电脑游戏对个体攻击性的影响. *心理发展与教育*, (2), 108-112.

田媛, 周宗奎, 丁倩. (2011). 网络暴力材料对青少年内隐攻击性的影响研究. *教育研究与实验*, (4), 88-91.

王渭玲. (2008). *媒体暴力信息对不同现实暴力接触大学生生理心理的不良影响*. 第四军医大学.

魏华, 张丛丽, 周宗奎, 金琼, 田媛. (2010). 媒体暴力对大学生攻击性的长时效应和短时效应. *心理发展与教育*, (5), 489-494.

魏谨, 佐斌, 温芳芳, 杨晓. (2009). 暴力网络游戏与青少年攻击内隐联结的研究. *中国临床心理学杂志*, (6), 715-717.

Anderson, C. A., & Carnagey, N. L. (2009). Causal effects of violent sports video games on aggression: Is it competitiveness or violent content? *Journal of Experimental Social Psychology*, 45(4), 731-739.

Anderson, C. A., & Ford, C. M. (1986). Affect of the game player: Short-term effects of highly and mildly aggressive video games. *Personality and Social Psychology Bulletin*, 12(4), 390-402.

Champion, H. L., & Durant, R. H. (2001). Exposure to violence and victimization and the use of violence by adolescents in the United States. *Minerva Pediatrica*, 53(3), 189-197.

Farrell, A. D., & Bruce, S. E. (1997). Impact of exposure to community violence on violent behavior and emotional distress among urban adolescents. *Journal of Clinical Child Psychology*, 26(1), 2-14.

Gentile, D. A., & Gentile, J. R. (2008). Violent video games as exemplary teachers: A conceptual analysis. *Journal of Youth and Adolescence*, 37(2), 127-141.

Greenwald, A. G., McGhee, D. E., & Schwartz, J. L. K. (1998). Measuring individual differences in implicit cognition: The implicit association test. *Journal of Personality and Social Psychology*, 74(6), 1464-1480.

Konijn, E. A., Bijvank, M. N., & Bushman, B. J. (2007). I wish I were a warrior: The role of wishful identification in the effects of violent video games on aggression in adolescent boys. *Developmental Psychology*, 43(4), 1038-1044.

Salzinger, S., Rosario, M., Feldman, R. S., & Ng-Mak, D. S. (2008). Aggressive behavior in response to violence exposure: Is it adaptive for middle-school children? *Journal of Community Psychology*, 36(8), 1008-1025.

Schwartz, D., & Proctor, L. J. (2000). Community violence exposure and children's social adjustment in the school peer group: The mediating roles of emotion regulation and social cognition. *Journal of Consulting and Clinical Psychology*, *68*(4), 670-683.

Trickett, P. K., Durán, L., & Horn, J. L. (2003). Community violence as it affects child development: Issues of definition. *Clinical Child and Family Psychology Review*, *6*(4), 223-236.

Uhlmann, E., & Swanson, J. (2004). Exposure to violent video games increases automatic aggressiveness. *Journal of Adolescence*, *27*(1), 41-52.

## 第六章

# 暴力视频游戏对不同认知风格大学生内隐攻击性的影响

本研究拟探讨的问题有两个：其一，利用 IAT 来测量不同认知风格大学生的内隐攻击性，探讨认知风格对大学生的内隐攻击性的影响。其二，探讨性别对大学生的内隐攻击性的影响。其三，利用启动刺激材料（暴力视频游戏和非暴力视频游戏），探讨启动刺激对大学生的内隐攻击性的影响。

## 第一节 被试及方法

### 一、被试

本研究采用"镶嵌图形测验"（北京师范大学心理学系修订）来判断大学生的认知风格。测验共有 3 个部分：第一部分用于练习，共 9 道题；第二、三部分为正式测验，各 10 道题。每道题都标出了要找出的简单图形的号码，要求被试尽快地从复杂图形中找出隐藏在其中的指定的简单图形。限时 12min，每部分施测时间为 4min。从正式测验开始计分，以正确找出复杂图形中指定的简单图形为准，每题 1 分，共 20 分。

本研究采取随机抽样的方法，在某大学随机选取 95 名本科生参加"镶嵌图形测验"，然后统计所有学生的总得分。根据常模要求，将总得分低于 10 分的被试归为场依存者，将总得分高于 14 分的被试归为场独立者（李力红等，2002）。

本研究共收回有效问卷 90 份，经过对所有学生的总得分进行统计，再依据认知风格划分的常模标准，最终确定被试为 62 人，其中场独立者为 34 人，场依存者为 28 人，年龄为 18—24 岁，平均年龄为 21.09 岁。

本研究将场独立者和场依存者随机分为两组，参与不同条件下的实验。所有被试均自愿参加实验，皆为右利手，无色盲、色弱者，视力或矫正视力正常，能比较熟练地操作计算机，但对 IAT 实验比较陌生，对实验目的一无所知。

在预研究选取的被试中，我们将场独立者和场依存者以随机抽样的方式划分为两组，一组为实验组，观看暴力视频游戏；另一组为对照组，不观看暴力视频游戏。其中，男生 31 人，女生 31 人。实验被试情况如表 6-1 所示。

表 6-1 实验被试情况　　　　　　　　　　　　　单位：人

| 认知风格 | 观看暴力视频游戏 ||不观看暴力视频游戏||
| --- | --- | --- | --- | --- |
|  | 男 | 女 | 男 | 女 |
| 场独立 | 8 | 8 | 9 | 9 |
| 场依存 | 8 | 7 | 6 | 7 |
| 总计 | 16 | 15 | 15 | 16 |

## 二、研究工具

### （一）启动刺激材料：暴力视频游戏和非暴力视频游戏

在选取暴力视频游戏时，首先对暴力及暴力视频游戏进行界定。本研究对暴力的界定如下：依赖于身体、技术或武器，对人或动物做出以伤害为目的的行为。对暴力视频游戏的界定如下：含有"血腥""杀戮""战争""攻击""打斗"等内容的游戏。据此本研究选取在网络上广泛流传的、以网络平台为基础的、画面逼真的、以人为对象的、以暴力为主要特征的格斗类游戏，最终选定为《拳皇》。然后，在游戏网站上下载《拳皇》视频游戏，以暴力视频游戏的判断标准选取合适的片段，并将其时长裁剪为10min。

### （二）IAT

本研究采用IAT来测量不同认知风格大学生的内隐攻击性，以自我词与非我词为目标概念，以攻击词与非攻击词为属性概念；相容部分为自我-攻击词、非我-非攻击词，不相容部分为自我-非攻击词、非我-攻击词，两部分之间的反应时差异称为IAT效应，作为考察内隐攻击性的指标。选用的词语来自戴春林和孙晓玲（2007）的实验，具体如表6-2所示。

表6-2 实验中选用的词语

| 类别标签 | 样例词语 | | | | |
| --- | --- | --- | --- | --- | --- |
| 自我词 | 我 | 自己 | 本人 | 俺 | 我们 |
| 非我词 | 他 | 他们 | 外人 | 他人 | 别人 |
| 攻击词 | 侵犯 | 攻击 | 搏斗 | 战争 | 报仇 |
| 非攻击词 | 和平 | 温顺 | 合作 | 信任 | 仁爱 |

## 三、实验设计与程序

本研究采用2（启动刺激：暴力视频游戏，非暴力视频游戏）×2（认知风格：场独立，场依存）的两因素完全随机实验设计。其中，视频游戏类型、认知风格均是组间因素。

实验程序如下：实验采用单人单机，以个别施测的方式进行。主试在简要讲明实验要求后，每名被试均按照程序的指导语单独完成测验（不受任何外在干扰）。

被试的反应时及准确率均由计算机自动记录，具体步骤如下。

首先，观看风景短片 1min。为确保被试实验前的心理处于平静状态，所有被试均观看 1min 的风景短片。

其次，进行不同的实验处理。实验组被试观看暴力视频游戏短片 10min；对照组被试不做任何要求，休息 10min。

最后，完成 IAT。所有被试均在计算机上按照指导语完成测验。

IAT 采用 E-Prime 软件进行，包括练习阶段和实验阶段。在测验中，刺激词汇呈现在屏幕中央，要求被试认真阅读指导语后，根据指导语尽可能快速而正确地做出反应。测验共分 7 步，如表 6-3 所示，所有任务的样例词语均按照完全随机的方式呈现。

表 6-3　IAT 测验程序

| 顺序 | 任务描述 | D 键反应 | K 键反应 | 任务数 |
| --- | --- | --- | --- | --- |
| 1 | 初始目标概念辨别（练习） | 自我词（如"我"） | 非我词（如"他"） | 20 |
| 2 | 联想属性概念辨别（练习） | 攻击词（如"侵犯"） | 非攻击词（如"和平"） | 20 |
| 3 | 相容联合任务（练习） | 自我+攻击 | 非我+非攻击 | 20 |
| 4 | 相容联合任务（测验） | 自我+攻击 | 非我+非攻击 | 40 |
| 5 | 相反目标概念辨别（练习） | 非我词（如"他"） | 自我词（如"我"） | 20 |
| 6 | 不相容联合任务（练习） | 自我+非攻击 | 非我+攻击 | 20 |
| 7 | 不相容联合任务（测验） | 自我+非攻击 | 非我+攻击 | 40 |

第一步，初始目标概念辨别（练习）。当目标概念（自我词和非我词）呈现在屏幕中央时，要求被试对屏幕中央不断呈现的自我词或非我词做出按键反应，即属于自我词的按"D"键，属于非我词的按"K"键。

第二步，联想属性概念辨别（练习）。当属性概念（攻击词和非攻击词）呈现在屏幕中央时，要求被试根据指导语对屏幕中央不断呈现的目标概念又快又准地做出按键反应，属于攻击词的按"D"键，属于非攻击词的按"K"键。

第三步，相容联合任务（练习）。目标概念和属性概念随机交替呈现在屏幕中央，要求被试根据指导语对屏幕中央不断呈现的目标概念或属性概念又快又准地做出按键反应，属于自我词或攻击词的按"D"键，属于非我词或非攻击词的按"K"键。

第四步，相容联合任务（测验）。在第三步的基础上增加了辨别反应的次数，这部分的实验结果用于后面的统计分析。

第五步，相反目标概念辨别（练习）。这部分呈现的目标概念与第一部分相同，只是指导语发生了改变，要求被试对属于非我词的按"D"键，属于自我词的按"K"键，防止被试产生位置效应。

第六步，不相容联合任务（练习）。与第三步相似，只是将目标概念和属性概念的归类做了改变，即属于非我词或攻击词的按"K"键，属于自我词或非攻击词的按"D"键。

第七步，不相容联合任务（测验）。与第六步相同，只是增加了辨别反应的次数。这部分的实验结果用于后面的统计分析。

实验中，让一半被试先进行不相容任务，再完成相容任务，另一半被试则相反，以此来平衡练习效应或顺序效应。实验结束后，询问被试是否知道本实验的意图或做过相似的实验，最后让被试再次观看一段风景短片，缓和情绪，并赠予其小礼物表示感谢。

## 四、数据处理与统计

本研究采用 SPSS 16.0 软件对数据进行统计分析。IAT 测验的数据是由 E-Prime 程序自动记录被试的反应时和正确率。根据 Greenwald 等（1998）提出的数据处理方法，对所得数据进行如下处理。

1）将反应时短于 300ms 的记为 300ms，长于 3000ms 的记为 3000ms。

2）将错误率超过 20% 的被试删除，不进行统计分析。

3）分别统计每名被试在相容任务和不相容任务中的平均反应时，以平均反应时之差作为衡量内隐攻击性的指标，即用不相容任务（自我+非攻击、他人+攻击）的反应时减去相容任务（自我+攻击、非我+非攻击）的反应时，差值越大，表明被试内隐认知中自我和攻击性的联系越紧密，被试的内隐攻击性越强。

剔除不合格的被试，最终得到有效数据为 54 份，具体情况如表 6-4 所示。

表6-4 有效被试情况　　　　　　　　　　　　　　　　　单位：人

| 认知风格 | 观看暴力视频游戏 | 不观看暴力视频游戏 | 小计 |
|---|---|---|---|
| 场独立 | 14 | 17 | 31 |
| 场依存 | 13 | 10 | 23 |
| 总计 | 27 | 27 | 54 |

# 第二节　暴力视频游戏对不同认知风格大学生内隐攻击性影响的结果与分析

## 一、大学生内隐攻击性的显著性检验

本研究用配对样本 $t$ 检验分别考察暴力视频游戏组和非暴力视频游戏组大学生在相容任务和不相容任务中的平均反应时之差，即平均IAT效应的显著性。由表6-5可知，在暴力视频游戏组，$RT_1<RT_2$，即大学生在不相容任务中的反应时显著长于在相容任务中的反应时（$t=6.219$，$p<0.001$），其中场独立型大学生在不相容任务中的反应时显著长于在相容任务中的反应时（$t=6.039$，$p<0.001$），场依存型大学生在不相容任务中的反应时显著长于在相容任务中的反应时（$t=4.629$，$p<0.01$）。在非暴力视频游戏组，$RT_1<RT_2$，即大学生在不相容任务中的反应时长于在相容任务中的反应时，但是差异不显著，其中场独立型大学生在不相容任务中的反应时长于在相容任务中的反应时，场依存型大学生在不相容任务中的反应时长于在相容任务中的反应时，但差异都不显著。这说明无论被试的认知风格如何，观看暴力视频游戏都使得被试自我与攻击性的联结更加紧密，增强了被试的内隐攻击性。

表6-5　IAT效应的显著性检验

| 游戏类型 | 认知风格 | $RT_1$ | $RT_2$ | $t$ | $df$ |
|---|---|---|---|---|---|
| 观看暴力视频游戏 | 场独立 | 649.06 ± 121.52 | 751.72 ± 121.89 | 6.039*** | 13 |
| | 场依存 | 713.64 ± 136.68 | 912.45 ± 263.17 | 4.629** | 12 |
| | 总分 | 680.16 ± 130.72 | 829.11 ± 214.69 | 6.219*** | 26 |

续表

| 游戏类型 | 认知风格 | RT₁ | RT₂ | t | df |
|---|---|---|---|---|---|
| 不观看暴力视频游戏 | 场独立 | 647.22 ± 95.64 | 663.37 ± 92.86 | 0.918 | 16 |
|  | 场依存 | 581.95 ± 106.23 | 639.29 ± 102.49 | 2.171 | 9 |
|  | 总分 | 623.05 ± 102.80 | 654.45 ± 95.30 | 2.097 | 26 |

注：表中的 RT₁ 和 RT₂ 分别为被试进行相容任务和不相容任务的反应时，IAT 效应=RT₂-RT₁

为了进一步考察暴力视频游戏对大学生内隐攻击性的影响，本研究采用独立样本 $t$ 检验比较观看暴力视频游戏组和不观看暴力视频游戏组大学生的内隐攻击性。

由表6-6可知，观看暴力视频游戏组大学生的内隐攻击性均值为147.84，不观看暴力视频游戏组大学生的内隐攻击性均值为31.40。从总体水平上看，观看暴力视频游戏组大学生的内隐攻击性显著高于不观看暴力视频游戏组大学生的内隐攻击性，$F=5.728$，$p=0.020$，这说明观看暴力视频游戏确实启动了大学生的内隐攻击性。

表6-6 启动刺激对大学生内隐攻击性影响的差异性检验

| 启动刺激 | $M$ | $SD$ | $F$ | $p$ |
|---|---|---|---|---|
| 暴力视频游戏 | 147.84 | 125.35 | 5.728 | 0.020 |
| 非暴力视频游戏 | 31.40 | 77.84 |  |  |

本研究进一步考察了认知风格对大学生内隐攻击性的影响，同样采用独立样本 $t$ 检验比较不同认知风格大学生的内隐攻击性，结果如表6-7所示。由表6-7可知，场独立型大学生的内隐攻击性均值为54.25，场依存型大学生的内隐攻击性均值为137.30，从总体水平上看，场依存型大学生的内隐攻击性显著高于场独立型大学生的内隐攻击性，$F=7.918$，$p=0.007$，这说明认知风格对大学生的内隐攻击性产生了显著的影响。

表6-7 不同认知风格大学生内隐攻击性的差异性检验

| 认知风格 | $M$ | $SD$ | $F$ | $p$ |
|---|---|---|---|---|
| 场独立 | 54.25 | 80.50 | 7.918 | 0.007 |
| 场依存 | 137.30 | 145.17 |  |  |

## 二、大学生内隐攻击性多因素的方差分析

对不同认知风格（场独立、场依存）的男、女生被试在不同启动刺激下的内

隐攻击性进行多因素方差分析，具体情况如表6-8所示。

表6-8 大学生内隐攻击性的多因素方差分析

| 变异源 | df | F | p |
| --- | --- | --- | --- |
| 性别 | 1 | 0.880 | 0.353 |
| 认知风格 | 1 | 5.217 | 0.027 |
| 启动刺激 | 1 | 14.912 | 0.000 |
| 性别×认知风格 | 1 | 0.026 | 0.872 |
| 性别×启动刺激 | 1 | 0.016 | 0.900 |
| 认知风格×启动刺激 | 1 | 0.840 | 0.364 |
| 性别×认知风格×启动刺激 | 1 | 1.888 | 0.176 |

结果显示，认知风格的主效应显著，$F=5.217$，$p=0.027$，即无论是在观看暴力视频游戏还是不观看暴力视频游戏的情况下，场依存型大学生的内隐攻击性都高于场独立型大学生的内隐攻击性；性别的主效应不明显，$F=0.880$，$p=0.353$。启动刺激的主效应极其显著，$F=14.912$，$p=0.000$，这意味着无论被试的认知风格和性别为何，观看暴力视频游戏组大学生的内隐攻击性都显著高于不观看暴力视频游戏组的大学生。认知风格与性别的交互作用不显著，$F=0.026$，$p=0.872$。认知风格与启动刺激的交互作用不显著，$F=0.840$，$p=0.364$。认知风格与启动刺激、性别的交互作用也不显著，$F=1.888$，$p=0.176$。

# 第三节　暴力视频游戏对不同认知风格大学生内隐攻击性影响的讨论

## 一、性别对内隐攻击性的影响

对不同认知风格大学生在不同启动刺激下的内隐攻击性进行多因素方差分析的结果表明，性别的主效应不显著。这说明从整体上看，男生和女生的内隐攻击性不存在显著差异，这也得到了以往研究的证实，如戴春林等（2005）通过IAT

研究发现内隐攻击性在性别上不存在显著差异。但有的学者发现，性别在内隐攻击性上存在显著差异，如叶茂林（2004）的研究发现男性的内隐攻击性更强，徐德淼等（2007）的研究发现内隐攻击性的表现方式存在性别差异，男性与身体攻击联系紧密，女性与言语攻击联系紧密。这可能是由于研究方法或研究材料的不同，导致了不同的研究结果。叶茂林采用的是图片偏好法，与本研究的研究方法有所不同，有可能会导致出现性别差异。徐德淼等（2007）虽然采用的也是IAT，但测验所用词汇不同，结果也有可能会产生差异。

## 二、认知风格的主效应分析

研究结果表明，认知风格对大学生的内隐攻击性的主效应显著，说明从整体上看，场依存型大学生的内隐攻击性高于场独立型大学生的内隐攻击性。认知风格与内隐攻击性的关系可能与不同认知风格大学生的心理分化水平有关。场独立型大学生的心理分化水平高，能有效地将自我与外界刺激分离开来，其活动较少受到环境或他人的支配，个体在信息加工时较多以内部参照为依据；场依存型大学生则相反，其比较容易受到外界刺激的干扰，个体在进行信息加工时较多以外部参照作为依据。因此，场依存型大学生在对暴力视频游戏刺激进行信息加工时，有可能会产生注意解除困难，从而导致其内隐攻击性高于场独立型大学生的内隐攻击性。

## 三、启动刺激的主效应分析

启动刺激在大学生的内隐攻击性上存在主效应。总体上看，无论大学生的认知风格和性别如何，观看暴力视频游戏组大学生的内隐攻击性都显著高于不观看暴力视频游戏组大学生的内隐攻击性。这与以往的研究结果一致，如刘元等（2011）的研究发现短时间的暴力视频游戏接触会增强个体的内隐攻击性。对于暴力视频游戏对个体的内隐攻击性的影响，可以用认知-新联想主义理论和一般攻击模型理论来解释。认知-新联想主义理论认为，反复接触暴力视频游戏，在被试头脑中就会产生与暴力相关的攻击性思维，进而可能会引发被试与攻击相关的情感、信念等。在本研究中，观看暴力视频游戏，可能会激活个体的攻击性思维，从而使个体产生较强的内隐攻击性。一般攻击模型理论认为，与暴力视频游戏的短期接触，会增加个体的攻击性认知，导致内隐攻击性的产生。

## 四、暴力视频游戏对不同认知风格大学生内隐攻击性的影响

通过一般攻击模型可知，情景变量和人格变量都会影响个体的内隐攻击性，以往对内隐攻击性的研究也是从这两方面入手的。从情景变量来说，主要研究不同刺激对个体内隐攻击性的影响，同时观察内隐攻击性产生时个体的认知、情绪和生理唤醒等方面的变化；从人格变量来说，主要探讨个体的内隐攻击性与攻击性特质、暴力态度、攻击的价值观等的相关关系。认知风格是一个重要的人格变量，是个体进行信息加工时表现出来的习惯性的方式，与个体注意、编码及记忆有关。目前，有关内隐攻击性与认知风格的研究还较少。本研究重点探索了认知风格与内隐攻击性的关系，将暴力视频游戏与认知风格相结合，探讨暴力视频游戏对不同认知风格大学生内隐攻击性的影响。

与对照组相比，暴力视频游戏增强了实验组大学生的内隐攻击性，这与以往的研究结果是一致的。导致这一结果的原因，有可能是在暴力视频游戏和非暴力视频游戏两种情况下，暴力视频游戏组的大学生的内隐攻击性更强，游戏卷入的程度更高，更容易将自己与游戏主角进行角色替换，从而获得更强的体验感。

在暴力视频游戏启动的情况下，场依存型大学生的内隐攻击性强于场独立型大学生的内隐攻击性。这可能是由于不同认知风格的大学生的信息加工方式不同，场依存型大学生更依赖于外界的刺激，从而对暴力视频游戏做出更多的加工，表现出更强的内隐攻击性。另外，已有研究发现，在对面孔进行识别的过程中，场依存型大学生对面孔的信息加工的起始阶段早于场独立型大学生，这是否可以推论出场依存型大学生对暴力视频游戏中信息的加工也要早于场独立型大学生？对于这一点，还有待于我们以后进行深入的研究。

## 参考文献

戴春林, 孙晓玲. (2007). 关于服刑人员的内隐攻击性研究. *心理科学*, (4), 955-957.
戴春林, 杨治良, 吴明证. (2005). 内隐攻击性的实验研究. *心理科学*, (1), 96-98.
李力红, 赵秋玲, 张德臣. (2002). 外显、内隐记忆与场依存——场独立认知风格关系的实验研究. *心理科学*, (5), 614-615.
李寿欣. (2006). *关于场依存、场独立型个体的信息加工过程的脑机制研究*. 山东师范大学.
刘元, 周宗奎, 张从丽, 魏华, 陈武. (2011). 暴力视频游戏对不同年龄女性内隐攻击性的短时效应. *中国临床心理学杂志*, (2), 157-159.
徐德淼, 唐日新, 解军. (2007). 外显和内隐攻击性表现方式的性别差异实验研究. *心理科学*, (6), 1327, 1342-1344.
叶茂林. (2004). 刺激物属性与内隐攻击性的性别差异. *湖南师范大学教育科学学报*, (2), 93-96.
Greenwald, A. G., McGhee, D. E., & Schwartz, J. L. K. (1998). Measuring individual differences in implicit cognition: The implicit association test. *Journal of Personality and Social Psychology*, 74 (6), 1464-1480.

# 第七章

# 暴力视频游戏有无角色创建对大学生攻击性的影响

本研究拟探讨三个问题：其一，验证视频游戏类型、有无建立角色是否会对游戏玩家的攻击性行为产生影响；其二，如果游戏类型与有无建立角色会对个体的外显攻击性行为产生影响，那么二者是否会影响个体的内隐攻击性呢？其三，假设游戏类型与角色有无对个体的攻击效应存在不同差异，那么游戏类型与角色有无是否存在交互作用？本研究通过探究二者的相互作用，继而探讨游戏角色是否能够调节暴力视频游戏对个体攻击性的影响，以期为解释游戏玩家的攻击性行为及此后的预防与干预提供一定的启示，也为一般攻击性模型提供实证支持。

# 第一节　被试及方法

## 一、被试

在重庆某高校随机招募大学生被试 128 人，男生 41 人，女生 87 人，平均年龄为 18—24 岁（$M=20.06$，$SD=1.52$）。被试智力均正常，视力或矫正视力正常，能正常操作计算机及游戏，自愿参加本实验，并签署了知情同意书。

实验采取被试间设计，随机将 32 人分配到暴力视频游戏有角色组（男生 19 人，女生 13 人），将 34 人分配到暴力视频游戏无角色组（男生 16 人，女生 18 人），将 31 人分配到中性视频游戏无角色组（男生 4 人，女生 27 人），将 31 人分配到中性视频游戏有角色组（男生 2 人，女生 29 人）。所有被试均不了解实验的真实目的，未接触过实验材料，且如果实验过程中有任何不适，有权利随时终止实验。实验结束后，给予被试一定的报酬。

## 二、研究工具

### （一）视频游戏

实验材料为通过预实验筛选出的暴力视频游戏和中性视频游戏共 4 款，即《躲避俄罗斯方块》《黑道圣徒》《虐杀原形》《模拟人生》。这 4 款游戏在游戏难度、愉悦度、兴奋度、受挫感上不存在显著差异，其中暴力视频游戏和中性视频游戏在游戏内容暴力程度、游戏画面的暴力程度上存在显著差异。游戏材料排除了部分混淆变量，匹配了一些重要的影响变量，能够用来考察游戏中的暴力因素对个体攻击性的影响。

## （二）IAT 词语

从以往研究所用的词汇中选择中性词 60 个，攻击性和亲社会性词各 20 个，共 100 个词。本研究采用 Photoshop 软件对所有词语进行处理，将词语全部做成黑底白字图片，以排除词语的物理属性对结果的影响，保证被试对词语图片的视觉感受相同，同时便于被试进行实验操作。另外，所有类别的词语均是随机呈现。

## （三）攻击性特质量表

该量表是由 Buss 和 Perry（1992）编制的，由身体攻击、语言攻击、愤怒及敌意 4 个维度组成，共 29 道题目。该量表的内部一致性良好（4 个维度与总分的内部一致性系数分别为 0.85、0.72、0.83、0.77、0.89），9 周后重测信度为 0.72—0.80。我们采用利克特 5 点计分法（1＝非常不符合，5＝非常符合），选 1 得 1 分，选 5 得 5 分，第 9 题和第 16 题采用反向计分。量表总分越高，则表明被试的攻击性越强。

## （四）攻击性行为测量：出错范式

在出错范式中，Russell 等（1996）首先告知被试将参与一种新型的男性娱乐游戏——用玩具枪来射击女性，并让被试自行挑选武器和子弹。然后，告诉被试，由于某些环节出了问题（就是标题中的"出错"），不得不取消射击游戏。通过记录被试所选武器的威力和子弹的数量，可以测量被试的攻击性。这种范式尽管表面效度较高，但被试并没有受到激惹，因此所测得的即为主动攻击或工具性攻击（孙连荣，杨治良，2010）。因为这种范式存在伦理道德方面的问题，本研究对这种范式进行了改动，在情景设置上将射击对象由"女性"改为"黑熊"，并明确指出射击不会给黑熊造成危及生命的伤害（张晓燕等，2011）。

# 三、实验设计与程序

本实验采用 2（游戏类型：暴力视频游戏，中性视频游戏）×2（角色有无：

有角色，无角色）的完全随机实验设计。自变量为游戏的类型（暴力视频游戏，中性视频游戏）和角色类型（有角色，无角色），因变量为攻击性行为及内隐攻击性。额外变量有性别、个体攻击性特质及游戏经验。

实验任务为不同条件组的被试玩游戏，游戏完成后进行 IAT，随后填写攻击性行为测量问卷。

实验程序如下。

1）签署知情同意书，明确本实验的主要内容及注意事项，告知被试这是一个测验游戏产品的实验，并且说明被试若在实验过程中出现任何不适感，均可以随时报告停止实验。

2）填写攻击性特质问卷、游戏经验问卷。

3）玩计算机游戏，被试被随机分配到4组游戏条件下。被试首先阅读完游戏简介，观看游戏操作演示，然后试玩游戏 5min，再正式玩游戏 25min（25min 是借鉴了先前相关研究中的所用时间）。游戏结束后，被试被告知还有最后一部分按键实验，目的是考察其反应速度。

4）IAT。所有被试均在计算机上按照指导语完成测验。IAT 的练习阶段与实验阶段均采用 E-Prime 软件编程。在测验中，刺激词语以图片形式呈现在屏幕中央。要求被试根据指导语尽可能快速而正确地做出反应。测验共分 7 步（表 7-1），所有任务的样例词语均按照完全随机的方式呈现。

表 7-1　IAT 测验程序

| 顺序 | 任务描述 | F 键反应 | J 键反应 | 任务数 |
| --- | --- | --- | --- | --- |
| 1 | 初始目标概念辨别（练习） | 自我词（如"我"） | 非我词（如"他"） | 20 |
| 2 | 联想属性概念辨别（练习） | 攻击词（如"侵犯"） | 非攻击词（如"和平"） | 20 |
| 3 | 相容联合任务（练习） | 自我+攻击 | 非我+非攻击 | 20 |
| 4 | 相容联合任务（测验） | 自我+攻击 | 非我+非攻击 | 40 |
| 5 | 相反目标概念辨别（练习） | 非我（如"他"） | 自我（如"我"） | 20 |
| 6 | 不相容联合任务（练习） | 自我+非攻击 | 非我+攻击 | 20 |
| 7 | 不相容联合任务（测验） | 自我+非攻击 | 非我+攻击 | 40 |

第一步，初始目标概念辨别（练习）。当在屏幕中央呈现自我词或非我词时，要求被试对屏幕中央不断呈现的词汇做出按键反应，属于自我词的按"F"键，属于非我词的按"J"键。

第二步，联想属性概念辨别（练习）。当屏幕中央呈现攻击词或非攻击词时，要求被试对屏幕中央不断呈现的词汇做出按键反应（尽量又快又准），属于攻击词的按"F"键，属于非攻击词的按"J"键。

第三步，相容联合任务（练习）。屏幕中央随机交替呈现目标概念和属性概念，要求被试对屏幕中央不断呈现的词汇做出按键反应（尽量又快又准），属于自我词或攻击词的按"F"键，属于非我词或非攻击词的按"J"键。

第四步，相容联合任务（测验）。重复进行第三步，且增加了辨别反应的次数，后面的统计分析采用这部分的实验结果。

第五步，相反目标概念辨别（练习）。重复第一步，但要求被试对属于非我词的按"F"键，属于自我词的按"J"键，以防位置效应的产生。

第六步，不相容联合任务（练习）。重复第三步，但要求被试对属于非我词或攻击词的按"J"键，属于自我词或非攻击词的按"F"键。

第七步，不相容联合任务（测验）。重复第六步，并在此基础上增加了辨别反应的次数，后面的统计分析采用这部分的实验结果。为了平衡练习效应或顺序效应，让一半被试先进行不相容任务，再完成相容任务，另一半被试则相反。实验结束后，询问被试是否知道本实验的意图或做过类似的实验。

5）完成攻击性的行为指标测量。

6）实验结束，被试登记并领取实验报酬。

## 四、数据处理与统计

对数据采用 SPSS 21.0 软件进行统计分析。由 E-Prime 程序自动记录被试的反应时和正确率，作为 IAT 测验的数据。采用 Greenwald、McGhee 和 Schwart 于 1998 提出的数据处理方法，对所得数据进行处理，具体如下。

1）将反应时长于 3000ms 的记为 3000ms，短于 300ms 的记为 300ms。

2）将错误率超过 20%的被试数据删除，不进行统计分析。

3）分别统计每名被试在相容任务和不相容任务中的平均反应时，以平均反应时之差作为衡量内隐攻击性的指标，即用不相容联合任务（自我+非攻击、非我+攻击）的反应时减去相容联合任务（自我+攻击、非我+非攻击）的反应时，差值越大，表明被试内隐认知中自我和攻击的联系越紧密，被试的内隐攻击性越强。

根据被试的反应时和错误率，删除 8 名被试的数据，最终得到有效数据 120 份。被试分布情况如表 7-2 所示。

表 7-2　IAT 被试分布情况　　　　　　　　　　　单位：人

| 有无角色 | 暴力视频游戏组 | 中性视频游戏组 |
| --- | --- | --- |
| 有角色 | 30 | 30 |
| 无角色 | 31 | 29 |
| 总计 | 61 | 59 |

## 第二节　暴力视频游戏及游戏角色对大学生攻击性影响的结果与分析

### 一、不同类型的游戏角色创建对大学生攻击性的影响

本研究将被试的性别、攻击性特质及游戏经验作为协变量，进行 2（游戏类型：暴力视频游戏，中性视频游戏）×2（角色有无：有角色，无角色）的协方差分析，考察游戏类型与游戏角色对个体的攻击性行为的影响。描述性统计分析结果如表 7-3 所示。

表 7-3　被试在暴力视频游戏和中性视频游戏中攻击性水平的描述性统计

| 项目 | 暴力视频游戏组<br>（$M \pm SD$） | 中性视频游戏组<br>（$M \pm SD$） |
| --- | --- | --- |
| 有角色 | 5.56 ± 0.29 | 2.08 ± 0.29 |
| 无角色 | 4.18 ± 0.28 | 2.26 ± 0.29 |

协变量分析结果如下：攻击性特质水平 [$F(1, 113) = 1.81$, $p < 0.05$, $\eta^2 = 0.095$] 效应显著；性别 [$F(1, 113) = 1.23$, $p > 0.05$, $\eta^2 = 0.011$] 和游戏经验 [$F(1, 113) = 0.895$, $p > 0.05$, $\eta^2 = 0.008$] 效应不显著。以往研究显示，在不同攻击性特质下，暴力视频游戏对个体影响的差异显著，同时也有研究显示高攻击性特质个体受到暴力视频游戏的影响更大（Bushman, 1995）。从本研究的结果可以看出，被试的攻击性特质的确会对其攻击性产生影响，而被试的游戏经验和性别

的协方差结果表明这两个变量对攻击性行为不存在显著的影响。

方差分析结果表明，游戏有无角色及游戏是否暴力这两个因素的主效应显著。暴力视频游戏组被试的攻击性水平显著高于中性视频游戏组被试的攻击性水平，$F(1, 113)=63.55$，$p<0.001$。同样，有角色的视频游戏组与无角色的视频游戏组的被试在攻击性行为上的差异也显著，$F(1, 113)=8.51$，$p<0.001$。具体统计结果如表7-4所示。

表7-4　不同游戏类型在攻击性水平上的方差分析

| 变异来源 | SS | df | MS | F | p | $\eta^2$ |
| --- | --- | --- | --- | --- | --- | --- |
| 有无角色 | 19.65 | 1 | 19.65 | 8.51 | 0.00 | 0.07 |
| 有无暴力内容 | 146.76 | 1 | 146.76 | 63.55 | 0.00 | 0.36 |
| 有无角色×有无暴力内容 | 14.01 | 1 | 14.01 | 6.07 | 0.02 | 0.05 |
| 误差 | 260.98 | 113 | 2.31 | | | |
| 总计 | 2078.75 | 120 | | | | |

由方差分析结果可以看出，游戏有无角色与游戏有无暴力内容之间存在交互作用，$F(1, 113)=6.07$，$p<0.05$，$\eta^2=0.05$。进一步简单效应分析发现，在暴力视频游戏组，有角色游戏组被试的攻击性水平显著高于无角色游戏组被试的攻击性水平，$F(1, 113)=22.73$，$p<0.001$，$\eta^2=0.167$；在中性视频游戏组，有角色游戏组被试与无角色游戏组被试的攻击性水平不存在显著差异，$F(1, 113)=48.06$，$p>0.05$，$\eta^2=0.298$。由此可以看出，游戏的角色加剧了暴力视频游戏的攻击性效应。

## 二、不同类型的游戏角色创建对内隐攻击性的影响

本研究将被试的性别、攻击性特质及游戏经验作为协变量，进行2（游戏类型：暴力视频游戏，中性视频游戏）×2（角色有无：有角色，无角色）的协方差分析，考察不同类型游戏对个体内隐攻击性的影响是否存在差异。不同游戏类型条件下，被试在内隐攻击性上的描述性统计结果如表7-5所示。

表7-5　被试在不同类型视频游戏上内隐攻击性的比较（$N=120$）

| 项目 | 暴力视频游戏组（$M±SD$） | 中性视频游戏组（$M±SD$） |
| --- | --- | --- |
| 有角色 | 129.93±18.41 | 13.85±16.19 |
| 无角色 | 56.92±15.46 | 6.79±16.19 |

方差分析结果表明，攻击性特质水平效应不显著，$F(1, 113)=0.11$，$p>0.05$，$\eta^2=0.001$；性别效应不显著，$F(1, 113)=0.05$，$p>0.05$，$\eta^2=0.042$；游戏经验效应不显著，$F(1, 113)=0.28$，$p>0.05$，$\eta^2=0.002$。这说明攻击性特质、性别及游戏经验对被试的内隐攻击性没有影响。

方差分析结果表明，游戏有无角色、游戏是否有暴力内容这两个因素对内隐攻击性影响的主效应显著，暴力视频游戏组被试的内隐攻击性与中性视频游戏组被试的内隐攻击性存在显著差异，$F(1, 113)=19.69$，$p<0.001$。同样，有角色视频游戏组被试和无角色视频游戏组被试的内隐攻击性的差异也显著，$F(1, 113)=5.45$，$p<0.05$，并且有无游戏角色与游戏是否有暴力内容两因素间的交互作用显著，$F(1, 113)=4.00$，$p=0.05$。具体统计结果如表7-6所示。

表7-6 不同类型游戏在内隐攻击性上的方差分析

| 变异来源 | SS | df | MS | F | p | $\eta^2$ |
| --- | --- | --- | --- | --- | --- | --- |
| 有无角色 | 45 257.67 | 1 | 45 257.67 | 5.45 | 0.02 | 0.05 |
| 有无暴力内容 | 163 590.25 | 1 | 163 590.25 | 19.69 | 0.00 | 0.15 |
| 有无角色×有无暴力内容 | 33 263.22 | 1 | 33 263.22 | 4.00 | 0.05 | 0.03 |
| 误差 | 938 641.89 | 113 | 8 306.57 | | | |
| 总计 | 1 465 704.09 | 120 | | | | |

进一步做简单效应分析，发现在暴力视频游戏组中，有角色的暴力视频游戏组被试的内隐攻击性水平显著高于无角色的暴力视频游戏组被试的内隐攻击性水平，$F(1, 113)=11.51$，$p<0.01$，$\eta^2=0.171$；在中性视频游戏组中，有角色与无角色组的被试在内隐攻击性上不存在显著差异，$F(1, 113)=18.75$，$p>0.05$，$\eta^2=0.414$。由此可见，在控制了游戏的暴力性这个变量后，游戏角色会对被试的内隐攻击性产生影响。

# 第三节　暴力视频游戏及游戏角色对大学生攻击性影响的讨论

Anderson 和 Bushman（2002，2018）的一般攻击模型是目前解释媒体暴力攻击性效应的主要框架性理论。这一理论表明，情景因素（如暴力视频游戏）、个人因素等将导致攻击性（攻击意图或攻击性行为）。根据一般攻击模型，情景和个人因素主要通过 3 条内在相互联系的路径（攻击唤起、认知、生理唤醒）影响攻击性。从短期来讲，暴力视频游戏玩家比非暴力视频游戏玩家呈现出高攻击性、更多的消极情感及更多的消极认知。从长期来讲，重复的攻击性行为结果将强化个体的攻击人格及攻击脚本，最终会影响攻击反应。

一般攻击模型的一个潜在缺陷在于，没有指出不同情境将会缓和还是促进暴力视频游戏对个体攻击性的作用。一般攻击模型主要集中于描述媒体暴力如何作为攻击性的一个预测变量，尤其是强调仅仅媒体暴力就会导致暴力行为结果，而没有考虑具体的媒体形式，尤其是忽略了视频游戏中角色的作用。先前的研究中关于攻击性的结果，主要归因于角色类型与游戏的暴力性的相互作用，而这种相互作用的具体机制并没有得到解释，相关研究结论存在不一致，因此还需要进一步探讨游戏角色如何与游戏暴力性共同作用而产生相应的行为结果。本研究在前人研究的基础上，进一步探讨游戏的角色对游戏行为的影响，主要验证不同角色类型是否会对暴力视频游戏的攻击性效应产生不同的影响，同时考察角色的有无是否会对暴力视频游戏的攻击效应起到调节作用。

## 一、暴力视频游戏对个体攻击性行为的影响

本研究采用 2（游戏类型：中性视频游戏，暴力视频游戏）×2（有无角色：有角色，无角色）的被试间设计，主要考察了暴力视频游戏中游戏角色类型不同，个体的攻击性是否存在差异。从数据分析结果来看，暴力视频游戏对个体的攻击性效应始终显著高于中性视频游戏对个体的攻击性效应，这一结论符合先前相关研究的结论。本研究再次验证了短时接触暴力视频游戏，个体的攻击性会得到激发，这里的攻击性主要是指外显的攻击性行为。暴力视频游戏大多包含暴力内容、暴力画面及伤害类的行为。在游戏的进程中，个体会沉浸在充满攻击性的环境中，这可能会激发个体的攻击性，从而在随后的行为测量表中表现出更高水平的攻击性行为。中性视频游戏的玩家在游戏中没有接触任何攻击性内容，游戏内容多是休闲、放松类的，因此个体的攻击性不会因这类游戏被激发，被试也不

会表现出较多的攻击性行为。

## 二、暴力视频游戏对个体内隐攻击性的影响

本研究考察的问题之一是游戏玩家与游戏角色之间的关系，尤其是游戏角色与玩家自我概念之间的关系。实验结果表明，暴力视频游戏组被试的内隐攻击性水平显著高于中性视频游戏组被试的内隐攻击性水平；在暴力视频游戏组中，有角色游戏组被试的内隐攻击性水平高于无角色游戏组被试的内隐攻击性水平。由此可见，游戏角色的参与使得被试的内隐攻击性更易被激活。当在有角色的暴力视频游戏中，个体能够选择一个角色并且对角色的外形、个性等特征加以自由设定时，玩家与角色之间的联结更紧密，游戏角色的特征容易激发玩家的自我概念系统，攻击性的角色也就更容易激活攻击性的自我概念。因此，被试在 IAT 中更易将"我"与攻击性的概念联系起来。

## 三、游戏角色类型对个体外显攻击性的影响

为了进一步论证游戏角色在暴力视频游戏中是否会对攻击性产生影响，本研究分析了不同游戏类型中个体的攻击性指标。结果显示，暴力视频游戏较中性视频游戏对个体攻击性的影响更大。同时，游戏类型与游戏角色之间存在交互作用，在暴力视频游戏实验中，有游戏角色组被试的攻击性行为及内隐攻击性水平都显著高于无游戏角色组的被试；在中性视频游戏组实验中，有无角色对被试的攻击性水平及内隐攻击性都不存在显著影响。这说明即使玩家玩的都是暴力视频游戏，是否有个性化的角色进行游戏，暴力视频游戏的攻击性效应是存在差异的，这一结论也与其他研究者的研究结论一致（Anderson & Dill，2000），论证了角色的有无对攻击性存在影响。

有角色的暴力视频游戏会对个体的攻击性产生更大影响。虽然游戏的性质（游戏是否存在暴力性）是影响个体攻击性的主要因素，但是游戏中玩家是否能够自主创建游戏角色，会对攻击性水平产生调节效应。在有角色的暴力视频游戏

中，当玩家能够自由选择和创建属于自己的角色时，玩家会更加投入到游戏中，在游戏中的体验更强，从而加剧了暴力视频游戏的攻击性效应。同时，当有游戏角色时，玩家会不自觉地将自己视为游戏中的人物，对游戏角色的状态及情感更为敏感（Hollingdale & Greitemeyer, 2013）。在暴力视频游戏中，游戏角色通常处于敌意的状态，当玩家感知到这种敌意的状态时，也容易处于敌意的状态，从而激发攻击性。在没有明确游戏角色或者默认游戏角色的游戏中，玩家与角色之间不存在心理上的联结，玩家不能从一个具体、生动的视角去体验游戏，因此游戏对玩家的影响就会减小。

## 参考文献

孙连荣，杨治良. (2010). 攻击性的实验研究范式. 心理科学, (6), 1436-1438, 1443.

张晓燕，高定国，傅华. (2011). 辩证思维降低攻击性倾向. 心理学报, (1), 42-51.

Anderson, C. A., & Dill, K. E. (2000). Video games and aggressive thoughts, feelings, and behavior in the laboratory and in life. *Journal of Personality and Social Psychology*, 78 (4), 772-790.

Anderson, C. A., & Bushman, B. J. (2002). Human aggression. *Annual Review of Psychology*, 53, 27-51.

Anderson, C. A., & Bushman, B. J. (2018). Media violence and the general aggression model. *Journal of Social Issues*, 74 (2), 386-413.

Buss, A. H., & Perry, M. (1992). The aggression questionnaire. *Journal of Personality and Social Psychology*, 63 (3), 452-459.

Bushman, B. J. (1995). Moderating role of trait aggressiveness in the effects of violent media on aggression. *Journal of Personality and Social Psychology*, 69 (5), 950-960.

Greenwald, A. G., McGhee, D. E., & Schwartz, J. L. K. (1998). Measuring individual differences in implicit cognition: The implicit association test. *Journal of Personality and Social Psychology*, 74 (6), 1464-1480.

Hollingdale, J., & Greitemeyer, T. (2013). The changing face of aggression: The effect of personalized avatars in a violent video game on levels of aggressive behavior. *Journal of Applied Social Psychology*, 43 (9), 1862-1868.

Russell, G. W., Arms, R. L., Loof, S. D., & Dwyer, R. S. (1996). Men's aggressions toward women in a bungled procedure paradigm. *Journal of Social Behavior and Personality*, 11 (4), 729-738.

# 第八章

# 暴力视频游戏对攻击性信息注意偏向影响的短时效应的 ERP 研究

本研究的目的是考察短时接触暴力视频游戏对情绪面孔识别的注意偏向的影响及其内在机制。其一，探讨暴力视频游戏接触组被试是对负性情绪刺激更为敏感，还是会解除困难，抑或二者同时存在？他们对正性情绪刺激的注意特点又是怎样的？其二，采用 ERP 技术进一步考察短时接触暴力视频游戏对情绪面孔识别的注意偏向的影响及其内在机制，并分析不同游戏组的 ERP 成分的差异，进而分析暴力视频游戏接触者的负性注意偏向的神经基础。

# 第一节　被试及方法

## 一、被试

在重庆某高校随机招募大学生被试 45 人，其中男生 32 人，女生 13 人，年龄为 18—24 岁（$M=21.12$，$SD=2.03$）。被试智力正常，视力或矫正视力正常，能正常操作计算机及游戏，自愿参加本实验，并签署知情同意书。随机将 22 名被试分配到暴力视频游戏组，将 23 名被试分配到中性视频游戏组。被试不了解实验的真实目的。实验结束后，给予被试一定的报酬。

## 二、研究工具

### （一）视频游戏

事先选取 6 款视频游戏，3 款中性视频游戏分别为《躲避俄罗斯方块》《通天塔狂奔》《百万世界弹球》，3 款暴力视频游戏分别为《求生之路》《侠盗猎车手》《虐杀原形》。被试均未接触过或很少接触这几款游戏。《躲避俄罗斯方块》为躲避上方落石的游戏；《百万世界弹球》为以弹击球重塑房间的游戏；《通天塔狂奔》为奔跑、躲避路上障碍物的游戏。3 款暴力视频游戏是以射击、攻击为主要目的。被试被随机分配玩 1 款中性视频游戏和 1 款暴力视频游戏，告知被试将玩两款游戏。主试给被试讲解游戏操作方法或者演示后，被试开始自行玩游戏 15min。时间一到，让被试停止游戏，并完成游戏评定问卷。被试先玩一款游戏，做出评定后，再玩另一款游戏，并对游戏做出评定。

最终选择了两款游戏，分别为《求生之路》《躲避俄罗斯方块》。独立样本 $t$ 检验结果显示，二者在难度、流畅度、趣味性、挫败感和兴奋性上不存在显著差异，只在内容暴力程度（$t=-12.66$，$p<0.001$）和画面暴力程度（$t=-12.62$，$p$

＜0.001）上存在显著差异，表明选取的游戏变量操作有效，排除了部分混淆变量，匹配了一些重要的影响变量。两款游戏在 7 个维度上的平均数、标准差及 $t$ 检验结果如表 8-1 所示。

表8-1　两款游戏在7个维度上的检验结果

| 游戏维度 | 《躲避俄罗斯方块》（中性）（$M \pm SD$） | 《求生之路》（暴力）（$M \pm SD$） | $t$ | $p$ |
| --- | --- | --- | --- | --- |
| 难度 | 4.20 ± 1.69 | 3.40 ± 0.99 | 1.35 | 0.200 |
| 流畅度 | 5.00 ± 1.50 | 4.00 ± 1.25 | 1.81 | 0.080 |
| 趣味性 | 4.30 ± 1.42 | 4.13 ± 1.46 | 0.28 | 0.780 |
| 挫败感 | 3.90 ± 1.91 | 3.33 ± 1.50 | 0.83 | 0.410 |
| 兴奋性 | 4.20 ± 0.63 | 4.60 ± 1.06 | −1.18 | 0.250 |
| 内容暴力程度 | 1.50 ± 0.71 | 5.70 ± 0.88 | −12.66 | 0.000 |
| 画面暴力程度 | 1.30 ± 0.48 | 5.73 ± 1.03 | −12.62 | 0.000 |

## （二）攻击性特质量表

该量表是由 Buss 和 Perry（1992）修订的，用于测量攻击性特质，应用十分广泛。该量表共有 29 道题目，包括 4 个维度，即身体攻击、语言攻击、愤怒及敌意。该量表 9 周后的重测信度在 0.72—0.80，内部一致性也比较好，以上 4 个维度与总分的内部一致性系数分别为 0.85、0.72、0.83、0.77。被试对每个题目的回答采用利克特 5 点计分，"1"代表非常不符合，"5"代表非常符合，选"1"得 1 分，选"5"得 5 分，第 9 题和第 16 题属于反向计分，总分在 29—145 分，总分越高，表明攻击性越强。过去有的研究发现，暴力视频游戏对高攻击性和低攻击性特质个体影响的差异不显著，而有的研究却发现其对高攻击性特质个体的影响更大，因此本研究中将该变量作为协变量。

## （三）面孔图片集

选取中国科学院心理研究所制作的快乐、愤怒和中性面孔图片（王妍，罗跃嘉，2005），图片均为黑白色。采用 Photoshop 软件对图片进行处理，去掉头发、耳朵、颈部等部位，消除五官之外其他部位的影响，并统一每张图片的大小、亮度，以保证被试对图片的视觉感受基本相同。

首先，鉴别35组面孔表情，并选取那些95%及以上的评价者意见一致的面孔图片（评价者为20名心理学专业研究生），再请57名大学生按1—7分的等级评定所选面孔图片的愉悦度和唤醒度，得分越高，表明愉悦度和唤醒度越高。其次，采用E-Prime软件进行面孔图片的唤醒度和愉悦度评定。实验指导语如下：实验首先会在屏幕中央呈现一个白色注视点"+"，之后将出现一张面孔图片，请被试对该图片的唤醒度进行1—7分的评定，在键盘上按下对应的数字。唤醒度是指当被试看到这种面孔图片时觉得提不起精神或者感到兴奋，评分越低，代表越不兴奋，最低为1分，评分越高，代表越兴奋，最高为7分；通常感到平静甚至昏昏欲睡，代表唤醒度低，感到眼前一亮、激动或振奋，代表唤醒度高。愉悦度是指当被试看到这种面孔图片时感到愉快或者感到不愉快，评分越低，代表越不愉快，最低为1分，评分越高，代表越愉快，最高为7分，通常感到厌恶、难受或愤怒，代表愉悦度低，感到满意、有趣、身心放松，代表愉悦度高。核心实验流程为先呈现注视点"+"500ms，之后呈现面孔图片，被试做出判断后面孔图片消失，进行下一张面孔的评定。被试被告知不需要长时间考虑，根据自身即时的感受进行评分。所有图片均为随机呈现，且一半被试先评定所有面孔图片的愉悦度，再评定唤醒度，另一半被试先评定所有面孔图片的唤醒度，再评定愉悦度。

根据筛选面孔的标准，删除愉悦度得分小于3分、唤醒度得分大于3分的中性面孔，愉悦度和唤醒度得分都小于5分的快乐面孔，以及愉悦度得分大于2分、唤醒度得分小于3分的愤怒面孔（戴琴，冯正直，2009）。本研究选定快乐面孔图片30张、中性面孔图片60张、愤怒面孔图片30张，分别为30人的快乐面孔图片和中性面孔图片，30人的愤怒面孔图片和中性面孔图片，在点探测中进行配对呈现。然后，对所有面孔的愉悦度和唤醒度进行单因素方差分析。结果显示，3种类别的面孔图片在愉悦度（$F=732.54$，$p=0.00$）、唤醒度（$F=515.24$，$p=0.00$）上的评分差异显著。事后比较表明，快乐面孔、愤怒面孔在唤醒度得分上与中性面孔有显著差异，快乐面孔与愤怒面孔在唤醒度上没有显著差异。快乐面孔在愉快度得分上与愤怒面孔和中性面孔有显著差异。描述性统计结果如表8-2所示。

表8-2  3类面孔图片在唤醒度和愉悦度上的描述性统计结果

| 项目 | 愤怒面孔（$M \pm SD$） | 中性面孔（$M \pm SD$） | 快乐面孔（$M \pm SD$） |
| --- | --- | --- | --- |
| 唤醒度 | 6.03 ± 0.61 | 3.37 ± 0.58 | 6.12 ± 0.53 |
| 愉悦度 | 1.67 ± 0.38 | 3.41 ± 1.03 | 6.33 ± 0.45 |

选取评定后的面孔图片作为实验材料，包括 5 人的愤怒面孔图片、中性面孔图片及 5 人的高兴面孔图片、中性面孔图片，男女各一半。处理后的图片的大小、空间位置、明度、饱和度等物理属性均相同。每张图片大小规格统一为 6cm×8cm，面孔集大小为 20×16，正中的"+"为 1cm×1cm。每个试次呈现同一人的 4 张不同面孔图片。图片的背景为黑色，注视点"+"呈现在屏幕正中位置，长、宽均为 1cm。实验 a 中的面孔集包含了 3 种类型：第一类面孔集中包含了 3 张中性面孔、1 张快乐面孔图片（图 8-1 左）；第二类面孔集中包含了 3 张中性面孔、1 张愤怒面孔图片（图 8-1 中）；第三类面孔集中的 4 张全部为中性面孔图片（图 8-1 右）。3 种类型面孔图片呈现的概率分别为 25%、25%、50%。

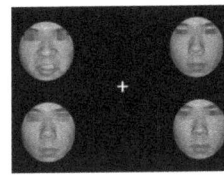

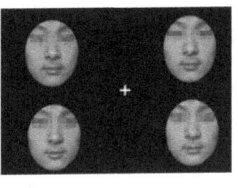

图 8-1 实验 a 的 3 种类型面孔集

实验 b 中的面孔集包括 4 种类型：第一类面孔集中包含了 3 张愤怒面孔图片、1 张中性面孔图片（图 8-2 左 1）；第二类面孔集中包含了 3 张快乐面孔图片、1 张中性面孔图片（图 8-2 左 2）；第三类面孔集全部为愤怒面孔图片（图 8-2 右 2）；第四类面孔集全部为快乐面孔图片（图 8-2 右 1）。4 种类型面孔的呈现概率均为 25%。

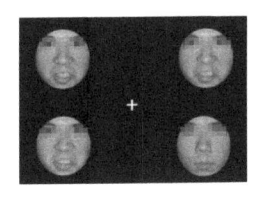

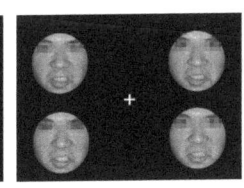

图 8-2 实验 b 的 4 种类型面孔集

## （四）视觉搜索范式

视觉搜索范式也叫同中选异范式或情感搜索范式，用于比较积极刺激和中性刺激，考察个体对威胁的敏感性和对负面信息的评估。其任务是让个体判断图片集的面孔是否都是相同的。这一任务可以考察个体的注意敏感性，如果个体搜索中性面孔集中的负性面孔所用的时间短于他人，说明该被试对负性面孔注意偏向更敏感。另一项任务是在负性面孔集合图中，判断搜索的图片是否有中性面孔。这一任务可以考察个体的注意解除困难，如果个体搜索负性面孔集中的中性面孔的时间长于他人，说明该被试被负性面孔长时间吸引，脱离困难。Öhman等（2001）采用该范式进行的研究发现，被试对中性面孔集中的愤怒表情反应更快，准确率也高于对快乐或中性面孔的反应，这一发现被Mather和Knight（2006）的研究所验证。这种现象被称为负性面孔偏差效应。

在不同实验条件下，视觉搜索范式直接区分了注意的两种机制，因此本研究采用此范式考察注意偏向的内在机制。该范式的脑电生理成分主要考察了P3和N2pc，当某情感刺激引起个体注意偏向时，将出现这两种ERP成分（Buodo et al., 2010），表明了视觉空间注意分配，特别是负性注意偏向。

### （五）ERP研究

随着脑科学技术的进步，ERP、fMRI等新技术在心理学研究中得到了充分利用，为揭示大脑的认知机制谱写了新篇章，并为注意的选择定向提供了更准确的定位。在过去的研究中，学者发现了与注意偏向有关的几种ERP成分，主要包括早期视觉成分、P3、晚正成分（late positive component，LPC）和N2。

1）早期视觉成分。它主要包含P1、N1、P2。P1（刺激呈现100—160ms）和N1（刺激呈现160—210ms）是注意的一种调节视觉加工的成分，是表现对视觉刺激注意状态的一种信号（Wijers et al., 1989）。P1是对刺激的注意分配，N1则代表对已注意到的信息的识别力。关于情绪加工的负性偏差可以表现在P1和N1成分中：当面临消极情绪刺激时，大脑皮层电位的反应更明显，早期注意强度更大。对于P2，也表现出相同的迹象（Carretié et al., 2001）。

2）P3（刺激呈现250ms或更长）。以往有很多研究证明了P3代表了在选择反应任务中对刺激的评价，也代表了后期的认知过程，如选择反应，因此被认为是测量晚期决策和运动前反应准备的指标，反映的是人脑的高级认知活动（Schupp et al., 2003）。Bailey和West（2013）的研究发现，动作视频游戏导致个体对快乐面孔的 P3 的波幅在后测小于前测，表明对快乐面孔的注意减弱。在本研究中，可以假设暴力视频游戏组被试对愤怒面孔反应的 P3 的波幅比中性视频游戏组被试的更大，对快乐面孔反应的 P3 的波幅更小。

3）LPC。它是由许多潜伏期不同的波形组成的一个家族，主要与注意捕获、评价或记忆编码有关，反映了高级心理过程的电位变化，如注意、记忆、思维等。研究表明，LPC 与刺激的情绪效价和唤醒度相关（罗跃嘉等，2006）。

4）N2。以往的研究表明，N2 对负性表情及一些新颖刺激特别敏感。有研究者在实验中给被试呈现负性、中性、正性的刺激图片，发现负性刺激图片诱发的 N2 波幅比正性刺激图片大（郭军锋，罗跃嘉，2007）。

## 三、实验设计与程序

### （一）实验设计

本研究采用 2（游戏类型：暴力视频游戏，中性视频游戏）×2（面孔类型：愤怒，快乐）的两因素混合实验设计，其中游戏类型为被试间变量，情绪面孔类型为被试内变量，因变量为判断图片集是否一致的反应时，协变量为攻击性特质。

实验任务为视觉搜索，不同的面孔目标类型设计用于考察注意偏向的内部机制。其任务是要求被试注意某一包含多张面孔的面孔集，判断该面孔集中的面孔是否一致。该实验范式可以考察注意偏向的内在机制是注意警觉还是注意脱离困难。

### （二）实验程序

1）与被试签署知情同意书，明确本实验为脑电实验，以及脑电实验要特别注意的事项，告知被试这是一项测验游戏对个体反应速度影响的研究。如果被试在实验过程中有不舒服的情况，可以随时报告停止实验。

2）被试填写攻击性特质问卷。

3）被试被随机分配到暴力视频游戏组或中性视频游戏组，玩视频游戏。

在阅读完游戏简介并观看主试演示游戏操作后，被试自行玩游戏，游戏时间为 15min。游戏结束后，告知被试接下来还有最后一部分，是用来考察反应速度的按键实验。

4）完成视觉搜索任务。

实验流程如下：首先进行由 20 张图片组成的练习实验，要求被试在练习期间的正确率高于 80%，才可以进入正式实验。被试离计算机屏幕 60cm。实验开始呈现注视点，时间为 500—1000ms，随后呈现 4 张面孔图片，时间为 500ms，要求被试在图片消失后进行判断，有 800ms 的时间进行按键判断，按键后进入下一个试次。被试的任务是快速而正确地判断面孔集中所有的面孔是否一致。试次的时间间隔为 500—1500ms，其间空屏背景同面孔背景一样也为黑色。为了平衡顺序效应，一半被试在一致条件下按"F"键，在不一致条件下按"J"键；另一半被试在不一致条件下按"F"键，在一致条件下按"J"键。

实验 a 和实验 b 分别有 360 个试次，各分 4 个 block 完成，每个 block 有 90 个 trial，每个 block 完成后，被试休息 1min。在每个 trial 中，情绪面孔的类型和出现的左右位置都是伪随机的。采用 E-Prime 软件记录被试的正确率和反应时。

## 四、数据处理与统计

对于行为数据，采用 E-Prime 软件进行收集。ERP 数据采用 Brain Products 公司生产的 64 导脑电波记录和分析系统，双耳的乳突为参考电极，水平眼电（horizontal electro-oculogram，HEOG）为眼睛左、右两侧，垂直眼电（vertical electro-oculogram，VEOG）为右眼上、下位置。所有被试头皮电阻在 5kΩ 以下，滤波的带通为 0.01—80Hz，连续采样频率为 500Hz。离线分析脑电数据，选用正确反应试次，对垂直眼电和水平眼电进行校正，排除其他伪迹的影响，如波幅超过±80μV 的电波。分析时程为 -200— 600ms，-200ms 为基线校正。

## 第二节 暴力视频游戏对攻击性信息
## 注意偏向影响的短时效应的结果与分析

### 一、行为数据结果

#### (一)实验 a:暴力视频游戏对个体情绪面孔注意警觉的影响

本研究采用 SPSS 19.00 对实验数据进行分析和处理。首先,对行为数据进行预处理,剔除 4 名平均正确率低于 70% 的无效被试,有效被试为 41 人,暴力视频游戏组为 21 人,中性视频游戏组为 20 人。其次,去除剩余被试的错误试次,以及反应时较为极端的试次(短于 100ms 和长于 1000ms)。两组被试对不同情绪面孔目标的反应时的平均值和标准差统计结果如表 8-3 所示。

表8-3 两组被试对不同情绪面孔目标反应时的平均值和标准差(实验a)

| 项目 | 暴力视频游戏组($M \pm SD$) | 中性视频游戏组($M \pm SD$) |
| --- | --- | --- |
| 愤怒面孔为目标 | 355.47 ± 108.56 | 360.95 ± 109.53 |
| 快乐面孔为目标 | 329.37 ± 112.51 | 335.15 ± 107.68 |

被试的错误率较高,达到了 10% 以上,因此对两组被试的错误率进行分析。我们进行了 2(游戏类型:暴力视频游戏,中性视频游戏)×2(错误率类型:愤怒警觉错误率,快乐警觉错误率)的两因素重复测量方差分析,结果没有发现相关显著效应。

以攻击性特质为协变量,对实验结果进行 2(游戏类型:暴力视频游戏,中性视频游戏)×2(面孔类型:愤怒,快乐)的两因素重复测量方差分析,结果显示,面孔类型与攻击性特质的交互作用及游戏类型的主效应均不显著,只有面孔类型的主效应显著,$F(1, 39) = 5.50$,$p = 0.024$。被试对快乐面孔的反应时(332.19ms)比对愤怒面孔的反应时(358.15ms)短,也就是说,在视觉搜索任务中,个体更快地注意到了快乐面孔。

## （二）实验 b：暴力视频游戏对个体情绪面孔注意解除的影响

同实验 a 最后采用的被试相同，两组被试对不同情绪面孔目标反应时的平均值和标准差统计结果如表 8-4 所示。方差齐性检验结果显示，方差齐性，因此继续采用方差分析进行检验。

**表 8-4　两组被试对不同情绪面孔目标反应时的平均值和标准差（实验 b）**

| 项目 | 暴力视频游戏组（$M \pm SD$） | 中性视频游戏组（$M \pm SD$） |
| --- | --- | --- |
| 愤怒面孔为目标 | 413.31 ± 107.29 | 445.34 ± 93.50 |
| 快乐面孔为目标 | 377.24 ± 103.47 | 424.41 ± 92.24 |

对两组被试的错误率进行分析，进行 2（游戏类型：暴力视频游戏，中性视频游戏）×2（错误率类型：愤怒脱离错误率，快乐脱离错误率）的两因素重复测量方差分析，结果发现，错误率类型的主效应显著，愤怒面孔脱离的错误率（24%）显著高于快乐面孔脱离的错误率（17%），说明个体对愤怒面孔存在注意脱离困难。

以攻击性特质为协变量，对实验结果进行 2（游戏类型：暴力视频游戏，中性视频游戏）×2（面孔类型：愤怒，快乐）的两因素重复测量方差分析，结果表明，面孔类型与攻击性特质的交互作用不显著，两个因素的主效应也不显著。

## 二、ERP 数据结果

### （一）实验 a：暴力视频游戏对个体情绪面孔注意警觉的影响

对被试的脑电图（electroencephalogram，EEG）进行离线分析，发现有 1 名被试的伪迹过多，因此将其剔除。最后纳入分析的被试为 40 人，其中暴力视频游戏组为 21 人，中性视频游戏组为 19 人。通过观察所有被试的总平均脑电波形图，可以发现，在中央顶区、枕叶诱发了明显的 P3，在 PO7 和 PO8 诱发了明显的 N2pc，因此本实验重点考察这两种成分。我们选取相应脑电成分最为明显的电极点来分析，N2pc 选取电极信号最大的 PO7 和 PO8，时间窗为 240—380ms。

N2pc 为左半球对侧波与右半球对侧波的平均值减去左半球同侧波与右半球同侧波的平均值，是一种换算后的差异波。P3 选取 CPz、Pz、Cz，时间窗为 300—500ms。我们测量了 N2pc 的平均波幅和潜伏期，测量了 P3 的平均波幅，分别对 P3、N2pc 进行游戏类型、情绪面孔类型和各个电极点的重复测量方差分析，结果如图 8-3 所示。

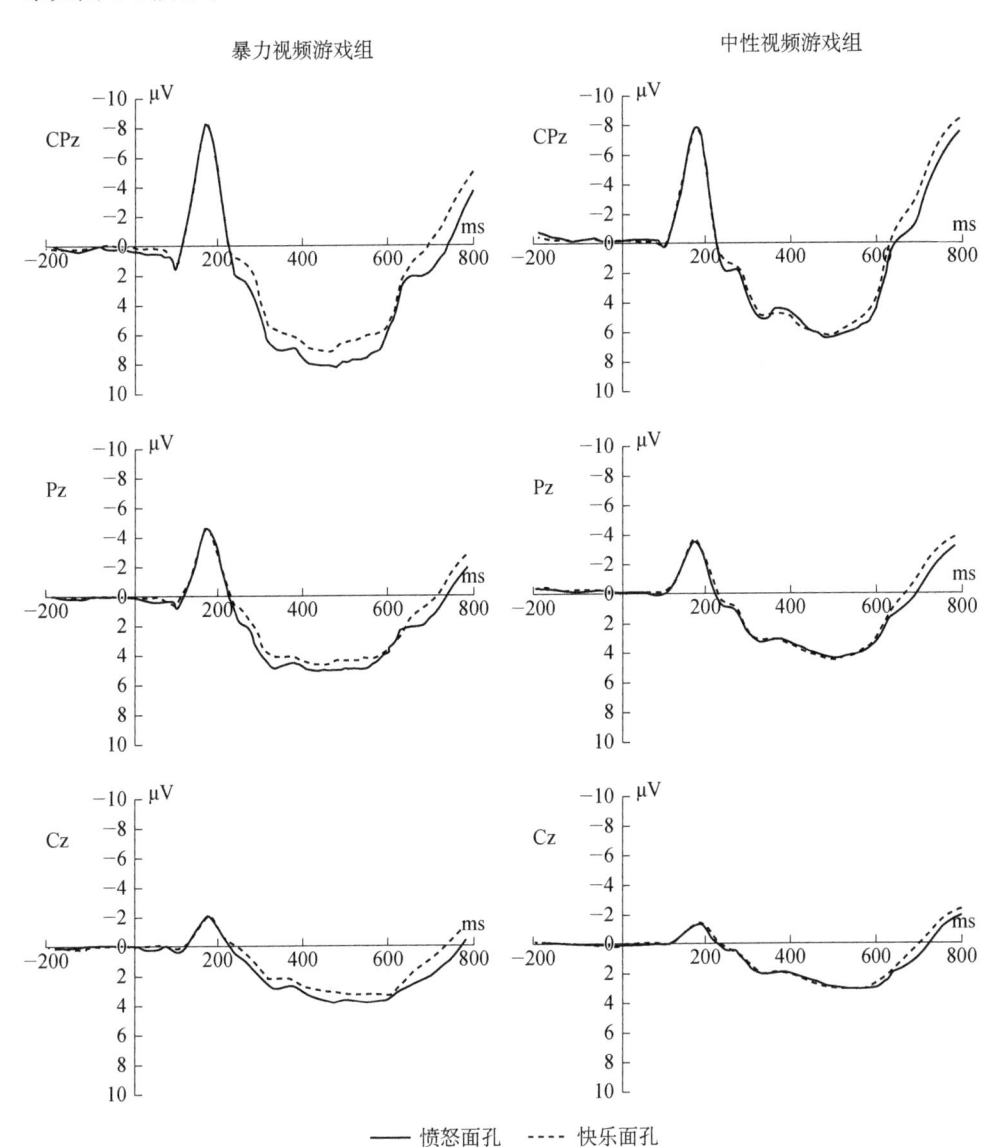

图 8-3 两组被试在不同情绪面孔条件下诱发的 ERP 成分（实验 a）

1）N2pc（240—380ms）。对 N2pc 的平均波幅进行 2（电极单侧性：与情绪面孔出现位置相同的同侧电极，对侧电极）×2（目标刺激类型：快乐，愤怒）×2（游戏类型：暴力视频游戏，中性视频游戏）的三因素重复测量方差分析，结果没有发现显著的相关效应。

对 N2pc 的差异波（即同侧—异侧）进行 2（游戏类型：暴力视频游戏，中性视频游戏）×2（面孔类型：愤怒，快乐）的两因素重复测量方差分析，结果显示，游戏类型、面孔类型的交互效应不显著，两因素的主效应也不显著。对潜伏期进行两因素的重复测量方差分析，同样没有发现显著的相关效应。

对 N2pc 的峰值进行 2（游戏类型：暴力视频游戏，中性视频游戏）×2（面孔类型：愤怒，快乐）的两因素重复测量方差分析，结果显示，只有面孔类型的主效应边缘显著，$F(1, 38)=3.75$，$p=0.06$，快乐面孔的 N2pc 峰值大于愤怒面孔。

2）P3（300—500ms）。对 P3 的平均波幅进行 2（游戏类型：暴力视频游戏，中性视频游戏）×3（电极点：Pz，CPz，Cz）×2（面孔类型：愤怒，快乐）的三因素重复测量方差分析，结果显示，面孔类型的主效应显著，$F(1, 38)=5.45$，$p=0.025$，愤怒面孔引起的 P3 波幅比快乐面孔引起的 P3 波幅更大。面孔与游戏类型的交互作用显著，$F(1, 38)=10.06$，$p=0.003$。三个因素的交互作用边缘显著，$F(1, 38)=3.10$，$p=0.051$。对交互作用进行进一步分析，发现暴力视频游戏组被试对愤怒面孔反应的 P3 波幅显著大于快乐面孔，$F(1, 38)=15.97$，$p=0.000$，而中性视频游戏组被试不存在这一效应。相对于中性视频游戏组，暴力视频游戏组被试对愤怒面孔反应的 P3 波幅显著较大，$F(1, 38)=6.55$，$p=0.015$。进一步的简单效应分析发现，在电极点 CPz 上，暴力视频游戏组被试对愤怒面孔反应的 P3 波幅（6.68μV）显著大于中性视频游戏组被试（4.61μV）。在电极点 Pz 上，暴力视频游戏组被试对愤怒面孔反应的 P3 波幅（7.72μV）显著大于中性视频游戏组被试（5.49μV）。在电极点 Cz 上，暴力视频游戏组被试对愤怒面孔反应的 P3 波幅（2.95μV）显著大于中性视频游戏组被试（2.2μV）。结果如图 8-4 所示。

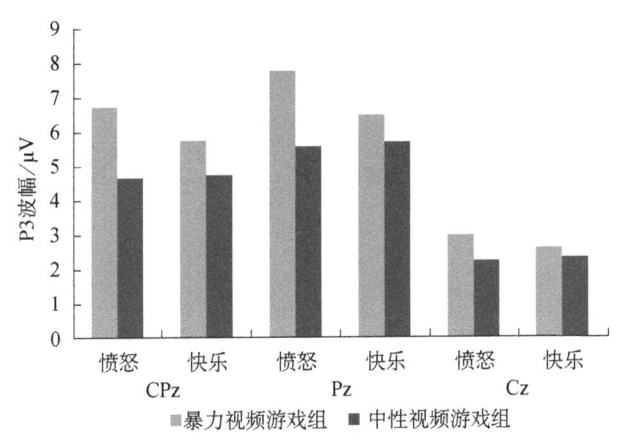

图 8-4　两组被试在不同情绪面孔条件下诱发的 P3 波幅

## （二）实验 b：暴力视频游戏对个体情绪面孔注意解除的影响

实验 b 与实验 a 中的分析成分及其时间窗相同，分析过程及结果如图 8-5 和图 8-6 所示。

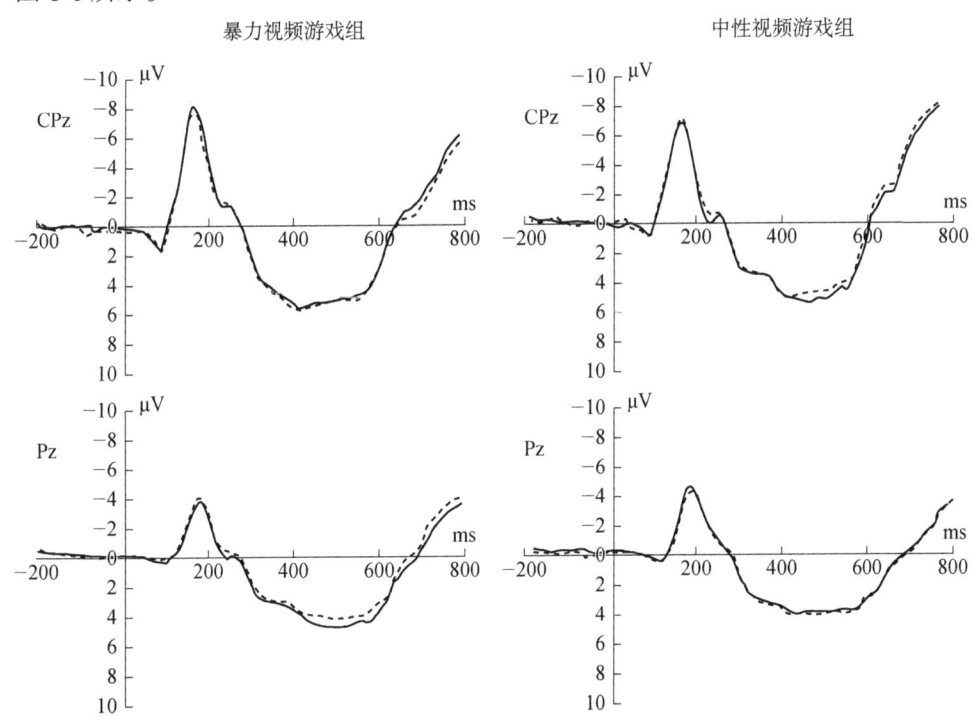

图 8-5　两组被试在不同情绪面孔条件下诱发的 ERP 成分（实验 b）

——愤怒面孔 ---- 快乐面孔

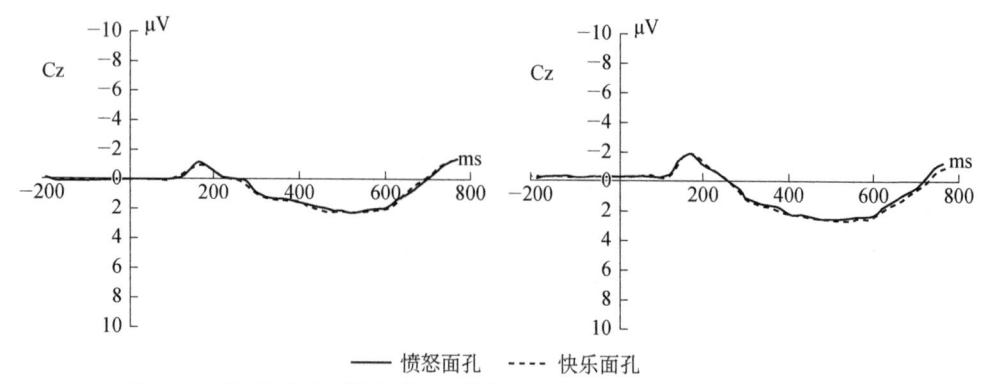

图 8-5 两组被试在不同情绪面孔条件下诱发的 ERP 成分（实验 b）（续）

■ 暴力视频游戏组 ■ 中性视频游戏组

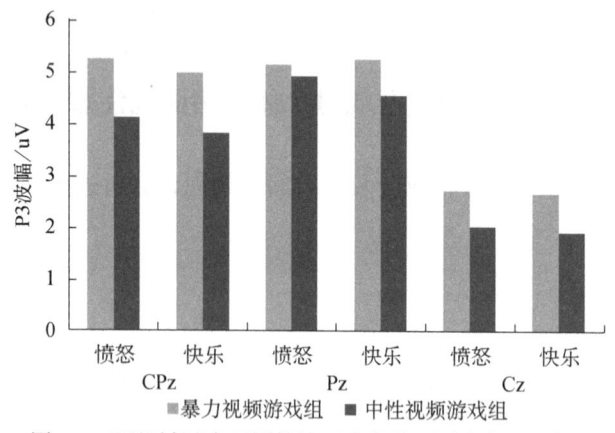

图 8-6 两组被试在不同情绪面孔条件下诱发的 P3 波幅

1）N2pc（240—380ms）。对 N2pc 的平均波幅进行 2（电极单侧性：与情绪面孔出现位置相同的同侧电极，对侧电极）×2（情绪面孔类型：愤怒，快乐）×2（游戏类型：暴力视频游戏，中性视频游戏）的三因素重复测量方差分析，结果发现，只有面孔类型的主效应显著，$F(1, 38)=4.39$，$p=0.043$，被试对愤怒面孔反应的 N2pc 波幅大于快乐面孔。

对 N2pc 的差异波（即同侧—异侧）进行 2（游戏类型：暴力视频游戏，中性视频游戏）×2（面孔类型：愤怒，快乐）的两因素重复测量方差分析，结果发现，游戏类型、面孔类型的主效应都不显著，两个因素的交互作用也不显著。

对 N2pc 的峰值进行 2（游戏类型：暴力视频游戏，中性视频游戏）×2（面孔类型：愤怒，快乐）的两因素重复测量方差分析，结果只有对面孔类型反应的主效应显著，$F(1, 38)=5.12$，$p=0.03$，对愤怒面孔反应的 N2pc 峰值大于快乐面孔。

2）P3（300—500ms）。对 P3 的平均波幅进行 2（游戏类型：暴力视频游戏，中性视频游戏）×3（电极点：Pz，Cz，CPz）×2（面孔类型：愤怒，快乐）的三因素重复测量方差分析，结果显示，只有电极点的主效应显著，Pz 和 CPz 的波幅大于 Cz 的波幅。

# 第三节　暴力视频游戏对攻击性信息注意偏向影响的短时效应的讨论

## 一、暴力视频游戏诱发的 N2pc 与注意偏向

实验采用了视觉搜索范式，不同的面孔目标类型设计用于考察注意偏向的内部机制，分析网络暴力视频游戏对情绪面孔注意偏向的内在机制是注意警觉还是注意脱离困难。从本研究的行为结果可以看出，暴力视频游戏组被试对愤怒面孔目标的反应更快，但差异只是达到了边缘显著，这种负性警觉效应没有很好地表现出来。面孔类型的主效应显著，被试对快乐面孔目标的反应时更短，也就是说，被试能更快地注意到快乐面孔，这证实了之前一些研究者的研究理论，即"快乐面孔优势"理论（Leppänen & Hietanen，2003）。该研究认为，与愤怒面孔相比，个体能更快地识别快乐面孔，这一论断也被之后的许多研究证实（Calvo et al.，2010；Kanoshina et al.，2003）。这在后面的脑电成分中也有体现，即被试对快乐面孔反应的 N2pc 峰值大于愤怒面孔，表明被试对快乐面孔分配的注意资源更多。

电生理学方面的数据考察了 N2pc 和 P3，结果发现，暴力视频游戏组的被试对以快乐面孔为目标的面孔集反应的 P3 波幅更大，可以看出他们对愤怒面孔的注意警觉更多，暴力视频游戏会导致他们对负性信息更加敏感，进而对负性信息投入更多的注意资源，并表现为注意警觉。本研究与以往相关研究的结果较为一

致，之前有研究显示高攻击者对敌意刺激反应的 P3 波幅更大（Thomas et al.，2007），可能说明这类刺激对其有更重要的意义，他们会为此分配更多的注意资源。P3 波幅的增大，可能反映了大脑加工激活程度的提高、输入信息的增多，P3 也反映了在完成某项认知任务时个体对注意资源的占用量（Kolassa et al.，2005）。

由此可见，暴力视频游戏组被试对愤怒面孔的加工更多，投入了更多的注意资源，这与之前的相关研究结果是一致的。例如，高雪梅等（2014）采用空间线索范式进行分析发现，长期接触暴力视频游戏者对攻击性词语反应的 P3 潜伏期变短，其注意内部机制表现为注意警觉。这说明暴力视频游戏接触的个体对愤怒面孔特别敏感且优先对其进行加工处理。然而，本研究与 Bailey 和 West（2013）的研究结果有差异。Bailey 和 West（2013）同样采用的是视觉搜索任务，发现暴力视频游戏组被试对快乐面孔反应的 P3 波幅减小，没有观察到对愤怒面孔的效应，也许这与两个实验采用的数据统计方法不同有关，也与玩暴力视频游戏的时程不同有关，后者的研究类似于纵向研究，考察了被试连续玩 10 天游戏后对情绪面孔的认知。这可能表明暴力视频游戏的短时效应和长时效应可能体现在对不同情绪信息的认知神经加工影响方面，短时间玩暴力视频游戏对消极情绪信息注意偏向的影响更大，长时间玩暴力视频游戏对积极情绪信息注意偏向的影响更大。然而，暴力视频游戏玩家一般是长期接触游戏，所以今后研究者应将长时影响作为重点考察方向，选取长期接触暴力视频游戏的玩家作为实验对象。之前也有部分研究表明暴力视频游戏不会导致攻击性的增强，所以我们可以从积极心理学的方向思考，即使长期玩暴力视频游戏不会导致攻击性的增强，但它是否会损害我们对积极社会信息的加工，减少积极情绪体验，造成人际关系冷漠，导致人格的不健康发展？这一研究方向是目前的研究忽略的重要部分。

暴力视频游戏对积极信息加工的损害，是以往的研究较少关注的。以往的研究主要关注了被试对消极信息的注意偏向，忽略了对积极信息的讨论。从积极心理学的角度来看，暴力视频游戏使个体减少了对快乐面孔的关注，这就可能会导致个体不够积极乐观，影响青少年心理的健康成长。暴力视频游戏可能不会直接导致个体出现攻击性行为，但是会对个体的情感、性格、人格的塑造产生影响，这应该是值得我们关注的重要方面。减少青少年的异常行为，只是教育的一个目标，更重要的目标是应该让青少年拥有健康的情感体验、乐观的性格及和谐的人际关系。我们通常可以看到一些新闻报道的沉溺于暴力视频游戏的个体有情绪暴躁、性格孤僻、人际关系差等问题，无论这是因还是果，暴力视频游戏都与此现象有着重要关系。过去有研究显示，引导个体将模棱两可的面孔识别为快乐面孔，能够减少健康个体组和青少年犯罪组的愤怒与攻击性行为（Penton-Voak et al., 2013），可以通过实验方法矫正负性注意偏向。由此可见，可以从正向的训练着手，训练暴力视频游戏接触者对快乐面孔的识别，引导其注意偏向，这不仅能降低攻击性，还能增加个体的积极情感体验，对其人格塑造有重要影响。因此，今后的研究可以采用相关正性刺激注意训练方法，选取长时间接触暴力视频游戏的个体，通过训练揭示其能否有效降低个体的攻击性，增加其积极情绪，此后可以推广到各类网瘾戒断机构，使研究结果能够真正地回馈社会。

## 二、解除困难而非注意警觉

实验中，我们以情绪面孔为背景考察了注意解除的特点，结果显示所有被试对愤怒面孔反应的 N2pc 波幅和峰值均大于快乐面孔，可见被试都存在愤怒面孔解除比快乐面孔解除更加困难的心理，这与前文提到的快乐面孔优势效应有所不同，也许是个体对不同面孔的注意机制不同。接触暴力视频游戏后，个体对快乐面孔出现注意警觉，对愤怒面孔则难以摆脱注意，出现注意解除困难。本研究没有发现暴力视频游戏组被试比中性视频游戏组被试对愤怒面孔存在更大的注意解除困难，与之前某些特殊群体（如低自尊、特质愤怒、抑郁、焦虑等）对威胁信息表现为注意解除困难的研究结果不一致。

一方面，这可能说明暴力视频游戏导致个体对负性信息的注意偏向内部机制为注意警觉，并不是注意解除困难。相比其他特殊群体（如低自尊、特质愤怒等），短时间玩暴力视频游戏会导致对愤怒面孔更为敏感，反应更快，更容易觉察。这就再一次证实了媒体暴力会导致对负性信息的注意偏见，与之前使用不同实验材料或相同材料得出的研究结果一致。一般攻击模型认为，接触暴力视频游戏会影响个体的内部情感、认知状态，以及个体对外界事物的评价、反应，从而做出更多的攻击性行为。本研究发现，暴力视频游戏影响了个体对愤怒面孔的注意偏向，从认知加工的层面验证了一般攻击模型的假设。Huesmann（1988）的研究认为，过去人们在应对带有攻击性刺激和行为的经历时（包括观察他人的攻击性行为），发展出了个人攻击性脚本。这些脚本包含相关信息的参与者和相关事件的攻击行动，如自然的挑衅和后续反应。目前的研究结果表明，暴力视频游戏的接触会引起负性注意偏见，暴力视频游戏中的信息呈现出愤怒的面孔、声音、攻击性的身体语言，这就可能会激活个体先前已经发展成熟的攻击性脚本。在一种具有攻击性的挑衅环境中，更可能引发攻击性行为。对愤怒面孔的注意偏向提高，会影响个体对模棱两可或者不明确的信息的加工和处理，可能会诱发攻击性脚本，对他人意图进行敌意的归因，从而增加出现攻击性行为的可能性。尽管这种偏向效应在本研究中是一种短时效应，但是如果青少年长期接触暴力视频游戏，这种攻击性的认知偏向可能会成为认知的更高阶段，比如，记忆、图式等认知结构，能够被更快地感知、唤醒，个体对社会信息进行加工、解释时就会更偏向敌意，从而形成攻击性人格，这符合一般攻击模型中的长期效应。通过对焦虑、抑郁、内外倾向等的大量研究，学者发现了心境一致性效应，此效应主要解释了认知加工偏向的内部机制。

关于注意偏向形成的原因，心境一致性效应认为，个体在对环境中的信息进行感知觉层面加工的时候，倾向于选取与自身目前情绪状态较为一致的信息。如Powell 和 Hemsley（1984）的研究发现，给抑郁患者快速呈现词语，他们更容易将中性词语判断为消极词语，心境一致性效应似乎能够解释这一现象。由此推论，心境一致性效应可以对暴力视频游戏接触者的认知加工偏向进行解释，暴力视频游戏接触组被试由于玩暴力视频游戏，激活了愤怒、敌意的情绪，因此能更快感知到与自己的心境相一致的情绪信息（如愤怒面孔），加工速度更快。该效应表明，个体更加关注与自身情绪状态一致的信息，比如，一个有着糟糕心境的人能记住更多消极情绪效价的信息。我们可以推论，玩暴力视频游戏的个体处于一种情绪激动、愤怒的状态，相关的神经网络处于激活状态，当他们置身于现实生活中时，可能就会更关注与攻击性线索相关的信息，这与其自身的内部状态较为一致。然而，这种负性的注意偏向可能会导致个体产生敌意性归因，从而增加了出现攻击性行为的可能。中性视频游戏组被试内部与愤怒相关的网络没有被激活，没有表现出对愤怒面孔的注意偏向。本研究结果支持了心境一致性效应。

另一方面，之前有研究显示玩动作类游戏会使个体的空间搜索能力增强。如Bailey 和 West（2013）在实验中证明了玩动作类游戏的个体在面孔搜索任务中后测的反应时要短于前测。暴力视频游戏组被试的空间搜索能力较强，相对于中性视频游戏组被试而言，对愤怒面孔没有出现更大的注意解除困难，因此这可能是本研究中没有发现暴力视频游戏组对愤怒面孔存在更大注意解除效应的原因所在。这也可以引发我们的思考：视觉搜索范式可能不是考察暴力视频游戏对情绪面孔影响内在机制的最佳范式。因为暴力视频游戏的效应有其特殊性，在游戏中需要个体不断搜索相关信息，以增加游戏胜利的概率，从而使得个体的视觉搜索能力增强。视觉搜索中的注意解除是搜索某类目标刺激，具有很强的目的性，考察的注意属于有意注意。当认知任务是对情绪面孔进行搜索时，被试的注意资源会被分配到目标刺激，能够减小干扰刺激的影响。今后的研究可以采用空间线索等不同范式来考察暴力视频游戏导致的情绪面孔的注意偏向内在机制，分析被试对情绪面孔之后的靶子的反应，这种无意注意可能会更正确地反映出个体的注意偏向内在机制。

不同实验采用的实验材料不同，也可能是结果不同的重要原因。过去的研究有的采用了攻击性词汇或关于身体攻击的图片。有研究采用视觉搜索范式和两种实验材料，发现实验材料会影响被试注意偏向的内在机制。由此可见，实验材料不同可能会导致结果不同。那么，究竟怎样的实验材料才能更好地体现个体的注意偏向呢？我们认为，在现实生活中，攻击性通常体现在与人交往的过程中，这方面的信息包括身体、表情等，因此我们应该倾向于采用图片、面孔表情等生态效度更高的实验材料，以更好地反映暴力视频游戏对个体的影响。

## 参考文献

戴琴, 冯正直. (2009). 抑郁个体对情绪面孔的返回抑制能力不足. *心理学报*, (12), 1175-1188.

高雪梅, 赵偲, 周群, 翁蕾. (2014). 暴力电子游戏玩家对攻击性词语的注意偏向：一项ERP研究. *西南大学学报（自然科学版）*, (6), 167-174.

郭军锋, 罗跃嘉. (2007). 社会情绪负性偏向的事件相关电位研究. *中国临床心理学杂志*, (6), 574-576.

罗跃嘉, 黄宇霞, 李新影, 李雪冰. (2006). 情绪对认知加工的影响：事件相关脑电位系列研究. *心理科学进展*, (4), 505-510.

王妍, 罗跃嘉. (2005). 大学生面孔表情材料的标准化及其评定. *中国临床心理学杂志*, (4), 396-398.

Bailey, K., & West, R. (2013). The effects of an action video game on visual and affective information processing. *Brain Research*, *1504*, 35-46.

Buodo, G., Sarlo, M., & Munafò, M. (2010). The neural correlates of attentional bias in blood phobia as revealed by the N2pc. *Social Cognitive and Affective Neuroscience*, *5*(1), 29-38.

Buss, A. H., & Perry, M. (1992). The aggression questionnaire. *Journal of Personality and Social Psychology*, *63*(3), 452-459.

Calvo, M. G., Nummenmaa, L., & Avero, P. (2010). Recognition advantage of happy faces in extrafoveal vision: Featural and affective processing. *Visual Cognition*, *18*(9), 1274-1297.

Carretié, L., Martín-Loeches, M., Hinojosa, J. A., & Mercado, F. (2001). Emotion and attention interaction studied through event-related potentials. *Journal of Cognitive Neuroscience*, *13*(8), 1109-1128.

Huesmann, L. R. (1988). An information-processing model for the development of aggression. *Aggressive Behavior*, *14*(1), 13-24.

Kanoshina, I., Lips, U., & Leppänen, J. M. (2003). The influence of weather conditions (temperature and wind) on cyanobacterial bloom development in the Gulf of Finland (Baltic Sea). *Harmful Algae*, *2*(1), 29-41.

Kolassa, I. T., Musial, F., Mohr, A., Trippe, R. H., & Miltner, W. H. R. (2005). Electrophysiological correlates of threat processing in spider phobics. *Psychophysiology*, *42*(5), 520-530.

Leppänen, J. M., & Hietanen, J. K. (2003). Affect and face perception: Odors modulate the recognition advantage of happy faces. *Emotion*, *3*(4), 315-326.

Mather, M., & Knight, M. R. (2006). Angry faces get noticed quickly: Threat detection is not impaired among older adults. *The Journals of Gerontology Series B: Psychological Sciences and Social Sciences*, *61*(1), 54-57.

Öhman, A., Lundqvist, D., & Esteves, F. (2001). The face in the crowd revisited: A threat advantage with schematic stimuli. *Journal of Personality and Social Psychology*, *80*(3), 381-396.

Penton-Voak, I. S., Thomas, J., Gage, S. H., McMurran, M., McDonald, S., & Munafò, M. R. (2013). Increasing recognition of happiness in ambiguous facial expressions reduces anger and aggressive behavior. *Psychological Science*, *24*(5), 688-697.

Powell, M., & Hemsley, D. R. (1984). Depression—A breakdown of perceptual defence. *The British Journal of Psychiatry*, *145*, 358-362.

Schupp, H. T., Junghöfer, M., Weike, A. I., & Hamm, A. O. (2003). Attention and emotion: An ERP analysis of facilitated emotional stimulus processing. *Neuroreport*, *14*(8), 1107-1110.

Thomas, S. J., Johnstone, S. J., & Gonsalvez, C. J. (2007). Event-related potentials during an emotional Stroop task. *International Journal of Psychophysiology*, *63*(3), 221-231.

Wijers, A. A., Lamain, W., Slopsema, J. S., Mulder, G., & Mulder, L. J. M. (1989). An electrophysiological investigation of the spatial-distribution of attention to colored stimuli in focused and divided attention conditions. *Biological Psychology*, *29*(3), 213-245.

## 第九章

# 暴力视频游戏对攻击性信息注意偏向影响的长时效应的 ERP 研究

　　本研究拟探讨的问题有三个：其一，进一步探讨暴力视频游戏玩家这一具有高攻击可能性群体对攻击性相关刺激是否存在注意偏向。若存在，其成分是注意警觉还是注意的脱离困难，又或者是两者的结合？其二，采用 ERP 技术进一步探讨暴力视频游戏玩家对两类攻击性相关刺激注意偏向的神经生理机制。其三，通过研究暴力视频游戏玩家对攻击性相关刺激的注意偏向，探讨他们是否存在内在攻击性图式，以期为其所具有的攻击性行为的解释和预防干预提供一定的参考，也为一般攻击模型提供实证支持。

# 第一节 被试及方法

## 一、被试

本研究采用 Anderson 和 Dill（2000）提出的游戏使用习惯问卷，随机对 300 名男性大学生进行问卷施测，问卷发放地点包括教学楼、网吧和论坛。根据问卷得分情况，从前后 27% 的被试中各挑选出 20 名被试，将前 20 名作为高暴力视频游戏组（$M=21.15$，$SD=1.53$），游戏接触平均得分较高（$M=38.56$，$SD=15.14$），平均每周玩游戏的时间为 10.54 小时，对当前流行暴力视频游戏的熟悉度平均值为 2.71；后 20 名为低暴力视频游戏组（$M=21.25$，$SD=2.22$），游戏接触平均得分较低（$M=8.38$，$SD=75.32$），平均每周玩游戏的时间为 4.29 小时，对当前流行暴力视频游戏的熟悉度平均值为 1.94。所有被试均为右利手，视力或矫正视力正常，身体健康，无神经疾病，无任何脑部损伤。两组被试均能较为熟练地操作计算机，且都自愿参加实验，对实验目的并不知晓，均未接触过实验材料，且被告知在实验过程中如有任何不适，可以随时终止实验。

## 二、研究工具

### （一）游戏使用习惯问卷

游戏使用习惯问卷是根据 Anderson 和 Dill（2000）编制的问卷改编而来。问卷要求被试报告最经常玩的 3 款游戏，然后对每一款游戏接触的频次（1=几乎不玩，7=经常玩）、游戏内容、游戏画面暴力和血腥程度（1=无血腥或暴力，7=非常血腥或暴力）进行 7 点评分，并且增加个体对当前流行暴力视频游戏的熟悉度及个体玩游戏历史的考察，一起作为判断游戏接触程度的参考。游戏的接触量=∑[（游戏内容的暴力程度+游戏画面的暴力程度）×玩游戏的频率]÷3。游戏的接触量得分反映了被试过去对暴力视频游戏的接触程度。

## （二）攻击性特质量表

本研究采用了修订的攻击性特质量表（Buss & Perry，1992）。该量表在很多研究中被广泛应用。该量表包括身体攻击、言语攻击、愤怒及敌意4个分量表，共29个项目，采用利克特5点计分方式，"1"表示非常不符合，"5"表示非常符合，第9题和第16题属于反向计分，问卷总分在29—145分，得分越高，表明攻击性越强。本研究中量表的内部一致性系数为0.839。有研究发现，攻击性特质会强化暴力视频游戏对个体攻击性注意偏向的影响（伍艳，2008），而在本研究中，两组被试的攻击性特质无显著差异，$F(1, 38)=0.995$，$p=0.325$。因此，在后期的数据分析中，本研究对攻击性特质这一变量不做考察。

## （三）情绪面孔图片

本研究从中国科学院心理研究所制作的大学生面孔表情材料系统中选择面孔图片200张（王妍，罗跃嘉，2005），其中35组愤怒-中性面孔图片、35组快乐-中性面孔图片，60张中性面孔图片，均为黑白色。为了保证被试对图片的视觉感受基本一致，消除五官之外其他部位的影响，采用Photoshop软件对图片进行处理，去掉头发、耳朵、颈部等部位，使每张图片的大小、亮度尽量相同。首先由20名心理学专业研究生鉴别35组面孔表情图片，选取那些评价者（19名以上）意见一致性达到95%以上的面孔图片，再请55名大学生评定所选面孔图片的愉悦度和唤醒度，等级为1—7分，得分越高，表明愉悦度和唤醒度越高。

本研究采用E-Prime进行面孔图片的唤醒度和愉悦度的评定。实验指导语如下：实验首先会在屏幕正中呈现一个白色注视点"+"，之后将出现一张面孔图片，请被试对该图片的唤醒度进行1—7分的评定，在键盘上按下对应的数字。唤醒度是指当被试看到这种面孔图片时，觉得提不起精神或者感到兴奋，评分越低，代表越不兴奋，最低为1分；评分越高，代表越兴奋，最高为7分。通常感到平静甚至昏昏欲睡，代表唤醒度低；感到眼前一亮、激动或振奋，代表唤醒度高。愉悦度是指当被试看到这种面孔图片时，感到愉快或者感到不愉快，评分越低，代表越不愉快，最低为 1 分；评分越高，代表越愉快，最高为 7 分。通常情况下，感到厌恶、难受或愤怒代表愉悦度低；感到满意、有趣、身心放松代表愉悦度高。核心实验流程为先呈现注视点"+"500ms，之后呈现面孔图片，由被试做出判断后消失，进行下一张面孔的评定。要求被试根据即时的感受评分，不需要长时间考虑。所有图片随机呈现，一半被试先评定所有面孔图片的唤醒度，再评定愉悦度；另一半被试先评定所有面孔图片的愉悦度，再评定唤醒度。

根据筛选面孔的标准，快乐面孔愉悦度和唤醒度的得分大于 4 分；愤怒面孔愉悦度的得分小于 3 分，唤醒度的得分大于 4 分；中性面孔的入组标准是愉悦度的得分在 2—4 分，唤醒度得分小于 3 分（戴琴，冯正直，2009）。最后，选定快乐面孔图片 30 张、愤怒面孔图片 30 张、中性面孔图片 15 张，其中 30 张对应快乐面孔的为同一个人，30 张对应愤怒面孔的为同一个人，剩下 15 张为单独的男女面孔图片。在点探测任务中，30 组快乐-中性面孔图片、30 组愤怒-中性面孔图片配对呈现，30 张中性面孔图片自身配对呈现。

接着，对筛选出的所有面孔图片的愉悦度和唤醒度进行单因素方差分析，结果显示，3 种类别的面孔图片在愉悦度（$F=338.406$，$p<0.001$）、唤醒度（$F=329.855$，$p<0.001$）上的得分差异显著。事后多重比较发现，在唤醒度得分上，中性面孔与愤怒面孔和快乐面孔有显著差异（$p<0.05$），而愤怒面孔和快乐面孔的差异不显著（$p=0.172$）。在愉悦度得分上，3 类面孔存在显著差异（$p<0.01$），其中快乐面孔的得分均值为 4.95 分，中性面孔的得分均值为 3.26 分，愤怒面孔的得分均值为 2.03 分。描述性统计结果如表 9-1 所示。

表9-1　3 类面孔图片在唤醒度和愉悦度上的平均值与标准差

| 项目 | 愤怒面孔（$M \pm SD$） | 中性面孔（$M \pm SD$） | 快乐面孔（$M \pm SD$） |
| --- | --- | --- | --- |
| 唤醒度 | 4.26 ± 0.498 | 2.86 ± 0.286 | 4.43 ± 0.297 |
| 愉悦度 | 2.03 ± 0.534 | 3.26 ± 0.385 | 4.95 ± 0.452 |

最终的情绪面孔图片为从中国科学院心理研究所制作的大学生面孔表情系统材料中选择的，30 对快乐-中性面孔图片、30 对愤怒-中性面孔图片，以及 15 张中性面孔图片，图片均为黑白色。为了保证被试对图片的视觉感受基本一致，消除五官之外其他部位的影响，采用 Photoshop 软件对图片进行处理，去掉头发、耳朵、颈部等部位，大小、亮度相同，面孔图片大小为 7cm×6cm。在点探测任务中，面孔图片左右配对呈现。

## （四）词汇图片

本研究从以往研究中选取 126 个使用频率较高的攻击性词语、亲社会词语和中性词语（张林，吴晓燕，2011；施威，2007；李娟，2013；刘桂芹，2010；王晨雪，2010；彭程，2012）组成问卷。然后，请 30 名本科生分别对词语的熟悉度、攻击性程度和亲社会性程度进行评定，采用 5 点计分，均以 3 为临界值，得分越高，表明词语的熟悉度、攻击性程度及亲社会性程度越高。其中，熟悉度是指这个词在平时的学习与生活中出现的频率，即生活或学习中对这个词的熟悉程度，评分越高，代表这个词越常见、越熟悉，最高为 5 分；评分越低，代表这个词越少见、越不熟悉，最低分为 1 分。攻击性是指具有对他人有意挑衅、侵犯或对事物有意损毁、破坏等心理倾向和行为的人格缺陷。攻击性程度是指该词与暴力、攻击、破坏等的相关程度，采用1—5 等级评分，评分越高，代表这个词越具有攻击性，最高分为 5 分。亲社会性是指一切有益于他人和社会的行为。亲社会性程度是指该词与助人、分享、谦让、合作、自我牺牲等的相关程度，采用 1—5 等级评分，评分越高，代表该词的亲社会性程度越高，最高分为 5 分；评分越低，代表该词越不具有亲社会性，最低分为 1 分。

根据词汇的筛选标准（彭程，2012），选取熟悉度大于 3，攻击性程度和亲社会性程度均小于 2 的中性词语，熟悉度大于 3、亲社会性程度大于 3、攻击性程度小于 2 的亲社会性词语，熟悉度大于 3、攻击性程度大于 3、亲社会性程度小于 2 的攻击性词语。最终，确定 100 个词语，其中亲社会性和攻击性词语各 20 个，中性词语 60 个。对选出的 3 组词语的熟悉度、攻击性程度和亲社会性程度进行单因素方差分析，结果显示，3 组词语在熟悉度上无显著差异[$F(2, 97)$=1.428, $p$=0.245]，而在攻击性程度[$F(2, 97)$=3482.64, $p<0.001$]和亲社会性程度[$F(2, 97)$=3872.29, $p<0.001$]上存在显著差异。事后多重比较分析发现，在攻击性程度上，攻击性词语的攻击性得分（4.35 分）显著高于中性词语（1.07 分）和亲社会性词语（1.01 分），$p<0.01$，而中性词语和亲社会性词语的攻击性程度无显著差异，$p$=0.148。在亲社会性程度上，3 组词语均有差异（$p<0.05$），其中亲社会性词语的得分均值为 4.43 分，中性词语的得分均值为 1.21 分，攻击性词语的得分均值为 1.03 分。描述性统计结果如表 9-2 所示。

表 9-2　3 类词语在熟悉度、攻击性程度和亲社会性程度上的平均值与标准差

| 项目 | 攻击性词语（$M \pm SD$） | 中性词语（$M \pm SD$） | 亲社会性词语（$M \pm SD$） |
| --- | --- | --- | --- |
| 熟悉度 | 4.31 ± 0.268 | 4.36 ± 0.212 | 4.26 ± 0.306 |
| 攻击性程度 | 4.35 ± 0.337 | 1.07 ± 0.065 | 1.01 ± 0.016 |
| 亲社会性程度 | 1.03 ± 0.048 | 1.21 ± 0.168 | 4.43 ± 0.151 |

为了排除两种材料在物理条件下的差异产生的影响，保证被试对词语与图片的视觉感受一致，本研究采用 Photoshop 软件对所有词语进行处理，将词语全部做成黑底白字图片，图片大小、亮度与面孔图片一致。在点探测任务中，词语以攻击性-中性、亲社会性-中性、中性-中性的形式左右配对随机呈现。

## （五）点探测范式

传统的视觉点探测实验任务通常用来测查注意资源的空间分配特点，能较好地观察注意的定向和保持（Posner et al.，1980）。在该范式下，在计算机屏幕上呈现成对的刺激（包括威胁性刺激和中性刺激），一般一个在上面，一个在下面（或者一个在左边，一个在右边）。刺激呈现一段时间后消失，一个探测点出现在先前其中一个刺激出现的位置，要求被试对探测点的位置进行按键反应，探测点是代替了之前的某一个位置的刺激。探测点可以是星号、圆、方形或者字母。序列一致是探测点与威胁刺激位置一致，序列不一致是探测点与中性刺激位置一致。注意偏向是通过对代替中性刺激的探测点的反应与对代替另一种刺激（如威胁刺激）的探测点的反应之间的反应时差异推测出来的（杨小冬，罗跃嘉，2004）。

点探测任务最初被用于研究临床焦虑障碍患者对威胁性信息的注意偏向（MacLeod et al.，1986；MacLeod & Mathews，1988）。研究发现，高焦虑个体对出现在威胁性词汇位置的探测点的反应时显著短于出现在中性词位置的探测点的反应时，这说明负性的、威胁性的刺激比中性的刺激更能吸引人的注意。之后，点探测任务也被广泛应用于对抑郁症患者、网络成瘾与吸烟喝酒等物质成瘾者、攻击性群体及正常人的注意偏向的研究中。

点探测范式是一种通过同时呈现负性刺激和中性刺激，来判断负性刺激是否

更能吸引人们的注意的范式，能更好地观察注意的定向和保持。因此，本研究采用该范式来研究暴力视频游戏玩家的注意偏向，并在研究中加入积极性刺激，以此来验证并丰富前人的行为实验研究结果，并结合 ERP 技术进一步探讨注意的内在成分和生理机制。

## （六）ERP 结果

近年来，随着心理研究和脑科学技术的不断发展与成熟，越来越多的新技术和方法被引进心理学研究中，如 ERP、fMRI、眼动等。ERP 是目前心理学研究中被广泛使用的非入侵式记录系统，其优势在于不仅具有无创性，而且具有很高的时间分辨率，可以与行为实验的测量指标（反应时与正确率）相结合，对脑内认知加工过程进行精确的分析。在 ERP 实验过程中，即使被试不做任何反应，也可以记录并研究其脑内的信息加工过程，即不受主观因素的影响。

目前，国内外将 ERP 技术应用于暴力视频游戏经验对个体攻击性注意偏向影响的研究很少，但我们可以从一些有关暴力视频游戏经验的相关研究中得到启示。例如，Bartholow 等（2006）在一项关于长期暴力视频游接触导致个体暴力脱敏的研究中发现，与中性组被试相比，长期玩暴力视频游戏的被试在暴力图片条件下的 P3 波幅更小，这一结果能够预测其在后续任务中攻击性行为的增加，而中性图片条件下则没有出现这一现象，且在控制了攻击性特质这一额外变量后，预测效应依然存在。Engelhardt 等（2011）的研究将被试分为高暴力视频游戏经验组、低暴力视频游戏经验组，然后将两组被试随机分配到暴力视频游戏组或者中性视频游戏组，玩 25min 的游戏后，观看暴力图片和非暴力图片。结果发现，高暴力视频游戏经验组被试的 P3 波幅显著小于低暴力视频游戏经验组被试，低暴力视频游戏经验组被试在暴力视频游戏条件下的 P3 波幅显著小于中性视频游戏条件。这两个实验在一定程度上反映了 P3 波幅的降低与暴力视频游戏经验有很大关系。

基于 Bartholow 等（2006）的研究，Bailey 和 West（2013）采用视觉搜索任务考察了动作或非动作视频游戏对个体面部表情加工的影响。研究发现，玩动作视频游戏（玩 10 小时，连续玩 10 天，每天玩 1 小时）会导致两种效应：一是相对于中性面孔，愤怒和愉快面孔引发的右前额叶和后部脑区的 P3 波幅更大；二是玩动作游戏后，被试对愉快面孔表情的注意分配减少，表现为对愉快面孔反应的 P3 的潜伏期显著短于玩游戏之前。这一结果表明，视频游戏接触不仅会损害个体的视觉空间加工能力，还会损害其情绪认知功能。

P3 是刺激呈现 300ms 后出现的正波，参与认知加工过程，被认为是反映神经资源分配和认知加工能力的指标。其波幅与投入的心理资源呈正相关，可以反映出情绪或情感性相关刺激加工过程中的评估与分类程度，潜伏期则随分类任务难度和刺激复杂程度的增加而延长，反映了被试对刺激进行加工需要的时间（赵仑，2010）。有研究发现，高攻击者 P3 的波幅较小，潜伏期较长（Gao & Raine，2009；Venables et al.，2011）。高暴力视频游戏经验者是一个具有高攻击可能性的群体，因而 P3 可以作为研究暴力视频游戏经验对注意偏向影响的神经生理指标。

研究发现，N1、P3、P2、N400 和 N2pc 等 ERP 成分也可以作为测量攻击性注意偏向的指标，这些成分的作用都在研究中得到了证实。譬如，李静华（2013）的研究以情绪面孔为实验材料，考察了不同内隐/外显水平攻击者对攻击性刺激的注意偏向。ERP 数据显示，外显高攻击组被试的 N1 波幅显著小于低攻击组，内隐高攻击组被试的 N1 波幅显著大于低攻击组；在 P3 上，外显高攻击组被试的 P3 波幅显著小于低攻击组；在 P2 上，无论是对于外显高攻击者还是外显低攻击者，愤怒面孔引发的 P2 波幅和潜伏期都要大于（或长于）中性面孔条件。此外，研究还发现了另一个有趣的现象，即在电极点 FCz 上，外显高攻击者的 N400 波幅更小，而内隐高攻击者的 N400 波幅更大，说明外显高攻击者对攻击类刺激的加工更为顺畅，自动化程度更高，需要的认知资源更少，内隐高攻击者对攻击类刺激的加工自动化程度较低，需要的认知资源较多。该研究表明，高攻击者的 N1、P3 和 N400 存在异常，这说明高攻击者可能存在注意等方面的认知加工缺陷。此外，张智君等（2009）的研究采用点探测范式进行分析发现，游戏图片对网络视频游戏过度使用者诱发的 P2 波幅小于一般使用者，且网络视频游戏过度使用者对游戏图片位置上出现的探测点的加工（P1）较早，表明其偏向于注意与游戏有关的信息和刺激。彭程（2012）采用情绪 Stroop 和视觉搜索范式，研究了暴力犯罪者对攻击性词汇和负性情绪面孔的注意偏向。结果发现，暴力犯罪组对攻击性词汇反应的 N1 潜伏期短于对中性词汇反应的 N1 潜伏期，说明暴力犯罪组被试能够更快速地对负性刺激进行识别和加工。暴力犯罪组的 N2pc 潜伏期短于非暴力组，说明暴力犯罪组被试对愤怒面孔的注意分配要早于非暴力组。高雪梅等（2014）采用空间线索任务范式进行研究发现，与对照组比较，暴力视频游戏玩家对攻击性词语后靶子诱发的 N1 波幅增大，且在有效线索下，暴力视频游戏玩家对攻击性词语后靶子诱发的 P3 潜伏期缩短。这表明暴力视频游戏玩家对攻击性词语存在注意偏向，其机制为注意警觉。

## 三、实验设计与程序

### （一）实验设计

实验 a：使用点探测范式，采用 2（组别：高暴力视频游戏接触组，低暴力视频游戏接触组）×3（面孔类型：愤怒，快乐，中性）×2（探测点位置：一致，不一致）的三因素混合实验设计。其中，组别为被试间变量，面孔类型和探测点位置均为被试内变量。因变量为对探测点的反应时，电生理指标为图片和探测点出现时的 ERP 成分变化。

实验 b：使用点探测范式，采用 2（组别：高暴力视频游戏接触组，低暴力视频游戏经验组）×3（词汇类型：攻击性，亲社会性，中性）×2（探测点位置：一致，不一致）的混合实验设计，其中组别为被试间变量，词汇类型和探测点位置为被试内变量，因变量为对探测点的反应时及 ERP 成分变化。

### （二）实验程序

1. 实验 a

1）与被试签署知情同意书，明确本实验的主要内容及注意事项，告知被试这是一项测验个体注意力和反应速度的研究。如果被试在实验过程中有不舒服的情况，可以随时报告，停止实验。

2）被试填写攻击性特质量表和游戏习惯使用问卷。

3）打电极膏，在这个过程中给被试讲解指导语和实验流程。

4）开始正式的点探测任务。

实验任务分为练习和正式实验两个环节。练习和正式实验任务相同，材料不同。练习包含13个trail，练习正确率达到95%才能进入正式实验。正式实验流程如下：实验开始，随机呈现注视点"+"（800—1000ms），随即在屏幕左右两边呈现图片配对组刺激（500ms），紧接着有500ms的黑色空屏掩蔽，空屏消失后会有一个白色探测点（小正方形）出现在屏幕的左侧或右侧，要求被试对探测点做出既快又准确的按键反应。出现在左侧，按"F"键，出现在右侧，按"J"键，被试按键反应后探测点消失，没有反应则在2000ms后自动消失。trail的时间间隔为1000ms，其间只呈现黑色背景的空屏，这样可以避免下一个trail的ERP受到前面的系统影响。注视点的呈现时间为800—1000ms，可以防止被试对后面的图片产生预期效应。实验中，要求被试在封闭的房间里距离计算机屏幕60cm的位置坐下，实验过程中保持注意力集中，尽量要控制眨眼的次数。

正式实验共300个trail，由4个block组成，每个block有75个trail，各block之间有3min的休息时间。整个实验包括练习部分和电极帽佩戴部分，总共约1.5小时。核心实验流程如图9-1所示。

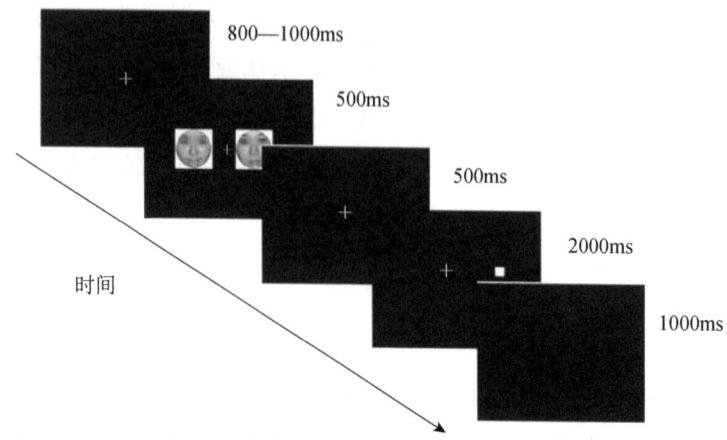

图9-1 实验a点探测任务的核心实验流程

## 2. 实验 b

流程同实验 a，只是将面孔图片替换为词汇图片，且白色探测点由正方形替换为圆形，规格与前面的小正方形一致。核心实验流程如图 9-2 所示。

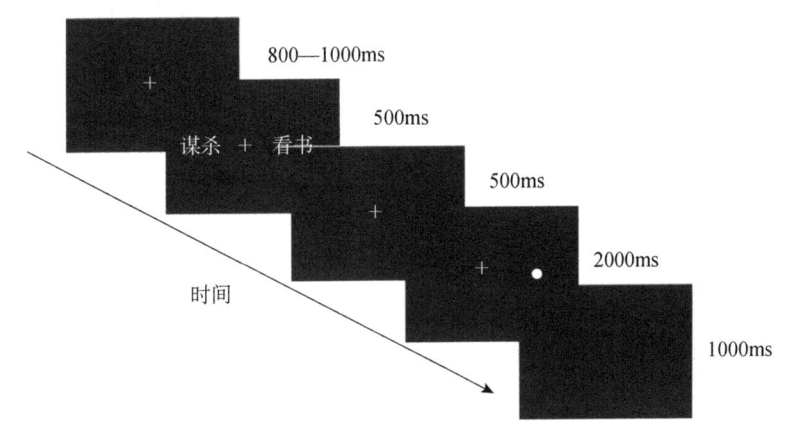

图 9-2 实验 b 点探测任务的核心实验流程

# 四、数据处理与统计

行为数据采用 E-Prime 进行收集。ERP 数据使用德国 Brain Products 公司的 ERP 记录与分析系统，按国际 10-20 系统扩展的 64 导电极帽记录 EEG，以双侧乳突为参考电极点，在右眼外眦表面电极记录水平眼电，在右眉上和右眼睑下放置表面电极记录垂直眼电，头皮电阻降到 5kΩ 以下，滤波带通为 0.01—30Hz。连续采样，采样频率为 1000Hz，离线式叠加处理。任意一导脑电波波幅超过 ±80μV 被视为伪迹，在叠加时被剔除。只对被试正确反应的 EEG 进行叠加分析。ERP 分析时程为图片呈现前 200ms 至探测点呈现后 600ms，以图片呈现前 200ms 为基线。

根据前人的研究，本实验根据 ERP 的总平均图，对图片诱发的 ERP 选取的时间窗如下：N1（150—210ms），P2（180—280ms），P3（300—450ms）；对探测点诱发的 ERP 选取的时间窗为 P3（250—400ms）。对词汇诱发的 ERP 选取的时间窗如下：N1（150—210ms），P2（180—280ms），P3（300—450ms），N400（420—480ms）；对探测点诱发的 ERP 选取的时间窗为 P3（250—400ms）。

## 第二节 暴力视频游戏对攻击性信息注意偏向影响的长时效应的结果与分析

### 一、行为数据结果

#### （一）实验 a

本研究采用 SPSS 17.0 对实验数据进行分析和处理。按照已有研究（李海江等，2013）对点探测任务中的行为数据进行预处理，剔除错误反应的 trail，剔除反应时短于 200ms、长于 1200ms 的 trail，以及反应时在正负 2.5 个标准差之外的 trail。删除后，有效数据占总试次 trail 的比例为 96.8%。两组被试对不同情绪面孔、不同探测点位置条件下反应时的平均值和标准差如表 9-3 所示。

表 9-3　两组被试在探测点位置一致和不一致条件下对不同性质面孔的反应时　单位：ms

| 项目 | | 高暴力视频游戏接触组（$M \pm SD$） | 低暴力视频游戏接触组（$M \pm SD$） |
| --- | --- | --- | --- |
| 探测点位置一致 | 愤怒面孔 | 380.80 ± 8.91 | 388.79 ± 8.91 |
| | 快乐面孔 | 382.20 ± 9.20 | 389.58 ± 9.20 |
| | 中性面孔 | 379.34 ± 8.90 | 394.00 ± 8.90 |
| 探测点位置不一致 | 愤怒面孔 | 381.31 ± 9.28 | 389.75 ± 9.28 |
| | 快乐面孔 | 381.47 ± 9.18 | 391.93 ± 9.18 |
| | 中性面孔 | 379.34 ± 8.90 | 394.00 ± 8.90 |

对实验结果进行 2（组别：高暴力视频游戏接触组，低暴力视频游戏接触组）×3（面孔类型：愤怒，快乐，中性）×2（探测点位置：一致，不一致）的重复测量方差分析，结果如表 9-4 所示。各变量的主效应均不显著（$p>0.05$），在交互作用中，组别、面孔类型与探测点位置的交互作用不显著（$p=0.750$），面孔类型与组别、面孔类型与探测点位置、组别与探测点位置的交互作用均不显著（$p>0.05$）。值得一提的是，面孔类型与组别之间的交互作用达到边缘显著，

$F(1, 38)=2.990$,$p=0.056$。进一步简单效应分析显示,固定组别因素后,低暴力视频游戏接触组被试对愤怒面孔的反应快于中性面孔,$p=0.052$,高暴力视频游戏接触组被试则无显著差异。

**表9-4　不同游戏接触类型下被试的反应时重复测量方差分析结果**

| 变异来源 | | SS | df | MS | F | p |
|---|---|---|---|---|---|---|
| 被试间 | 组别 | 6 742.270 | 1 | 6742.270 | 0.706 | 0.406 |
| | 误差 | 363 032.370 | 38 | 9553.480 | | |
| 被试内 | 面孔类型 | 98.978 | 2 | 49.489 | 0.592 | 0.556 |
| | 探测点位置 | 15.816 | 1 | 15.816 | 0.427 | 0.518 |
| | 面孔类型×组别 | 500.091 | 2 | 250.046 | 2.990 | 0.056 |
| | 面孔类型×探测点位置 | 7.958 | 2 | 3.979 | 0.083 | 0.920 |
| | 组别×探测点位置 | 20.781 | 1 | 20.781 | 0.561 | 0.459 |
| | 面孔类型×组别×探测点位置 | 27.637 | 2 | 13.819 | 0.289 | 0.750 |
| | 误差 | 3 634.978 | 76 | 47.829 | | |

为了进一步考察被试对情绪面孔的注意偏向,本研究先换算出注意偏向中注意警觉和注意解脱困难的得分。注意警觉=$RT_{中性-中性}$-$RT_{情绪-中性}$,注意解脱困难=$RT_{中性-情绪}$-$RT_{中性-中性}$。由此,分别计算出两组被试对愤怒面孔和快乐面孔的注意警觉与注意解脱困难的得分,两组被试的注意偏向得分如图9-3所示。对实验结果进行2(组别:高暴力视频游戏接触组,低暴力视频游戏接触组)×2(面孔类型:愤怒,快乐)×2(注意偏向成分:警觉,注意解脱困难)的三因素重复测量方差分析。结果显示,组别与注意偏向成分的交互作用显著,$F(1, 38)=4.215$,$p=0.047$。进一步的简单效应分析发现,固定注意偏向类型后,低暴力视频游戏接触组对面孔图片的注意警觉显著高于高暴力视频游戏接触组,$F=5.971$,$p=0.019$,且得分为正,而在对面孔的注意解脱困难得分方面,两组被试则无显著差异,$p=0.145$;在固定组别因素后,发现低暴力视频游戏接触组对情绪面孔的注意警觉要强于注意解脱困难,差异达到了边缘性显著,$p=0.065$,高暴力视频游戏接触组对情绪面孔的注意偏向无显著差异,$p=0.323$。此外,由图9-3可以看出,低暴力视频游戏接触组对情绪面孔的注意解脱困难得分为负数,这表明其对情绪面孔不存在注意解脱困难。

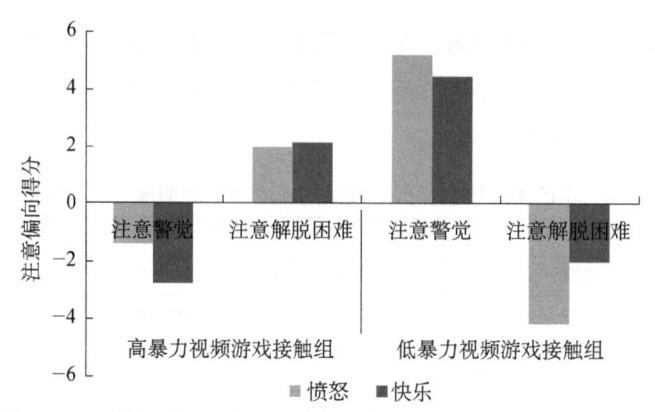

图 9-3　两组被试在不同探测点位置条件下对情绪面孔的注意偏向

由此可见，低暴力视频游戏接触组对情绪面孔存在注意偏向，而且这种注意偏向是一种对情绪刺激的注意警觉，而高暴力视频游戏接触组在对情绪面孔的注意偏向中，注意警觉得分为负数，注意解脱困难得分虽大于 0，但并没有达到对情绪面孔的显著注意偏向。因此，高暴力视频游戏接触组对情绪面孔没有表现出注意偏向，这从某种程度上说明了高暴力视频游戏接触组对情绪面孔的出现不敏感，表现出对情绪刺激的脱敏。

## （二）实验 b

本研究采用 SPSS 17.0 对实验数据进行分析和处理。预处理流程同实验 a。两组被试在探测点位置一致和不一致条件下对不同词汇信息反应时的统计结果，如表 9-5 所示。

表 9-5　两组被试在探测点位置一致和不一致条件下对不同词汇信息反应时的比较　单位：ms

| 组别 | 词汇类型 | 探测点位置一致（$M \pm SD$） | 探测点位置不一致（$M \pm SD$） |
| --- | --- | --- | --- |
| 高暴力视频游戏接触组 | 攻击性词汇 | 379.13 ± 45.29 | 381.32 ± 39.21 |
|  | 中性词汇 | 385.40 ± 45.09 | 385.40 ± 45.09 |
|  | 亲社会性词汇 | 381.19 ± 44.19 | 377.50 ± 43.29 |
| 低暴力视频游戏接触组 | 攻击性词汇 | 386.08 ± 37.75 | 389.78 ± 36.34 |
|  | 中性词汇 | 386.06 ± 38.09 | 386.06 ± 38.09 |
|  | 亲社会性词汇 | 386.37 ± 39.05 | 388.97 ± 39.21 |

对实验结果进行 2（组别：高暴力视频游戏接触组，低暴力视频游戏接触组）×3（词汇类型：攻击性，中性，亲社会性）×2（探测点位置：一致，不一

致）的三因素重复测量方差分析，结果显示，各变量的主效应及交互作用均不显著（$p$ 均大于 0.05）。

## 二、ERP 结果

### （一）实验 a

#### 1. 图片诱发的 ERP 成分

（1）N1（150—210ms）

对 N1 的潜伏期进行 2（组别：高暴力视频游戏接触组，低暴力视频游戏接触组）×3（面孔类型：愤怒，快乐，中性）×4（电极点：Cz，Fz，Pz，CPz）的三因素重复测量方差分析。结果显示，面孔类型的主效应显著，$F(2, 37)=5.85$，$p=0.004$，进一步进行 Bonferroni 主效应比较检验，发现两组被试对愤怒面孔（166.83ms）的反应时显著短于快乐面孔（174.70ms），$p=0.013$，对中性面孔的反应时（167.92ms）也显著短于快乐面孔（174.70ms）；组别的主效应显著，$F(1, 38)=4.43$，$p=0.042$，表现为高暴力视频游戏接触组的 N1 潜伏期（163.01ms）显著短于低暴力视频游戏接触组（176.61ms）；面孔类型与组别的交互作用不显著，$F(2, 37)=0.75$，$p=0.48$；电极点、面孔类型与组别三者的交互作用边缘显著，$F(6, 33)=1.93$，$p=0.077$。进一步的简单效应分析表明，固定电极点和面孔类型后，在电极点 Fz 上，在快乐面孔条件下，与低暴力视频游戏接触组相比，高暴力视频游戏接触组 N1 的潜伏期显著较短，$p=0.019$；在电极点 Cz 上，在愤怒和中性面孔条件下，与低暴力视频游戏接触组相比，高暴力视频游戏接触组的 N1 潜伏期显著较短；在电极点 Pz 上，在 3 组面孔条件下，与低暴力视频游戏接触组相比，高暴力视频游戏接触组的 N1 潜伏期均显著较短，$p$ 均小于 0.05。固定电极点和组别，在高暴力视频游戏接触组内，在电极点 Cz 上，快乐面孔诱发的 N1 潜伏期显著长于愤怒面孔和中性面孔诱发的 N1 潜伏期，$p$ 均小于 0.05；在电极点 CPz 上，快乐面孔诱发的 N1 潜伏期显著长于愤怒面孔诱发的 N1 潜伏期，$p=0.033$。在低暴力视频游戏接触组内，在电极点 Fz 上，快乐面孔诱发的 N1 潜伏期显著长于中性面孔诱发的 N1 潜伏期，$p=0.015$；在电极点 Pz 上，快乐面孔诱发的 N1 潜伏期显著长于愤怒面孔诱发的 N1 潜伏期，$p=0.014$。

对 N1 的波幅进行 2（组别：高暴力视频游戏接触组，低暴力视频游戏接触组）×3（面孔类型：愤怒，快乐，中性）×4（电极点：Cz，Fz，Pz，CPz）的三因素重复测量方差分析。结果显示，组别、面孔类型与电极点三者的交互作用不显著，$F(6, 33)=0.88$，$p=0.514$，组别与面孔类型的交互作用不显著，$F(2, 37)=0.83$，$p=0.440$，组别的主效应不显著，$F(1, 38)=0.47$，$p=0.496$，面孔类型的主效应也不显著，$F(2, 37)=0.26$，$p=0.771$。

（2）P2（180—280ms）

对 P2 的潜伏期进行 2（组别：高暴力视频游戏接触组，低暴力视频游戏接触组）×3（面孔类型：愤怒，快乐，中性）×4（电极点：Cz，Fz，Pz，CPz）的三因素重复测量方差分析。结果表明，面孔类型的主效应不显著，$F(2, 37)=2.10$，$p=0.13$，组别的主效应不显著，$F(1, 38)=0.03$，$p=0.864$，面孔类型与组别的交互作用边缘显著，$F(2, 37)=3.00$，$p=0.056$。进一步的简单效应分析发现，在低暴力视频游戏接触组内，愤怒面孔诱发的 P2 潜伏期（213.18ms）显著长于中性面孔诱发的 P2 潜伏期（207.47ms），$p=0.012$，快乐面孔诱发的 P2 潜伏期（211.55ms）也显著长于中性面孔诱发的 P2 潜伏期，$p=0.011$，而快乐面孔与愤怒面孔诱发的 P2 潜伏期无显著差异，$p=0.387$。在高暴力视频游戏接触组内，3 组情绪面孔诱发的 P2 潜伏期两两间均不存在显著差异，$p$ 均大于 0.05。

此外，电极点、面孔类型与组别三者的交互作用显著，$F(10, 29)=2.39$，$p=0.038$。进一步的简单效应分析发现，固定组别与电极点后，在低暴力视频游戏接触组内，在电极点 Cz 上，愤怒面孔和快乐面孔诱发的 P2 潜伏期均显著长于中性面孔诱发的 P2 潜伏期，$p$ 均小于 0.01，而快乐面孔和愤怒面孔诱发的 P2 潜伏期无显著差异，$p=0.32$；在电极点 CPz 上，快乐面孔诱发的 P2 潜伏期显著长于中性面孔诱发的 P2 潜伏期，$p=0.021$；在电极点 P3 上，愤怒面孔诱发的 P2 潜伏期显著长于快乐面孔诱发的 P2 潜伏期，$p=0.035$。在高暴力视频游戏接触组内，3 种面孔刺激诱发的 P2 潜伏期在 4 个电极点上均不存在显著差异。

对 P2 的波幅进行 2（组别：高暴力视频游戏接触组，低暴力视频游戏接触组）×3（面孔类型：愤怒，快乐，中性）×4（电极点：Cz，Fz，Pz，CPz）的三因素重复测量方差分析。结果显示，组别的主效应[$F(1, 38)=0.94$，$p=0.338$]与面孔类型的主效应[$F(2, 37)=0.37$，$p=0.694$]均不显著，面孔类型与组别的交互作用不显著，$F(2, 37)=0.26$，$p=0.78$，电极点、面孔类型与组别的交互作用不显著，$F(10, 29)=0.83$，$p=0.60$。

（3）P3（300—450ms）

对 P3 的波幅进行 2（组别：高暴力视频游戏接触组，低暴力视频游戏接触组）×3（面孔类型：愤怒，快乐，中性）×4（电极点：Cz，Fz，Pz，CPz）的三因素重复测量方差分析。结果显示，组别的主效应不显著，$F(1,38)=2.09$，$p=0.16$，面孔类型的主效应不显著，$F(2,37)=0.29$，$p=0.75$。面孔类型与组别的交互作用不显著，$F(2,37)=0.011$，$p=0.99$，面孔类型、组别与电极点三者的交互作用边缘显著，$F(6,33)=1.87$，$p=0.086$。进一步的简单效应分析发现，固定电极点与面孔类型，在电极点 CPz 上，愤怒面孔诱发的 P3 波幅存在差异，表现为高暴力视频游戏接触组的 P3 波幅（1.36μV）小于低暴力视频游戏接触组（3.65μV），$p=0.05$，其他电极点、其他面孔条件下两组被试的 P3 波幅无显著差异。

**2. 探测点诱发的 P3（250—400ms）**

对探测点诱发的 P3 的波幅进行 2（组别：高暴力视频游戏接触组，低暴力视频游戏接触组）×3（面孔类型：愤怒，快乐，中性）×2（探测点位置：一致，不一致）×4（电极点：Cz，Fz，Pz，CPz）的四因素重复测量方差分析。结果显示，探测点位置与组别的交互作用边缘显著，$F(1,38)=3.516$，$p=0.068$。进一步的简单效应分析发现，固定组别后，低暴力视频游戏接触组被试在探测点位置一致条件下的 P3 波幅（2.61μV）显著小于探测点位置不一致条件下的 P3 波幅（4.65μV），$p=0.038$，而高暴力视频游戏接触组被试在两种条件下的 P3 波幅无显著差异，$p=0.615$。其他交互作用和主效应均不显著，$p$ 均大于 0.05。

两组被试在不同探测点位置条件下对 3 组情绪面孔注意偏向的波形图，如图 9-4 所示。

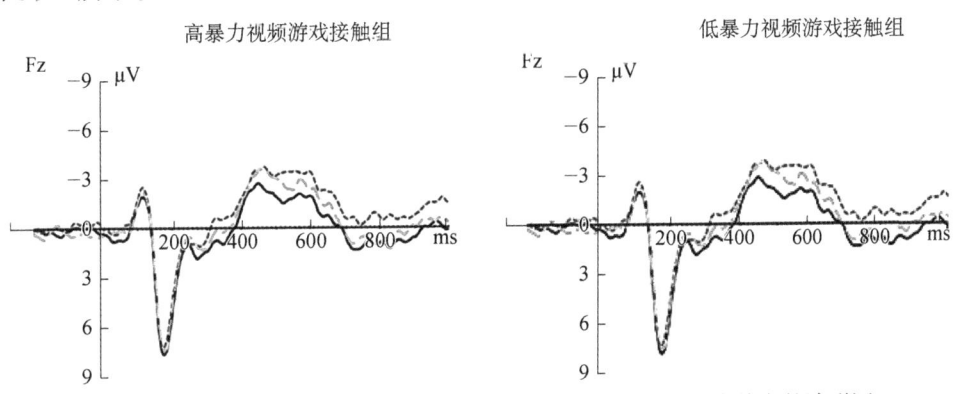

图 9-4 两组被试在不同探测点位置条件下对 3 组情绪面孔注意偏向的波形图

——愤怒面孔    -----快乐面孔    — — 中性面孔

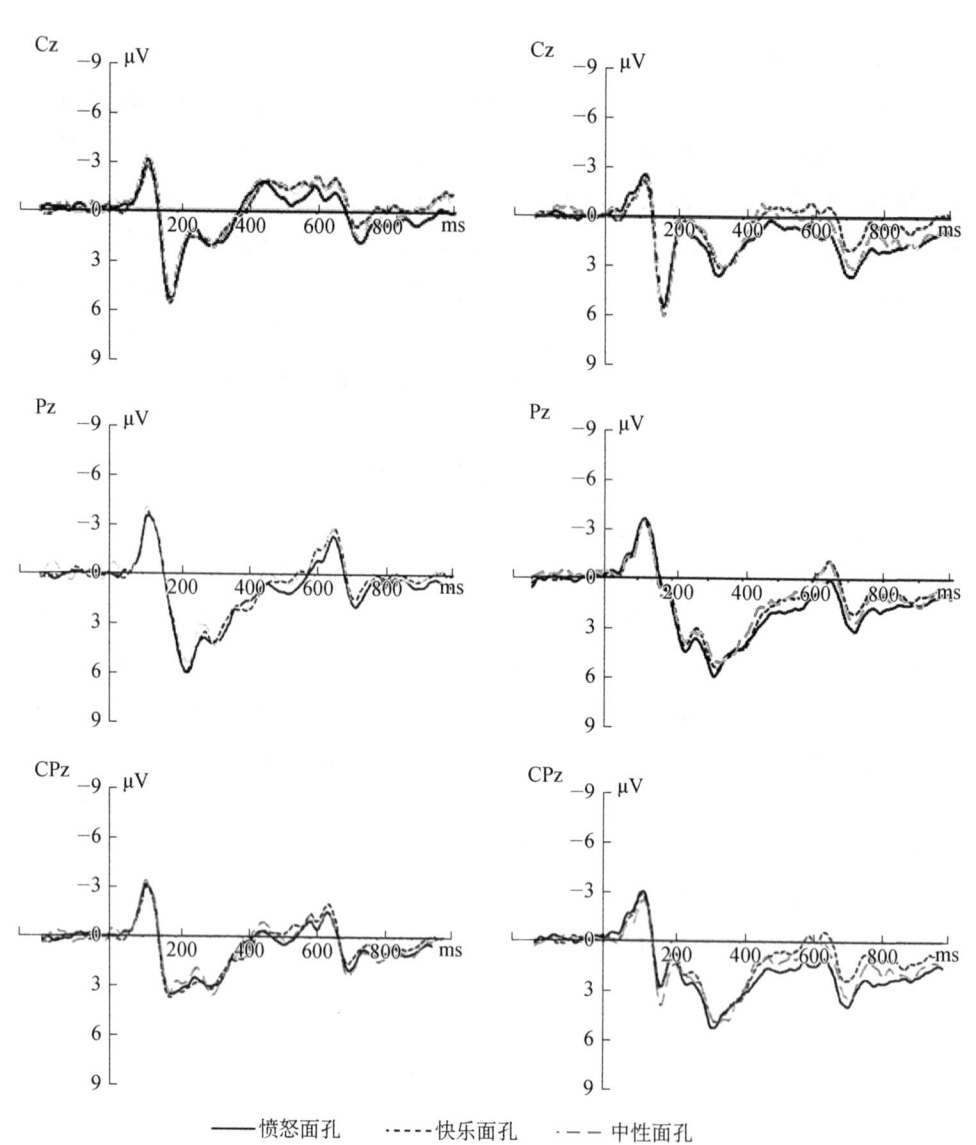

图 9-4　两组被试在不同探测点位置条件下对 3 组情绪面孔注意偏向的波形图（续）

## （二）实验 b

对被试的 EEG 数据进行离线分析，发现有 3 名被试的伪迹过多，因此将其剔除，实际进入分析的被试为 37 人，其中高暴力视频游戏接触组为 18 人，低暴力视频游戏接触组为 19 人。

## 1. 词汇诱发的 ERP 成分

（1）N1（150—210ms）

对 N1 的波幅进行 2（组别：高暴力视频游戏接触组，低暴力视频游戏接触组）×3（词汇类型：攻击性，亲社会性，中性）×4（电极点：Cz，Fz，FCz，C4）的三因素重复测量方差分析。结果显示，组别的主效应显著，$F(1,35)=4.15$，$p=0.049$，高暴力视频游戏接触组被试的 N1 波幅（$-2.83\mu V$）显著大于低暴力视频游戏接触组被试的 N1 波幅（$-0.016\mu V$）。组别、词汇类型与电极点三者的交互作用边缘显著，$F(6,30)=1.88$，$p=0.085$。进一步的简单效应分析发现，固定组别与电极点后，高暴力视频游戏接触组被试在电极点 Fz 上的攻击性词汇诱发的 N1 波幅（$-3.82\mu V$）显著大于中性词汇诱发的 N1 波幅（$-1.01\mu V$），$p=0.021$，在电极点 FCz 上，攻击性词汇诱发的 N1 波幅（$-3.65\mu V$）显著大于中性词汇诱发的 N1 波幅（$-1.62\mu V$），$p=0.046$，在其他电极点及低暴力视频游戏接触组内，N1 波幅没有出现显著差异。此外，固定电极点和词汇类型发现，在电极点 Fz 上，在攻击性词汇条件下，高暴力视频游戏接触组的 N1 波幅（$-3.81\mu V$）显著大于低暴力视频游戏接触组（$1.24\mu V$），$p=0.007$；在电极点 Cz 上，在攻击性词汇条件下，高暴力视频游戏接触组的 N1 波幅（$-3.790\mu V$）显著小于低暴力视频游戏接触组（$0.004\mu V$），$p=0.014$；在电极点 FCz 上，在攻击性词汇条件下，高暴力视频游戏接触组的 N1 波幅（$-3.65\mu V$）显著小于低暴力视频游戏接触组（$0.505\mu V$），$p=0.022$。其他主效应和交互作用均不显著。

对 N1 的潜伏期进行 2（组别：高暴力视频游戏接触组，低暴力视频游戏接触组）×3（词汇类型：攻击性，亲社会性，中性）×4（电极点：Fz，Cz，FCz，C4）的三因素重复测量方差分析。结果显示，各主效应和交互作用均不显著，组别的主效应不显著，$F(1,35)=0.36$，$p=0.56$，词汇类型的主效应不显著，$F(2,34)=0.30$，$p=0.75$，组别与词汇类型的交互作用不显著，$F(2,34)=0.20$，$p=0.82$，组别、词汇类型与电极点三者的交互作用不显著，$F(6,30)=0.94$，$p=0.47$。

（2）P2（180—280ms）

对 P2 的波幅进行 2（组别：高暴力视频游戏接触组，低暴力视频游戏接触组）×3（词汇类型：攻击性，亲社会性，中性）×6（电极点：Cz，Fz，CPz，P3，Pz，P4）的三因素重复测量方差分析。结果显示，组别的主效应显著，$F(1,35)=4.23$，$p=0.047$，高暴力视频游戏接触组被试的 P2 波幅（$4.46\mu V$）显著小于低暴力视频游戏接触组（$7.57\mu V$）。组别与词汇类型的交互作用显著，$F$

（2，34）=3.44，$p$=0.037。进一步的简单效应分析发现，固定词汇类型后，在攻击性词汇和亲社会性词汇条件下，高暴力视频游戏接触组被试的 P2 波幅均显著小于低暴力视频游戏接触组（$p_{攻击性词汇}$=0.017，$p_{亲社会性词汇}$=0.007），中性词汇条件下两组被试无差异。固定组别后，发现高暴力视频游戏接触组被试的攻击性词汇诱发的 P2 波幅（3.89μV）显著小于中性词汇诱发的 P2 波幅（5.67μV），$p$=0.047。

组别、词汇类型与电极点三者的交互作用显著，$F(10, 24)$=1.88，$p$=0.047。进一步的简单效应分析发现，固定电极点与词汇类型后，在电极点 Fz，在攻击性词汇和亲社会性词汇条件下，高暴力视频游戏接触组被试的 P2 波幅显著小于低暴力视频游戏接触组被试的 P2 波幅（$p_{攻击性词汇}$=0.001，$p_{亲社会性词汇}$=0.010）。在电极点 Cz，在攻击性词汇和亲社会性词汇条件下，高暴力视频游戏接触组被试的 P2 波幅显著小于低暴力视频游戏接触组被试的 P2 波幅（$p_{攻击性词汇}$=0.005，$p_{亲社会性词汇}$=0.022）。在电极点 Pz，在亲社会性词汇条件下，高暴力视频游戏接触组被试的 P2 波幅显著小于低暴力视频游戏接触组被试，$p$=0.004。在电极点 CPz，在亲社会性词汇条件下，高暴力视频游戏接触组被试的 P2 波幅显著小于低暴力视频游戏接触组被试，$p$=0.007。在电极点 P3 上，在亲社会性词汇条件下，高暴力视频游戏接触组被试的 P2 波幅显著小于低暴力视频游戏接触组被试（$p$=0.039）。在电极点 P4 上，在亲社会性词汇条件下，高暴力视频游戏接触组被试的 P2 波幅显著小于低暴力视频游戏接触组被试（$p$=0.024）。固定组别与电极点后发现，在电极点 Fz 上，高暴力视频游戏接触组被试的攻击性词汇诱发的 P2 波幅显著小于亲社会性词汇和中性词汇诱发的 P2 波幅（$p_{攻击性词汇}$=0.037，$p_{亲社会性词汇}$=0.022）；在电极点 P4 上，高暴力视频游戏接触组被试的亲社会性词汇诱发的 P2 波幅显著小于中性词汇诱发的 P2 波幅（$p$=0.035）；低暴力视频游戏接触组内没有出现显著差异，其他主效应和交互作用均不显著。

对 P2 的潜伏期进行 2（组别：高暴力视频游戏接触组，低暴力视频游戏接触组）×3（词汇类型：攻击性，亲社会性，中性）×6（电极点：Cz，Fz，CPz，P3，Pz，P4）的三因素重复测量方差分析。结果显示，词汇类型、组别与电极点三者的交互作用边缘显著，$F(10, 24)$=1.81，$p$=0.057。进一步的简单效应分析发现，固定电极点与词汇类型后，在电极点 Pz 上，在攻击性词汇条件下，高暴力视频游戏接触组被试的 P2 潜伏期（229.0ms）显著短于低暴力视频游戏接触组被试的 P2 潜伏期（250.2ms），$p$=0.003；在亲社会性词汇条件下，高暴力视频游戏接触组被试的 P2 潜伏期（232.2ms）显著短于低暴力视频游戏接触组被试的 P2

潜伏期（247.3ms），$p=0.038$。在电极点 P3 上，在攻击性词汇条件下，高暴力视频游戏接触组被试的 P2 潜伏期（229.6ms）显著短于低暴力视频游戏接触组被试的 P2 潜伏期（248.1ms），$p=0.03$。在电极点 P4 上，在亲社会性词汇条件下，高暴力视频游戏接触组被试的 P2 潜伏期（232.2ms）显著短于低暴力视频游戏接触组被试的 P2 潜伏期（253.4ms），$p=0.012$。固定电极点与组别后发现，在高暴力视频游戏接触组内，在电极点 Pz 上，攻击性词汇诱发的 P2 潜伏期（229.0ms）显著短于中性词汇诱发的 P2 潜伏期（239.3ms），$p=0.025$。在电极点 P4 上，攻击性词汇诱发的 P2 潜伏期（236.8ms）显著短于中性词汇诱发的 P2 潜伏期（248.1ms），$p=0.026$，亲社会性词汇诱发的 P2 潜伏期（232.2ms）也显著短于中性词汇诱发的 P2 潜伏期（248.1ms），$p=0.001$。低暴力视频游戏接触组内则无显著差异，其他主效应和交互作用均不显著。

（3）P3（300—450ms）

对 P3 的波幅进行 2（组别：高暴力视频游戏接触组，低暴力视频游戏接触组）×3（词汇类型：攻击性，亲社会性，中性）×3（电极点：Pz，CPz，POz）的三因素重复测量方差分析。结果显示，组别的主效应显著，$F(1, 35)=5.64$，$p=0.023$，高暴力视频游戏接触组被试的 P3 波幅（-0.158μV）显著小于低暴力视频游戏接触组被试的 P3 波幅（4.50μV）。词汇的主效应不显著，$F(2, 34)=1.68$，$p=0.19$，组别与词汇类型的交互作用不显著，$F(2, 34)=1.41$，$p=0.252$。组别、词汇与电极三者的交互作用边缘显著，$F(4, 32)=2.26$，$p=0.066$。进一步的简单效应分析发现，固定电极点与词汇类型后，在电极点 Pz 上，在攻击性词汇和亲社会性词汇条件下，高暴力视频游戏接触组被试的 P3 波幅显著小于低暴力视频游戏接触组被试的 P3 波幅（$p_{攻击性词汇}=0.007$，$p_{亲社会性词汇}=0.004$）；在电极点 CPz 上，在攻击性词汇和亲社会性词汇条件下，高暴力视频游戏接触组被试的 P3 波幅显著小于低暴力视频游戏接触组被试的 P3 波幅（$p_{攻击性词汇}=0.035$，$p_{亲社会性词汇}=0.019$）；在电极点 POz 上，在攻击性词汇和亲社会性词汇条件下，高暴力视频游戏接触组被试的 P3 波幅显著小于低暴力视频游戏接触组被试的 P3 波幅（$p_{攻击性词汇}=0.014$，$p_{亲社会性词汇}=0.007$），而中性词汇条件下两组被试的 P3 波幅无显著差异。固定电极点与组别后发现，在电极点 CPz 上，高暴力视频游戏接触组被试对攻击性词汇引发的 P3 波幅（-1.72μV）显著小于中性词汇引发的 P3 波幅（1.24μV），差异达到边缘显著，$p=0.05$。其他主效应和交互作用均不显著。

（4）N400（420—480ms）

对 N400 的波幅进行 2（组别：高暴力视频游戏接触组，低暴力视频游戏接触组）×3（词汇类型：攻击性，亲社会性，中性）×2（电极点：Cz，FCz）的三因素重复测量方差分析。结果显示，组别的主效应显著，$F(1, 35)=5.22$，$p=0.029$，高暴力视频游戏接触组被试的 N400 波幅（-0.48μV）显著小于低暴力视频游戏接触组被试的 N400 波幅（-4.45μV）。词汇类型的主效应不显著，$F(2, 34)=0.69$，$p=0.51$，组别与词汇类型的交互作用不显著，$F(2, 34)=1.06$，$p=0.35$，组别、词汇类型与电极点三者的交互作用不显著，$F(2, 34)=0.58$，$p=0.56$。其他主效应和交互作用均不显著。

**2. 探测点诱发的 P3（250—400ms）**

对探测点诱发的 P3 的波幅进行 2（组别：高暴力视频游戏接触组，低暴力视频游戏接触组）×3（词汇类型：攻击性，亲社会性，中性）×2（探测点位置：一致，不一致）×4（电极点：Cz，Pz，CPz，POz）的四因素重复测量方差分析。结果显示，组别的主效应不显著，$F(1, 35)=0.44$，$p=0.51$，词汇类型的主效应不显著，$F(1, 35)=0.14$，$p=0.71$，词汇类型与组别的交互作用不显著，$F(1, 35)=2.06$，$p=0.16$，探测点位置的主效应不显著，$F(1, 35)=1.46$，$p=0.24$，探测点位置与组别的交互作用不显著，$F(1, 35)=0.23$，$p=0.634$，组别、词汇与电极点的交互作用不显著，$F(1, 35)=0.361$，$p=0.782$，词汇类型、组别与探测点位置的交互作用不显著，$F(3, 33)=0.44$，$p=0.73$，探测点位置、组别与电极点的交互作用不显著，$F(3, 33)=0.60$，$p=0.617$。

此外，词汇类型、探测点位置与组别三者的交互作用显著，$F(1, 35)=5.25$，$p=0.028$。进一步的简单效应分析发现，固定组别与词汇类型后，与亲社会性词汇条件相比，高暴力视频游戏接触组被试在探测点位置一致条件下的 P3 波幅（1.61μV）显著小于探测点位置不一致条件（3.91μV），$p=0.049$，而低暴力视频游戏接触组被试在其他词汇条件下均无显著差异。值得注意的是，在固定词汇类型与探测点位置后，在攻击性词汇与探测点位置一致条件下，高暴力视频游戏接触组被试的 P3 波幅（3.70μV）大于低暴力视频游戏接触组（1.63μV），差异达到边缘显著，$p=0.089$。

组别、探测点位置、词汇类型与电极点四者的交互作用边缘显著，$F(3, 33)=2.65$，$p=0.053$。进一步的简单效应分析显示，在固定组别、电极点与词汇类型后，在电极点 CPz 和 Cz 上，高暴力视频游戏接触组被试在亲社会性词汇与探测点位置一致条件下引发的 P3 波幅显著小于不一致条件（$p_{CPz}=0.020$，$p_{Cz}$

=0.038）；在电极点 POz 上，在攻击性词汇与探测点位置一致条件下，低暴力视频游戏接触组被试的 P3 波幅显著小于不一致条件，$p=0.036$。在固定电极点、词汇类型与探测点位置后发现，只有在电极点 Cz 上，在攻击性词汇与探测点位置一致条件下，高暴力视频游戏接触组被试的 P3 波幅大于低暴力视频游戏接触组，差异达到边缘显著，$p=0.062$。

图 9-5 为两组被试在不同探测点位置条件下对 3 组情绪面孔注意偏向的波形图。

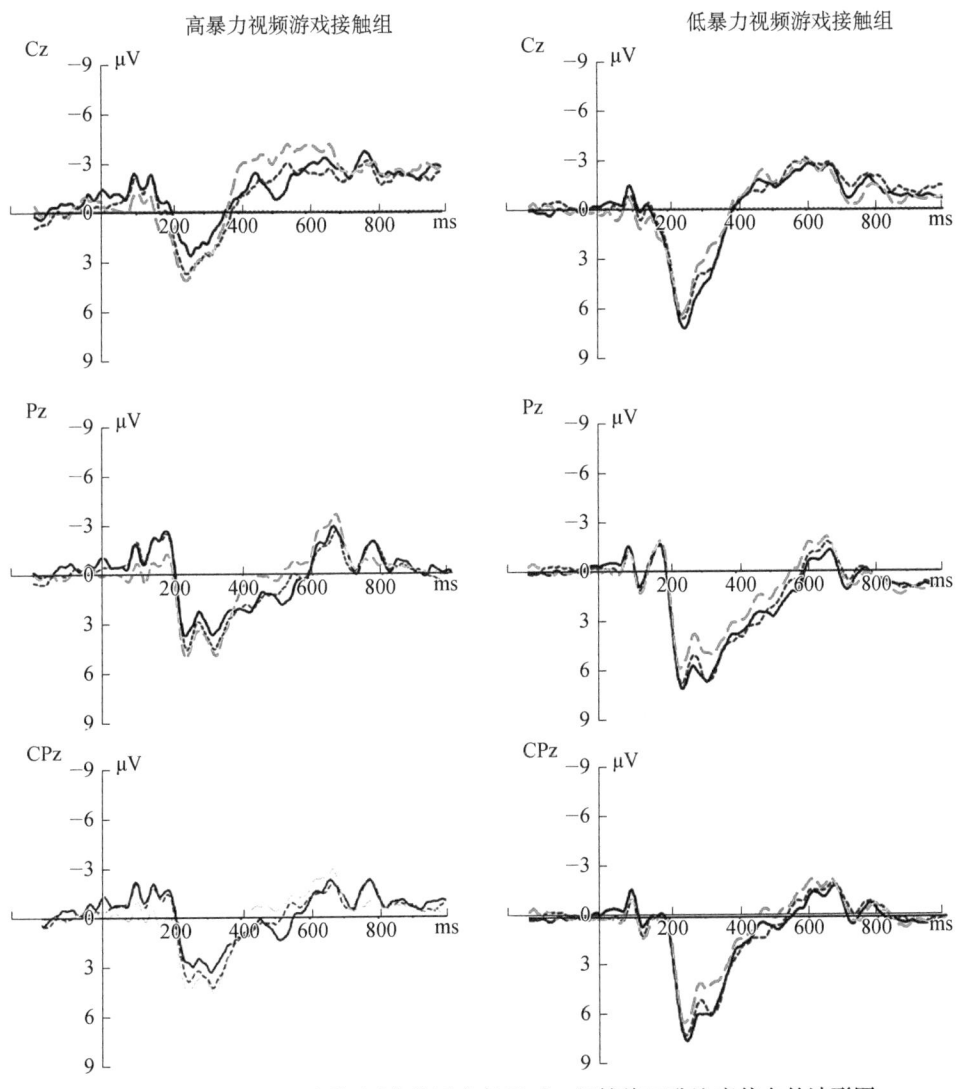

图 9-5　两组被试在不同探测点位置条件下对 3 组情绪面孔注意偏向的波形图

——攻击性词汇　……亲社会性词汇　-- 中性词汇

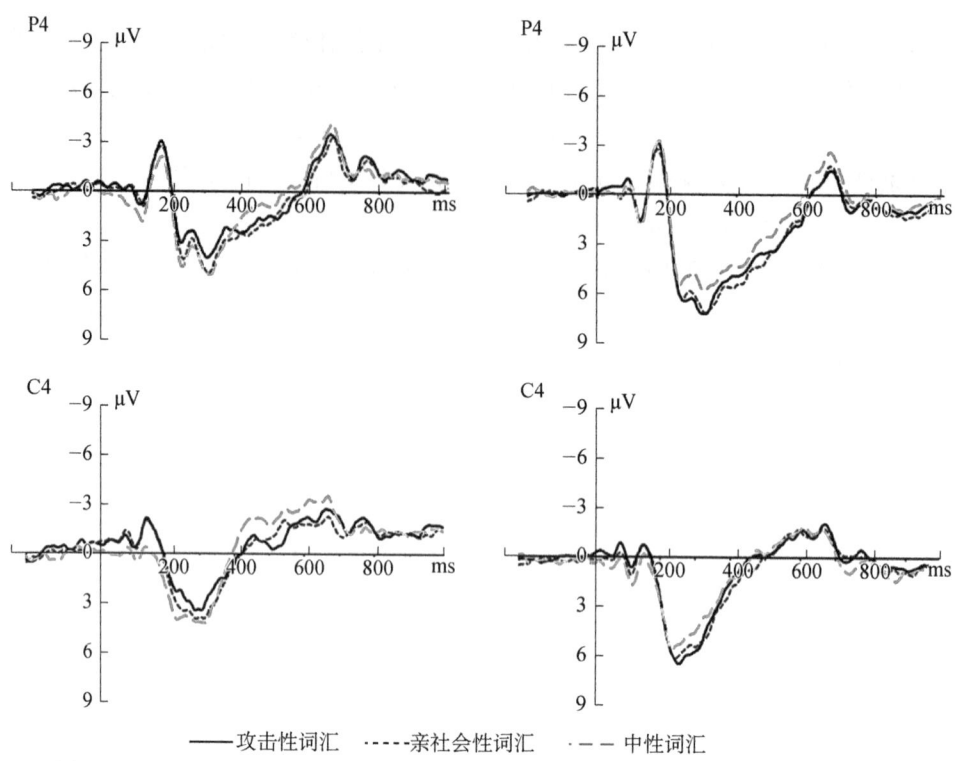

图 9-5　两组被试在不同探测点位置条件下对 3 组情绪面孔注意偏向的波形图（续）

# 第三节　暴力视频游戏对攻击性信息注意偏向影响的长时效应的讨论

## 一、不同暴力视频游戏接触组的 N1 对比

### （一）实验 a

本研究结果表明，高暴力视频游戏接触组被试 N1 的潜伏期显著短于低暴力视频游戏接触组被试。不管是高暴力视频游戏接触组被试还是低暴力视频游戏接

触组被试，对愤怒面孔和中性面孔的 N1 潜伏期都短于快乐面孔。N1 是个体对视觉刺激进行自动评价的外源性成分，反映了个体对刺激的视知觉加工，代表对刺激的早期 ERP 注意效应。高暴力视频游戏接触组被试的 N1 潜伏期显著短于低暴力视频游戏接触组，表明当外界信息出现时，他们能更快速地进行捕捉和识别，其对快乐面孔反应的潜伏期显著长于愤怒面孔和中性面孔，这一结果与甄霜菊等（2013）的研究中暴力视频游戏组在有效线索条件下对以愉快表情和愤怒表情为提示线索的靶刺激的平均反应时显著长于中性表情的结果部分一致，与 Kirsh 和 Mounts（2007）的研究中关于暴力视频游戏接触对动态情绪面孔影响的结果一致，即不管短时接触还是长时接触，低暴力视频游戏接触组、高暴力视频游戏接触组均表现出对快乐面孔的注意回避。此外，本研究还发现，低暴力视频游戏接触组对快乐面孔的 N1 潜伏期显著长于愤怒面孔和中性面孔，这与甄霜菊等（2013）的研究中低暴力视频游戏者对愉快表情存在注意警觉和注意解脱困难存在不一致，表明低暴力视频游戏接触组被试也表现出对快乐面孔的注意回避。

为什么暴力视频游戏玩家对负性情绪信息没有表现出注意警觉，且对正性情绪信息表现出了注意回避？Mogg 和 Bradley（2006）用"警觉-回避"假说进行了解释。该假说指出，个体必须首先注意到威胁，然后才会产生对威胁的注意回避。由此可以推测，暴力视频游戏玩家在 500ms 之前可能出现了对这两种表情线索的注意警觉，由于本研究没有设置 500ms 之前的线索呈现时间而探测不到。

## （二）实验 b

基本研究行为结果显示，高暴力视频游戏接触组被试并未对攻击性词汇信息表现出注意偏向，也没有表现出对亲社会性词汇信息的注意回避。

行为数据的结果虽未证实这样一个假设，但接下来的脑电分析为我们提供了一些佐证。ERP 结果显示，对于 N1 而言，两组被试在 3 种类型刺激上的潜伏期无显著差异，但是在 3 种类型刺激上的波幅存在显著差异，高暴力视频游戏接触组被试的 N1 波幅显著大于低暴力视频游戏接触组被试，且在高暴力视频游戏接触组内，攻击性词汇诱发的 N1 波幅显著大于中性词汇。N1 是个体对视觉刺激进行自动评价的外源性成分，代表对刺激的早期 ERP 注意效应，高暴力视频游戏接触组被试的 N1 波幅显著大于低暴力视频游戏接触组被试，表明高暴力视频游接触组被试对刺激特征辨别的敏感性较高，优先对词汇进行了信息加工，且与中性刺激相比，高暴力视频游戏接触组被试对攻击性刺激更加敏感，优先对其进行了识别和加工。以往研究一般是从刺激的反应时或者潜伏期的角度证明个体对负性刺激的快速捕捉，而本研究结果从波幅的角度证明了高暴力视频游戏接触组被试对攻击性词汇这一负性刺激的优先加工，即存在注意的警觉。对于低暴力视频游戏接触组，无论是波幅还是潜伏期，3种类型的刺激均无显著差异。

## 二、不同暴力视频游戏接触组的 P2 对比

### （一）实验 a

对于 P2，有研究表明其与刺激的分类有关（Crowley & Colrain，2004；Thomas et al.，2007）。ERP 数据结果显示，两组被试在 3 种刺激类型上的 P2 波幅无显著差异。在潜伏期上，只有在低暴力视频游戏接触组内，愤怒面孔和快乐面孔诱发的 P2 潜伏期显著长于中性面孔诱发的 P2 潜伏期，而高暴力视频游戏接触组无显著差异。有研究发现，P2 对情绪性信息很敏感，是大脑对情绪性信息意义的总体评估（Carretié et al.，2001；Schapkin et al.，2000）。经常接触暴力视频游戏的个体可能习惯了游戏中打打杀杀的画面，在情绪上一般不会产生很大的波动，因而在对 3 组面孔进行情绪评估时，为 3 组面孔赋予了差不多的情绪效价，他们进行情绪评估的加工时间也就不存在显著差异。对于低暴力视频游戏接触组来讲，愤怒面孔和快乐面孔的情绪效价明显大于中性面孔，因此他们对中性面孔的评估时间更短，导致对快乐面孔和愤怒面孔的评估时间延长。

### （二）实验 b

P2 与信息的分类及情绪词意义的评估有关。ERP 结果显示，两组被试在 3 种刺激类型上的波幅存在显著差异，高暴力视频游戏接触组被试的 P2 波幅显著小于低暴力视频游戏接触组被试，且在高暴力视频游戏接触组内，攻击性词汇和亲社会性词汇引发的 P2 波幅显著小于中性词汇，表明高暴力视频游戏接触组被试对刺激特征辨别有较高的敏感性，这可能与玩家在游戏中长期使用灵活辨别这一

游戏策略有关，因而投入的注意资源更少。低暴力视频游戏接触组被试对词语的区分更困难，因而投入了更多的注意资源。在 P2 的潜伏期上，在攻击性词汇和亲社会性词汇条件下，两组被试存在显著差异，表现为高暴力视频游戏接触组被试的 P2 潜伏期显著短于低暴力视频游戏接触组，且在高暴力视频游戏接触组内，攻击性词汇诱发的 P2 潜伏期显著短于中性词汇诱发的 P2 潜伏期。这表明相比低暴力视频游戏接触组，高暴力视频游戏接触组被试能对刺激类型做出更早的区分，且对攻击性词汇的区分要早于中性词汇，而低暴力视频游戏接触组则没有差异。这或许在某种程度上反映出了高暴力视频游戏接触组被试可能存在内在攻击性认知图式，正是攻击性认知图式的激活，使得他们对攻击性信息表现出高度的敏感性和加工的特异性。

## 三、不同暴力视频游戏接触组的 P3 对比

### （一）实验 a

P3 是刺激呈现 300ms 后出现的正波，参与认知加工过程，主要反映了个体对外界信息的评估、预期和分类等。其波幅与投入的心理资源呈正相关（赵仑，2010），波幅异常通常与一定的认知加工缺陷有关，尤其是注意、记忆及决策等方面。ERP 结果显示，当面孔类型为愤怒面孔时，高暴力视频游戏接触组被试的 P3 波幅显著小于低暴力视频游戏接触组被试。这表明当愤怒面孔出现时，两组被试投入的心理资源存在差异，高暴力视频游戏接触组被试投入的注意资源少于低暴力视频游戏接触组被试，与已有的研究结果一致（李静华，郑涌，2014）。这在一定程度上表明了高暴力视频游戏接触组被试这一具有高攻击可能性的群体存在认知加工缺陷，尤其是对情绪性信息的加工存在缺陷。

### （二）实验 b

对于 P3，ERP 结果显示，高暴力视频游戏接触组被试的 P3 波幅显著小于低暴力视频游戏接触组被试，这与已有研究结果相一致（Bartholow et al., 2006）。这表明高暴力视频游戏接触组被试对刺激的控制性加工更为顺畅，自动化程度更

高，需要的认知资源也更少，而低暴力视频游戏接触组被试对刺激的加工、评估自动化水平低，需要更多的认知资源。此外，在高暴力视频游戏接触组内，攻击性词汇诱发的 P3 波幅显著小于中性词汇诱发的 P3 波幅，这说明相比中性词汇，高暴力视频游戏接触组对攻击性词汇的加工处理投入了更少的心理资源。这或许又从一个侧面证实了高暴力视频游戏接触组被试具有攻击性认知图式，在攻击性认知图式的指导下，他们减少了对攻击性词汇加工投入的心理资源。

## 四、不同暴力视频游戏接触组的 N400 对比

在实验 b 中，N400 通常反映了个体对当前注意到的刺激和相关认知情境进行整合，以进行神经编码和语义加工的能力（Kiefer & Spitzer，2000），其波幅的增大和潜伏期延长均表明个体在对信息的语义加工上投入了更多的心理资源。本研究的 ERP 结果表明，在 3 种类型刺激条件下，高暴力视频游戏接触组被试的 N400 波幅更小，而低暴力视频游戏接触组被试的 N400 波幅更大，但在词汇类别上无显著差异。这一结果再次证明了高暴力视频游戏接触组被试自身存在认知网络结构，因而对词汇进行语义编码时加工更流畅，消耗的资源更少，然而具体表现在哪一类词语刺激上，没有明确的答案。

探测点诱发的 ERP 结果显示，在攻击性词汇与探测点位置一致条件下，高暴力视频游戏接触组被试的 P3 波幅大于低暴力视频游戏接触组，这从侧面反映了个体对早期的攻击性词语的加工处于注意警觉状态，当探测点出现在攻击性词语位置时，高暴力视频游戏接触组被试仍然继续关注该位置的信息，并将更多的注意资源投入进行加工。一般攻击模型指出，反复接触暴力视频游戏会增加游戏者的攻击性认知，并形成一定的攻击性认知图式，在进行认知任务的过程中，攻击性词语可能启动了暴力视频游戏玩家的攻击性认知图式，造成个体知觉的唤醒，这就导致暴力视频游戏玩家对攻击性词语产生注意偏向。这一结果支持了一般攻击模型。

一般攻击模型还认为，接触暴力视频游戏会使个体形成攻击性认知图式，长期反复暴露于暴力视频游戏，会使个体的攻击性相关知识结构得到强化和巩固，形成攻击性的信念和态度，并倾向于以带有攻击性的知觉偏向认知现实情境。注

意作为认知加工的第一阶段，必然受到了暴力视频游戏接触这一输入变量的影响，本研究旨在探讨暴力视频游戏经验对负性情绪面孔及攻击性相关信息的注意偏向特点及规律。

实验 a 是希望通过点探测范式进一步探讨高暴力视频游戏接触者对负性情绪面孔的注意偏向是注意的敏感性还是脱离困难。研究结果表明，无论是高暴力视频游戏接触组还是低暴力视频游戏接触组被试，都对快乐面孔表现出注意回避、关注减少，对愤怒面孔和中性面孔存在注意警觉，这与甄霜菊等（2013）和 Krish 等（2005）的研究结果部分一致。然而，在甄霜菊等（2013）的研究中，在线索呈现 100ms 时，个体没有对面孔表现出注意偏向，且在线索呈现 1250ms 时，出现对面孔表情注意回避的消失。根据"警觉-回避"假说，我们推测线索呈现的时间可能影响了个体对攻击性信息的注意偏向。此外，实验材料的不同或许也是导致结果出现不一致的原因，如本研究中的负性表情只包含愤怒面孔，而以往的研究中负性情绪包含了愤怒和厌恶情绪材料。研究结果表明，暴力视频游戏经验在一定程度上损害了个体对积极的、正性信息的加工。

实验 b 希望通过同样的范式进一步探讨高暴力视频游戏接触者对攻击性相关刺激的注意偏向，一是考察高暴力视频游戏接触者对词汇信息产生注意偏向的原因是否与对情绪面孔一致；二是利用攻击性词汇的性质和意义推测，与低暴力视频游戏接触者相比，高暴力视频游戏接触者是否存在内隐的攻击性认知图式。有关情绪障碍患者的认知理论表明，注意偏向会伴随广泛的认知结构，这种认知结构会增强个体对特定刺激的敏感性，影响整个信息加工过程（Beck et al.，2005）。在实验 b 的 ERP 结果中，词汇诱发的 N1、P3、N400 及探测点诱发的 P3 的波幅，以及 P2 潜伏期的差异，都在一定程度上为实验预期提供了相关支持。也就是说，暴力视频游戏玩家在注意早期存在对攻击性信息的高敏感性，其自身存在攻击性认知图式，正是攻击性认知图式的激活使得其对信息及探测点的加工投入了更少的心理资源。

此外，P3 潜伏期与波幅的异常通常与一定的认知加工缺陷有关，特别是在注意、记忆、决策等方面。本研究发现，无论是愤怒面孔还是攻击性词汇，高暴力视频游戏接触组被试的 P3 波幅均小于低暴力视频游戏接触组被试，这表明暴力视频游戏接触水平较高的个体存在一定的认知加工缺陷，特别是注意等方面的缺陷，由此从神经生理的角度为暴力视频游戏接触水平较高者存在攻击性注意偏向提供了证据。

在本研究中，我们同时探讨了暴力视频游戏玩家加工情绪面孔及攻击性信息出现的注意偏向特点。结果发现，在加工不同类型的刺激时，个体表现出了不同的注意偏向机制。在注意早期阶段，在情绪面孔线索提示下，高暴力视频接触组被试表现出对快乐面孔的注意回避，后期阶段，对愤怒面孔反应的 P3 波幅减小，表现出注意偏向；在攻击性词汇相关信息条件下，高暴力视频游戏接触组被试在注意早期阶段对攻击性信息有高度的敏感性，表现为注意警觉，并且在中期和后期信息加工过程中 P3 波幅减小，投入了较少的心理资源。

经常接触暴力视频游戏的个体之所以在加工情绪面孔和词汇信息时出现注意偏向的差异，一方面可能是因为攻击性词语在暴力视频游戏中经常出现，且常常伴随着大量威胁性、对抗性的攻击场景，而人类情绪面孔出现的相对较少；另一方面，与攻击性词语相比，情绪面孔具有的威胁性程度不是那么强，如 Koster 等（2004）的研究中并没有发现被试对温和的威胁性图片表现出脱离困难，愤怒面孔也许会被知觉为相对温和的刺激。

## 参考文献

戴琴, 冯正直. (2009). 抑郁个体对情绪面孔的返回抑制能力不足. *心理学报*, (12), 1175-1188.

高雪梅, 赵偲, 周群, 翁蕾. (2014). 暴力电子游戏玩家对攻击性词语的注意偏向：一项 ERP 研究. *西南大学学报（自然科学版）*, (6), 167-174.

李东阳. (2012). *暴力电子游戏的脱敏效应研究*. 西南大学.

李海江, 贾磊, 罗俊龙, 杨娟, 张庆林, 李冰冰. (2013). 低自尊个体注意偏向的 ERP 研究. *心理发展与教育*, (1), 2-9.

李静华. (2013). *内隐/外显不同水平攻击者对攻击性刺激的注意偏向：行为与脑机制研究*. 西南大学.

李静华, 郑涌. (2014). 内隐/外显不同水平攻击者的注意偏向：行为和 ERP 证据. *心理科学*, (1), 40-47.

李娟. (2013). *个体暴力游戏经验对攻击性信息注意偏向的影响*. 西南大学.

刘桂芹. (2010). *武器图片和暴力电影片段对青少年攻击性认知的启动研究*. 西南大学.

彭程. (2012). *暴力犯罪者对负性情绪信息与攻击性信息的注意偏向研究*. 西南大学.

施威. (2007). *内隐自尊对攻击性线索注意加工偏向的影响*. 云南师范大学.

王晨雪. (2010). *不同类型视频游戏对游戏者亲社会行为倾向的影响*. 宁波大学.

王妍, 罗跃嘉. (2005). 面孔表情的 ERP 研究进展. *中国临床心理学杂志*, (4), 428-431.

伍艳. (2008). *人格特质、暴力电子游戏对青少年攻击性认知偏向的影响*. 湖南师范大学.
杨小冬, 罗跃嘉. (2004). 注意受情绪信息影响的实验范式. *心理科学进展*, (6), 833-841.
张林, 吴晓燕. (2011). 中学生攻击性行为的注意偏向与冲动控制特征. *心理学探新*, (2), 128-132.
张智君, 赵均榜, 张锋, 杜凯利, 袁旦. (2009). 网络游戏过度使用者的注意偏向及其 ERP 特征. *应用心理学*, (4), 291-296.
赵仑. (2010). *ERPs 实验教程(修订版)*. 南京: 东南大学出版社.
甄霜菊, 谢晓东, 胡丽萍, 张卫. (2013). 暴力游戏对个体注意偏向影响的机制研究. *华南师范大学学报(社会科学版)*, (2), 67-73, 160.
Anderson, C. A., & Dill, K. E. (2000). Video games and aggressive thoughts, feelings, and behavior in the laboratory and in life. *Journal of Personality and Social Psychology*, 78 (4), 772-790.
Bailey, K., & West, R. (2013). The effects of an action video game on visual and affective information processing. *Brain Research*, 1504, 35-46.
Bartholow, B. D., Bushman, B. J., & Sestir, M. A. (2006). Chronic violent video game exposure and desensitization to violence: Behavioral and event-related brain potential data. *Journal of Experimental Social Psychology*, 42 (4), 532-539.
Beck, A. T., Emery, G., & Greenberg, R. L. (2005). *Anxiety Disorders and Phobias: A Cognitive Perspective*. Cambridge University Press.
Buss, A. H., & Perry, M. (1992). The aggression questionnaire. *Journal of Personality and Social Psychology*, 63 (3), 452-459.
Carretié, L., Mercado, F., Tapia, M., & Hinojosa, J. A. (2001). Emotion, attention, and the "negativity bias", studied through event-related potentials. *International Journal of Psychophysiology*, 41 (1), 75-85.
Crowley, K. E., & Colrain, I. M. (2004). A review of the evidence for P2 being an independent component process: Age, sleep and modality. *Clinical Neurophysiology*, 115 (4), 732-744.
Engelhardt, C. R., Bartholow, B. D., Kerr, G. T., & Bushman, B. J. (2011). This is your brain on violent video games: Neural desensitization to violence predicts increased aggression following violent video game exposure. *Journal of Experimental Social Psychology*, 47 (5), 1033-1036.
Gao, Y., & Raine, A. (2009). P3 event-related potential impairments in antisocial and psychopathic individuals: A meta-analysis. *Biological Psychology*, 82 (3), 199-210.
Kiefer, M, & Spitzer, M. (2000). Time course of conscious and unconscious semantic brain activation. *Neuroreport*, 11 (11), 2401-2407.
Kirsh, S. J, & Mounts, J. R. W. (2007). Violent video game play impacts facial emotion recognition. *Aggressive Behavior*, 33 (4), 353-358.
Kirsh, S. J., Olczak, P. V., & Mounts, J. R. W. (2005). Violent video games induce an affect processing bias. *Media Psychology*, 7 (3), 239-250.
Koster, E. H. W., Crombez, G., Verschuere, B., & de Houwer, J. (2004). Selective attention to threat in the dot probe paradigm: Differentiating vigilance and difficulty to disengage. *Behaviour Research and Therapy*, 42 (10), 1183-1192.

MacLeod, C., & Mathews, A. (1988). Anxiety and the allocation of attention to threat. *The Quarterly Journal of Experimental Psychology*, 40(4), 653-670.

MacLeod, C., Mathews, A., & Tata, P. (1986). Attentional bias in emotional disorders. *Journal of Abnormal Psychology*, 95(1), 15-20.

Mogg, K., & Bradley, B. P. (2006). Time course of attentional bias for fear-relevant pictures in spider-fearful individuals. *Behaviour Research and Therapy*, 44(9), 1241-1250.

Kirsh, S. J., Mounts, J. R. W., & Olczak, P. V. (2006). Violent media consumption and the recognition of dynamic facial expressions. *Journal of Interpersonal Violence*, 21(5), 571-584.

Posner, M. I., Snyder, C. R., & Davidson, B. J. (1980). Attention and the detection of signals. *Journal of Experimental Psychology: General*, 109(2), 160-174.

Schapkin, S. A., Gusev, A. N., & Kuhl, J. (2000). Categorization of unilaterally presented emotional words: An ERP analysis. *Acta Neurobiologiae Experimentalis*, 60(1), 17-28.

Thomas, S. J., Johnstone, S. J., & Gonsalvez, C. J. (2007). Event-related potentials during an emotional Stroop task. *International Journal of Psychophysiology*, 63(3), 221-231.

Venables, N. C., Patrick, C. J., Hall, J. R., & Bernat, E. M. (2011). Clarifying relations between dispositional aggression and brain potential response: Overlapping and distinct contributions of impulsivity and stress reactivity. *Biological Psychology*, 86(3), 279-288.

# 第十章

# 亲社会视频游戏对大学生内隐攻击性的影响

本研究拟探讨的问题有三个：其一，亲社会视频游戏是否能够抑制个体的攻击性？其二，相较于外显认知，内隐认知采用情节加工系统，具有更强的情境依赖性，也更容易受到情境因素的影响。考虑到内隐攻击性和外显攻击性的差异，亲社会视频游戏是否会影响玩家的内隐攻击性认知？其三，不仅亲社会视频游戏作为输入变量会影响玩家的内隐攻击性水平，个人变量和环境变量的交互作用也会影响个体的内部状态，如自尊水平等，那么亲社会视频游戏会对大学生的内隐自尊产生影响吗？

# 第一节 被试及方法

## 一、被试

本研究在重庆某大学发放游戏使用习惯问卷 300 份，共回收有效问卷 284 份，有效率为 94.7%。然后将有效被试在游戏使用习惯问卷上的得分，从高到低进行降序排列，剔除前 27% 和后 27% 的被试，剩余的为本研究所需的中等游戏经验被试。

最终挑选出中等游戏经验被试 130 人，其中，男生 60 人（46.2%），女生 70 人（53.8%）；大一 46 人（35.4%），大二 44 人（33.8%），大三 21 人（16.2%），大四 19 人（14.6%）；独生子女 58 人（44.6%），非独生子女 72 人（55.4%）；文科 52 人（40.0%），理科 57 人（43.8%），工科 21 人（16.2%）；城镇户籍 64 人（49.2%），农村户籍 66 人（50.8%）；年龄在 17—22 岁，平均年龄为 19.55 岁（$SD=1.27$），右利手，视力或矫正视力正常，听觉正常。

## 二、研究工具

### （一）游戏使用习惯问卷

本研究采用改编自 Anderson 和 Dill（2000）的游戏使用习惯问卷。该问卷首先要求被试列出他们经常接触的 3 款游戏，然后对每款游戏内容的亲社会程度及玩该游戏的频率进行评定，以此来反映个体过去对亲社会视频游戏的接触程度。问卷采用利克特 7 点计分。问卷得分计算方法如下：游戏经验=∑[游戏内容的亲社会程度评分×（非工作日玩游戏的频率×2+工作日玩游戏的频率×5）÷7]÷3。

### （二）视频游戏

参考我们以往的游戏筛选经验，结合最近 3 年有关游戏研究的文献资料，从而确定本研究使用的亲社会视频游戏和中性视频游戏各 1 款。其中，亲社会视频游戏为《超级救火队》。这是一款关于灾后救援的小游戏，游戏背景如下：在土星的第六颗卫星"泰坦星"上，蓝色皮肤的泰坦星人原本在自己的小世界中过着无忧无虑的田园生活，但地球上的旅行观光飞船冲破了小行星带，无数的陨石降落在这颗星球上。为了扑灭流星引发的火灾，小家伙们搭建了一部消防车，拯救自己的家园。在游戏中，玩家扮演的是类似于消防员的角色，主要任务是灭火、解救被困的人员。中性视频游戏为《祖玛》。玩家的主要任务是通过调整石青蛙吐出的各种不同颜色的小球的方向，使轨道上正在运动的球与吐出来的球结合，消除轨道上的小球，避免小球滚进轨道的洞中。相同颜色球的数量为 3 个或者超过 3 个，便可以消除。

## （三）攻击性问卷

本研究采用 Buss 和 Perry（1992）编制的攻击性问卷（Aggression Questionnaire，AQ）进行测量。问卷共 29 个题目，包含 4 个维度：身体攻击（9 个题目）、语言攻击（5 个题目）、愤怒（7 个题目）和敌意（8 个题目）。问卷采用利克特 5 点计分，从"完全不符合"到"完全符合"分别记 1—5 分，其中有 2 个条目（第 9 题、第 16 题）为反向计分。该问卷得分既可以作为测量外显攻击性的指标，也可以被当作测量攻击性特质的指标（魏华等，2010）。本研究以量表总分作为测量攻击性特质的指标，总分越高，表明攻击性特质水平越高。已有研究表明，该问卷的信度良好（李相南等，2017）。验证性因素分析表明，四因素模型拟合良好（温忠麟等，2004），$\chi^2/df = 5.28$，RMSEA $= 0.06$，GFI $= 0.88$，CFI $= 0.77$，NFI $= 0.74$，TLI $= 0.75$，问卷的结构效度良好（侯杰泰等，2004），本研究中问卷的 Cronbach's $\alpha$ 系数为 0.85。该问卷用于检验随机分配的两组被试攻击性特质的同质性，控制其对实验结果的可能影响。

## （四）IAT

本研究中，IAT 选用的词汇来自戴春林和孙晓玲（2007）关于服刑人员的内隐攻击性研究中应用的词汇，如表 10-1 所示。

表10-1　IAT选用的词汇

| 类别标签 | 样例词汇 | | | | |
| --- | --- | --- | --- | --- | --- |
| 自我词 | 我 | 自己 | 本人 | 俺 | 我们 |
| 非我词 | 他 | 他们 | 外人 | 他人 | 别人 |
| 攻击性词 | 侵犯 | 攻击 | 搏斗 | 战争 | 报仇 |
| 非攻击性词 | 和平 | 温顺 | 合作 | 信任 | 仁爱 |

IAT包括练习阶段和实验阶段。在测验中，刺激词汇呈现在屏幕中央，要求被试认真阅读指导语后，根据指导语尽可能既准确又快速地做出反应。测验共分7步，如表10-2所示。所有任务的词汇均按照完全随机的方式呈现。

表10-2　IAT程序

| 顺序 | 任务描述 | D键反应 | K键反应 | 任务数 |
| --- | --- | --- | --- | --- |
| 1 | 初始目标概念辨别（练习） | 自我词（如"我"） | 非我词（如"他"） | 20 |
| 2 | 联想属性概念辨别（练习） | 攻击词（如"侵犯"） | 非攻击词（如"和平"） | 20 |
| 3 | 相容联合任务（练习） | 自我+攻击 | 非我+非攻击 | 20 |
| 4 | 相容联合任务（实验） | 自我+攻击 | 非我+非攻击 | 40 |
| 5 | 相反目标概念辨别（练习） | 非我（如"他"） | 自我（如"我"） | 20 |
| 6 | 不相容联合任务（练习） | 非我+攻击 | 自我+攻击 | 20 |
| 7 | 不相容联合任务（实验） | 非我+攻击 | 自我+攻击 | 40 |

实验中，让一半被试先进行相容任务，再完成不相容任务，另一半被试则相反，以此来平衡练习效应或顺序效应，如表10-3所示。

表10-3　IAT联合任务

| 顺序 | 任务描述 | 联合任务顺序A | 联合任务顺序B | 任务数 |
| --- | --- | --- | --- | --- |
| 1 | 初始目标概念辨别（练习） | 自我—非我 | 非我—自我 | 20 |
| 2 | 联想属性概念辨别（练习） | 攻击—非攻击 | 攻击—非攻击 | 20 |
| 3 | 相容联合任务（练习） | 自我+攻击—非我+非攻击 | 非我+攻击—自我+非攻击 | 20 |
| 4 | 相容联合任务（实验） | 自我+攻击—非我+非攻击 | 非我+攻击—自我+非攻击 | 40 |
| 5 | 相反目标概念辨别（练习） | 非我—自我 | 自我—非我 | 20 |
| 6 | 不相容联合任务（练习） | 非我+攻击—自我+非攻击 | 自我+攻击—非我+非攻击 | 20 |
| 7 | 不相容联合任务（实验） | 非我+攻击—自我+非攻击 | 自我+攻击—非我+非攻击 | 40 |

在IAT中，由E-Prime程序自动记录被试的反应时和正确率。根据Greenwald等（1998）提出的数据处理方法，对所得数据进行如下处理。

1）将反应时短于 300ms 的记为 300ms，长于 3000ms 的记为 3000ms。
2）将错误率超过 20% 的被试删除，不进行统计分析。
3）分别统计每个被试相容联合任务和不相容联合任务中的平均反应时，以平均反应时之差作为衡量内隐攻击性的指标，即用不相容联合任务（自我＋非攻击、非我＋攻击）的反应时减去相容联合任务（自我＋攻击、非我＋非攻击）的反应时，差值越大，表明被试内隐认知中自我和攻击的联系越紧密，被试的内隐攻击性越强。

### （五）游戏评定量表

被试对所接触游戏的困难度、挫败感、愉悦度、兴奋度、喜爱度、暴力程度及亲社会程度进行评定，以检验实验采用的两款视频游戏在亲社会特性上是否不同，以控制游戏内容以外的其他特性对实验结果的可能影响。该量表为利克特 7 点计分。被试在该量表上的得分反映了被试对游戏的感知，并将其作为判断游戏选择成功与否、自变量操作是否有效的依据。

## 三、实验设计与实验程序

把筛选出来的被试随机划分为两组：一组为实验组，玩亲社会视频游戏（《超级救火队》）；另一组为对照组，玩中性视频游戏《祖玛》。实验组 65 人，其中男生 32 人，女生 33 人；对照组 65 人，其中男生 28 人，女生 37 人。独立样本 $t$ 检验结果表明，实验组、对照组大学生在游戏经验上不存在显著差异（$t=0.34$，$p>0.05$）。实验具体流程如下。

1）被试填写攻击性问卷。
2）所有被试均观看 1min 的风景短片，以确保实验前被试的心理状态处于同一水平。
3）进行不同的实验处理，实验组被试玩亲社会视频游戏，对照组被试玩中性视频游戏，首先玩视频游戏 2min，以熟悉操作，之后再玩 15min。
4）完成内隐攻击性联想测验。
5）填写游戏评定量表。

实验采用单人单机，以个别施测的方式进行。主试在简要讲明实验要求后，不再对被试进行任何指导和干扰，每个被试均按照程序的指导语单独完成测验。被试完成实验后，会获得一定的报酬。

剔除 IAT 中正确率低于 80% 的被试，最终得到有效数据 114 份，具体如表 10-4 所示。

表 10-4 有效被试分布　　　　　　　　　　单位：人

| 项目 | 实验组 | 对照组 | 合计 |
| --- | --- | --- | --- |
| 男生 | 31 | 23 | 54 |
| 女生 | 26 | 34 | 60 |
| 合计 | 57 | 57 | 114 |

### 四、数据处理与统计

采用 SPSS 18.0 和 Amos 20.0 软件对实验数据进行分析和处理。

## 第二节　亲社会视频游戏对大学生内隐攻击性影响的结果与分析

### 一、视频游戏有效性检验

视频游戏有效性检验，即分析实验选取的两款视频游戏在亲社会特性上是否不同，以控制游戏的其他特性对实验结果的影响。采用独立样本 $t$ 检验考察《超级救火队》《祖玛》两款游戏在困难度、挫败感、愉悦度、兴奋度、喜爱度、暴力程度及亲社会程度上的差异，结果如表 10-5 所示。实验组游戏亲社会程度的得分（$M=5.07$，$SD=1.43$）高于对照组游戏亲社会程度的得分（$M=3.37$，$SD=1.60$），且两者之间存在显著差异（$t=5.97$，$p<0.001$）；而实验组游戏和对照组游戏在其他特性上均不存在显著差异（$p>0.05$）。结果表明，除亲社会程度外，两款视频游戏的其他特性均保持同质。因此，本研究选取的两款视频游戏是有效的。

表 10-5 视频游戏有效性检验

| 项目 | 《超级救火队》($n=57$)($M±SD$) | 《祖玛》($n=57$)($M±SD$) | $t$ |
|---|---|---|---|
| 困难度 | 2.26 ± 1.17 | 2.70 ± 1.25 | −1.93 |
| 挫败感 | 1.93 ± 1.13 | 2.00 ± 1.02 | −0.35 |
| 愉悦度 | 4.60 ± 1.53 | 5.02 ± 1.19 | −1.64 |
| 兴奋度 | 4.42 ± 1.66 | 4.53 ± 1.51 | −0.35 |
| 喜爱度 | 4.65 ± 1.77 | 5.02 ± 1.40 | −1.24 |
| 暴力程度 | 2.02 ± 1.67 | 1.61 ± 0.90 | 1.60 |
| 亲社会程度 | 5.07 ± 1.43 | 3.37 ± 1.60 | 5.97*** |

## 二、实验组、对照组大学生内隐攻击性联合任务的反应时差异分析

采用配对样本 $t$ 检验分别考察实验组、对照组大学生内隐攻击性联合任务反应时的差异，结果如表 10-6 所示。实验组在相容联合任务中的反应时长于不相容联合任务的反应时，且两者之间存在显著差异（$t=8.57$，$p<0.001$）；对照组在相容联合任务中的反应时长于在不相容联合任务中的反应时，且两者之间存在显著差异（$t=5.51$，$p<0.001$）。

表 10-6 实验组、对照组被试内隐攻击性联合任务反应时的差异分析

| 项目 | 相容联合任务（ms）($M±SD$) | 不相容联合任务（ms）($M±SD$) | $t$ |
|---|---|---|---|
| 实验组 | 810.02 ± 218.20 | 649.88 ± 157.99 | 8.57*** |
| 对照组 | 741.67 ± 153.99 | 646.94 ± 126.42 | 5.51*** |

## 三、实验组、对照组大学生攻击性特质与内隐攻击性的相关及差异分析

我们分别对实验组、对照组大学生攻击性特质和内隐攻击性进行相关分析。结果发现，无论是实验组（$r=0.18$，$p>0.05$）还是对照组（$r=0.02$，$p>0.05$），

被试的攻击性特质与内隐攻击性均呈正相关，但相关都不显著。

为了控制实验组、对照组大学生可能因攻击性特质不同而对实验结果造成影响，采用独立样本 $t$ 检验考察实验组、对照组被试在攻击性特质上的差异，结果如表10-7所示。实验组被试的攻击性特质高于对照组被试的攻击性特质，但两者之间不存在显著差异（$t=1.85$，$p>0.05$）。结果表明，随机分组的被试在攻击性特质方面具有高度的同质性。实验组被试的内隐攻击性低于对照组被试的内隐攻击性，且两者之间存在显著差异（$t=-2.58$，$p<0.05$）。

表10-7　实验组、对照组被试攻击性特质、内隐攻击性的差异分析

| 项目 | 实验组（$n=57$）（$M\pm SD$） | 对照组（$n=57$）（$M\pm SD$） | $t$ | $d$ |
| --- | --- | --- | --- | --- |
| 攻击性特质 | 2.52 ± 0.32 | 2.39 ± 0.38 | 1.85 | — |
| 内隐攻击性 | −160.15 ± 141.09 | −94.73 ± 129.81 | −2.58* | 0.49 |

## 四、游戏类型和性别与大学生内隐攻击性的关系分析

首先，以游戏类型和性别为自变量，以攻击性特质为因变量，进行两因素完全随机方差分析，结果如表10-8所示。游戏类型、性别对大学生攻击性特质影响的主效应不显著[$F(1,110)=3.66$，$p>0.05$，$\eta^2=0.032$；$F(1,110)=1.07$，$p>0.05$，$\eta^2=0.010$]，游戏类型和性别对大学生攻击性特质影响的交互作用也不显著[$F(1,110)=1.67$，$p>0.05$，$\eta^2=0.015$]。

表10-8　游戏类型和性别与大学生攻击性特质之间的关系分析

| 项目 | $SS$ | $df$ | $MS$ | $F$ |
| --- | --- | --- | --- | --- |
| 游戏类型 | 0.45 | 1 | 0.45 | 3.66 |
| 性别 | 0.13 | 1 | 0.13 | 1.07 |
| 游戏类型×性别 | 0.21 | 1 | 0.20 | 1.67 |

如图 10-1 所示，进一步的简单效应分析表明，实验组男生的攻击性特质（$M=2.45$，$SD=0.35$）低于实验组女生的攻击性特质（$M=2.60$，$SD=0.27$），两者之间不存在显著差异（$p>0.05$）；对照组男生的攻击性特质（$M=2.40$，$SD=0.46$）高于对照组女生的攻击性特质（$M=2.39$，$SD=0.32$），两者之间也不存在

显著差异（$p>0.05$）。同时，实验组男生的攻击性特质（$M=2.45$，$SD=0.35$）高于对照组男生的攻击性特质（$M=2.40$，$SD=0.46$），但两者之间不存在显著差异（$p>0.05$）；实验组女生的攻击性特质（$M=2.60$，$SD=0.27$）高于对照组女生的攻击性特质（$M=2.39$，$SD=0.32$），且两者之间存在显著差异（$p<0.01$）。

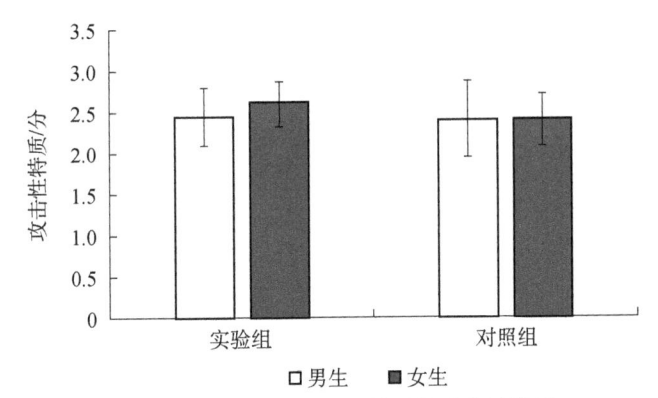

图 10-1 实验组与对照组被试的攻击性特质

其次，以游戏类型和性别为自变量，以内隐攻击性为因变量，进行两因素方差分析，结果如表 10-9 所示。游戏类型对大学生内隐攻击性影响的主效应显著[$F(1, 110)=6.93$，$p<0.05$，$\eta^2=0.059$]，性别对大学生内隐攻击性影响的主效应不显著[$F(1, 110)=0.01$，$p>0.05$，$\eta^2=0.001$]，游戏类型和性别对大学生内隐攻击性影响的交互作用也不显著[$F(1, 110)=2.94$，$p>0.05$，$\eta^2=0.026$]。

表 10-9 游戏类型和性别与大学生内隐攻击性之间的关系分析

| 项目 | SS | df | MS | F |
| --- | --- | --- | --- | --- |
| 游戏类型 | 126 178.71 | 1 | 126 178.71 | 6.93* |
| 性别 | 246.32 | 1 | 246.32 | 0.01 |
| 游戏类型×性别 | 53 623.50 | 1 | 53 623.50 | 2.94 |

如图 10-2 所示，进一步的简单效应分析表明，实验组男生的内隐攻击性（$M=-181.52$，$SD=170.85$）低于实验组女生的内隐攻击性（$M=-134.67$，$SD=91.22$），但两者之间不存在显著差异（$p>0.05$）；对照组男生的内隐攻击性（$M=-70.33$，$SD=169.16$）高于对照组女生的内隐攻击性（$M=-111.24$，$SD=93.92$），但两者之间也不存在显著差异（$p>0.05$）。同时，实验组男生的内隐攻

击性（$M=-181.52$，$SD=170.85$）低于对照组男生的内隐攻击性（$M=-70.33$，$SD=169.16$），且两者之间存在显著差异（$p<0.05$）；实验组女生的内隐攻击性（$M=-134.67$，$SD=91.22$）低于对照组女生的内隐攻击性（$M=-111.24$，$SD=93.92$），但两者之间不存在显著差异（$p>0.05$）。

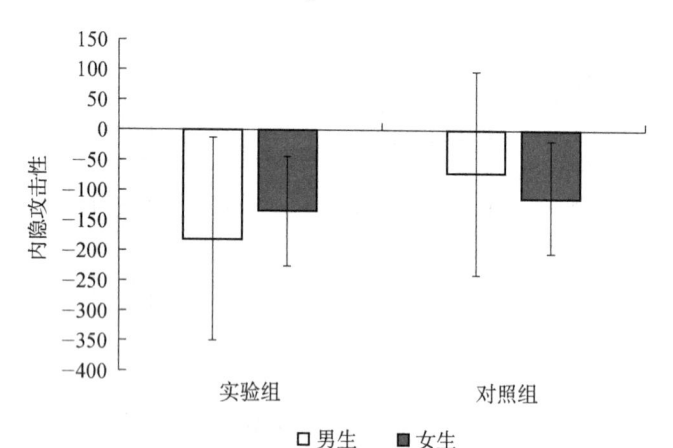

图 10-2 游戏类型和性别与大学生内隐攻击性的关系

## 五、游戏类型和攻击性特质与大学生内隐攻击性的关系分析

为了进一步考察亲社会视频游戏对不同攻击性特质水平大学生内隐攻击性的影响，我们分别将实验组、对照组被试在攻击性特质上的得分从高到低进行降序排列，然后把前 27% 的被试作为高攻击性特质组，将后 27% 的被试作为低攻击性特质组。实验组、对照组具体人数分布如表 10-10 所示。

表 10-10 实验组、对照组不同攻击性特质水平被试人数分布　　　　单位：人

| 项目 | 实验组 | 对照组 | 合计 |
| --- | --- | --- | --- |
| 高攻击性特质 | 15 | 15 | 30 |
| 低攻击性特质 | 18 | 14 | 32 |
| 合计 | 33 | 29 | 62 |

接着，以游戏类型和攻击性特质为自变量，以内隐攻击性为因变量，进行两因素方差分析，结果如表 10-11 所示。游戏类型、攻击性特质对大学生内隐攻击

性影响的主效应不显著[$F(1, 110) = 2.57$, $p > 0.05$, $\eta^2 = 0.042$; $F(1, 110) = 2.01$, $p > 0.05$, $\eta^2 = 0.033$], 游戏类型和攻击性特质与大学生内隐攻击性的交互作用也不显著[$F(1, 110) = 0.89$, $p > 0.05$, $\eta^2 = 0.015$]。

表10-11 游戏类型和攻击性特质与大学生内隐攻击性之间的关系分析

| 项目 | SS | df | MS | F |
| --- | --- | --- | --- | --- |
| 游戏类型 | 39 344.22 | 1 | 39 344.22 | 2.57 |
| 攻击性特质 | 30 708.14 | 1 | 30 708.14 | 2.01 |
| 游戏类型×攻击性特质 | 13 678.29 | 1 | 13 678.29 | 0.89 |

如图10-3所示, 进一步的简单效应分析表明, 实验组高攻击性特质被试的内隐攻击性 ($M = -109.30$, $SD = 92.87$) 高于实验组低攻击性特质被试的内隐攻击性 ($M = -183.84$, $SD = 145.98$), 但两者之间不存在显著差异 ($p > 0.05$); 对照组高攻击性特质被试的内隐攻击性 ($M = -88.53$, $SD = 123.73$) 高于对照组低攻击性特质被试的内隐攻击性 ($M = -103.40$, $SD = 126.82$), 两者之间也不存在显著差异 ($p > 0.05$)。同时, 实验组高攻击性特质被试的内隐攻击性 ($M = -109.30$, $SD = 92.87$) 低于对照组高攻击性特质被试的内隐攻击性 ($M = -88.53$, $SD = 123.73$), 两者之间不存在显著差异 ($p > 0.05$); 实验组低攻击性特质被试的内隐攻击性 ($M = -183.84$, $SD = 145.98$) 低于对照组低攻击性特质被试的内隐攻击性 ($M = -103.40$, $SD = 126.82$), 两者之间也不存在显著差异 ($p > 0.05$)。

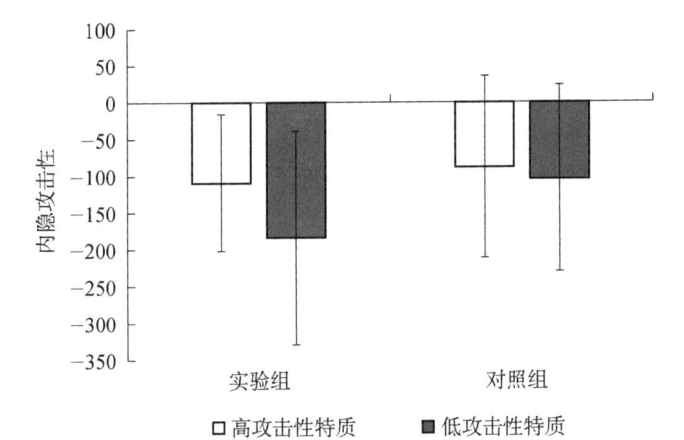

图10-3 游戏类型和攻击性特质与大学生内隐攻击性之间的关系分析

# 第三节 亲社会视频游戏对大学生内隐攻击性影响的讨论

## 一、亲社会视频游戏对大学生内隐攻击性的影响

本研究发现，无论是玩亲社会视频游戏的实验组，还是玩中性视频游戏的对照组，被试对相容联合任务（自我＋攻击、非我＋非攻击）的反应时更长，对不相容联合任务（自我＋非攻击、非我＋攻击）的反应时更短，即被试更倾向于将"自我"和"非攻击"相联系。进一步研究发现，在攻击性特质同质的前提下，实验组大学生的内隐攻击性显著低于对照组大学生的内隐攻击性，即与中性视频游戏相比，亲社会性视频游戏对大学生的内隐攻击性产生了抑制效应。

## 二、亲社会视频游戏对不同性别大学生内隐攻击性的影响

本研究发现，组别和性别影响内隐攻击性的主效应不显著，这与 Greitemeyer 和 Osswald（2009）的研究结果相同。本研究认为，与态度、情绪及行为相比，认知具有相对稳定的特质，而内隐攻击性属于个体认知的范畴，因此具有相对稳定性。内隐攻击性只有经过不同类型的启动，才会表现出差异，而实验组男女生和对照组男女生分别玩相同的视频游戏，接受相同的启动条件，因此在内隐攻击性上很难表现出差异。

本研究还发现，在攻击性特质同质的前提下，实验组男生的内隐攻击性显著低于对照组男生的内隐攻击性。根据之前相关分析的结果，对照组被试攻击性特质与其内隐攻击性呈不显著的正相关，即在一定程度上，攻击性特质高，内隐攻击性也应该高。但结果表明，实验组女生和对照组女生在内隐攻击性上不存在显著差异，说明亲社会视频游戏既抑制了男生的内隐攻击性，也抑制了女生的内隐

攻击性，即亲社会视频游戏对大学生内隐攻击性的抑制效应不存在性别差异。

## 三、亲社会视频游戏对不同攻击性特质大学生内隐攻击性的影响

本研究发现，攻击性特质和性别的主效应不显著。本研究还发现，实验组高攻击性特质大学生与对照组高攻击性特质大学生在内隐攻击性上不存在显著差异，实验组低攻击性特质大学生和对照组低攻击性特质大学生在内隐攻击性上也不存在显著差异。由此可知，亲社会视频游戏对内隐攻击性的抑制效应在不同攻击性特质水平被试之间不存在差异。

## 参考文献

戴春林，孙晓玲.（2007）.关于服刑人员的内隐攻击性研究. *心理科学*,（4），955-957.
侯杰泰，温忠麟，成子娟.（2004）. *结构方程模型及其应用*. 北京：教育科学出版社.
李相南，李志勇，张丽.（2017）.青少年社会支持与攻击的关系：自尊、自我控制的链式中介作用. *心理发展与教育*,（2），240-248.
田录梅.（2006）.Rosenberg（1965）自尊量表中文版的美中不足. *心理学探新*,（2），88-91.
魏华，张丛丽，周宗奎，金琼，田媛.（2010）.媒体暴力对大学生攻击性的长时效应和短时效应. *心理发展与教育*,（5），489-494.
温忠麟，侯杰泰，马什赫伯特.（2004）.结构方程模型检验：拟合指数与卡方准则. *心理学报*,（2），186-194.
Anderson, C. A., & Dill, K. E.（2000）. Video games and aggressive thoughts, feelings, and behavior in the laboratory and in life. *Journal of Personality and Social Psychology*, 78（4），772-790.
Buss, A. H., & Perry, M.（1992）. The aggression questionnaire. *Journal of Personality and Social Psychology*, 63（3），452-459.
Greenwald, A. G., McGhee, D. E., & Schwartz, J. L. K.（1998）. Measuring individual differences in implicit cognition: The implicit association test. *Journal of Personality and Social Psychology*, 74（6），1464-1480.
Greitemeyer, T., & Osswald, S.（2009）. Prosocial video games reduce aggressive cognitions. *Journal of Experimental Social Psychology*, 45（4），896-900.

# 第十一章

# 亲社会视频游戏抑制攻击性行为的短时效应的 ERP 研究

本研究拟探讨的问题主要有三个：其一，考察相比中性视频游戏，亲社会视频游戏是否会通过促进亲社会认知进一步抑制攻击性行为，进而检验亲社会视频游戏是否会影响个体对亲社会性与亲社会行为的感知和判断；其二，通过 ERP 任务，观察个体的三个脑区在不同社会条件下的 P3 波幅的差异，探讨不同社会情境对个体亲社会认知的影响；其三，通过对个体行为结果和脑电数据进行相关分析，考察亲社会视频游戏抑制攻击性行为的内部机制，检验亲社会认知在亲社会视频游戏影响攻击性行为的过程中是否存在中介作用。

# 第一节 被试及方法

## 一、被试

被试是母语为汉语的西南大学在校学生，共 42 人（男生 21 人，女生 21 人），年龄为 18—27 岁，平均年龄为 21.62 岁（$SD=1.81$）。均为自愿参加，并且签署知情同意书，完成实验任务后给予其相应的报酬。其中，中性视频游戏组被试 22 人（男生 12 人，女生 10 人），年龄为 19—23 岁，平均年龄为 21.45 岁（$SD=1.56$），由于 2 名被试的数据伪迹较大，故将其剔除，最终中性视频游戏组有效被试为 20 人（男生 10 人，女生 10 人）。亲社会视频游戏组被试为 20 人（男生 8 人，女生 12 人），年龄为 18—24 岁，平均年龄为 20.81 岁（$SD=2.07$），由于 1 名被试的数据伪迹较大，故将其剔除，最终亲社会视频游戏组有效被试为 19 人（男生 8 人，女生 11 人）。所有被试均为右利手，裸眼视力或矫正视力正常，无语言等神经功能上的缺陷或损伤，近期亦未服用任何药物。实验过程中，要求被试避免做出与实验任务无关的身体动作。

被试游戏经验的检验如下：采用 Anderson 和 Dill（2000）编制的游戏经验问卷对被试的游戏经验进行测验。要求被试列出 3 款游戏，并且对他们使用游戏的频率进行 7 点评分（1=很少，7=非常），以及对该款游戏的画面暴力程度和内容暴力程度进行 7 点评分（1=很少，7=很多）。最后，采用几款游戏的平均游戏经验指数（频率×暴力程度）计算游戏接触量。结果发现，两组被试的游戏接触量不存在显著差异，$t(44)=0.34$，$p=0.74$，其中亲社会视频游戏组被试的游戏接触量为 13.25±9.34，中性视频游戏组被试的游戏接触量为 12.29±8.95。

两组被试的攻击性特质的检验如下：采用 Buss 和 Perry（1992）编制的攻击性特质问卷对两组被试的攻击性进行检验发现，两组被试的攻击性特质不存在显著差异，$t(44)=1.58$，$p=0.12$。亲社会视频游戏组被试的攻击性特质得分为 2.64±0.52，中性视频游戏组被试的攻击性特质得分为 2.42±0.43。

## 二、研究工具

### （一）视频游戏

本研究选择了 2 款视频游戏，分别为《旅鼠》《弹珠》。《旅鼠》是一款亲社会视频游戏，被许多研究采用（Greitemeyer，2011，2013；Greitemeyer et al.，2012；Greitemeyer & Osswald，2009）。在《旅鼠》中，每个游戏关卡都要求玩家赋予小旅鼠一些技能，帮助它们战胜各种艰难险阻，最终到达终点。《弹珠》是一款中性视频游戏，玩家通过操作鼠标反弹珠子，来击落物块，最终得分的高低代表关卡水平。随机选择西南大学本科生 50 人（男生 12 人，女生 38 人）对两款游戏进行评价。结果发现，只有亲社会内容和亲社会动作两项存在显著差异（$p<0.001$），其他方面均不存在显著差异（表 11-1）。因此，这两款游戏内容已经很好地匹配，可以运用到正式实验中。

表 11-1　两款游戏各项资料的匹配

| 游戏特征 | 《弹珠》$M(SD)$ | 《旅鼠》$M(SD)$ | $F$ | $p$ | $\eta^2$ |
|---|---|---|---|---|---|
| 正性情绪 | 3.49（0.61） | 3.36（0.65） | 1.61 | 0.21 | 0.03 |
| 负性情绪 | 1.49（0.40） | 1.61（0.58） | 2.29 | 0.14 | 0.05 |
| 唤醒度 | 2.43（0.27） | 2.38（0.30） | 2.74 | 0.11 | 0.05 |
| 挫折度 | 2.59（1.12） | 2.84（1.06） | 1.55 | 0.22 | 0.03 |
| 困难度 | 2.49（0.96） | 2.78（1.04） | 1.88 | 0.18 | 0.04 |
| 愉悦度 | 4.24（0.63） | 4.14（0.76） | 0.67 | 0.42 | 0.01 |
| 熟练度 | 3.69（0.87） | 3.49（0.89） | 1.48 | 0.23 | 0.03 |
| 亲社会内容 | 3.76（0.94） | 2.04（0.84） | 80.37 | 0.00 | 0.63 |
| 暴力内容 | 1.67（0.82） | 1.61（0.61） | 0.22 | 0.64 | 0.01 |
| 亲社会动作 | 1.59（0.67） | 3.22（1.01） | 90.35 | 0.00 | 0.65 |
| 暴力动作 | 1.22（0.55） | 1.29（0.82） | 0.28 | 0.59 | 0.01 |

### （二）亲社会判断任务

参照前人的研究（Loke et al., 2011），本研究设计的亲社会判断任务包含 4

种情景。第一种是迫切需要帮助的亲社会情景故事，例如，"小明在路上走着，碰到老奶奶跌倒在地上，小明决定……"，其结果分为帮助和不帮。第二种是一般中性情景，例如，"小明在路上走着，看到小华在自己脱鞋子，小明决定……"，其结果也分为帮助和不帮。整个亲社会判断推理任务的流程如图11-1所示。首先，注视点呈现200ms，接下来是情景故事（包含迫切需要帮助的亲社会情景故事和一般中性情景故事）呈现2500ms，呈现缓冲黑屏500—1050ms，接下来是主人公的结果，分为帮助和不帮（呈现1000ms），然后让被试对前面的故事进行好坏判断，若是好事，则好的程度是多大，进行利克特4点评分（好事，1＝一点也不，4＝非常）；若不是好事，也进行利克特4点评分（1＝非常，4＝一点也不）。最后是750—1350ms的缓冲随机黑屏。

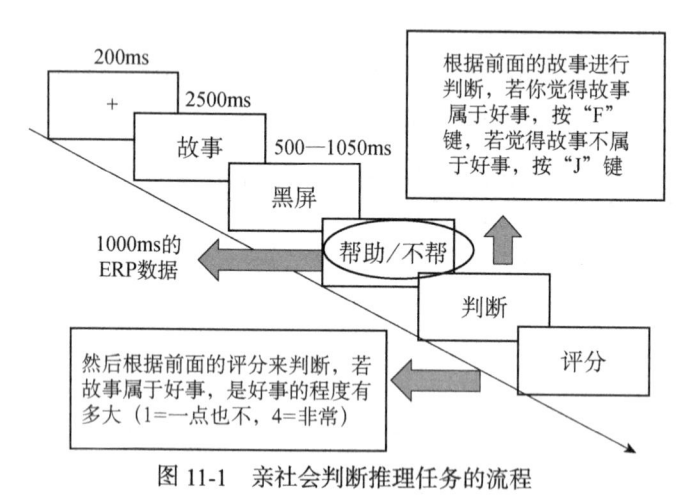

图 11-1 亲社会判断推理任务的流程

## （三）"辣椒酱"范式

Lieberman 等（1999）提出了"辣椒酱"范式（hot sauce paradigm）。起初，在"辣椒酱"范式中，被试首先会受到伪被试的激惹（比如，给被试倒一杯过期的果汁，或者发表一段强烈反对被试的意见或与其世界观矛盾的言辞等）。然后，要求被试为伪被试倒辣椒酱（他事先表明自己不喜欢吃辣），所倒辣椒酱的数量作为测量被试攻击性行为的指标。"辣椒酱"范式是一种间接测量攻击性行为的方法，具有较高的信效度（Lieberman et al., 1999）。后来，研究者根据研究的需要不断地对"辣椒酱"范式进行了修正（Beier，2012）。

在本实验中，我们也对"辣椒酱"范式进行了修改。为了研究的方便，我们呈现5杯不同等级的辣椒酱（实物）（1=一点儿辣，5=非常辣）（实物），让被试进行选择（告诉被试，在楼下进行味觉测量，1名被试不喜欢吃辣椒酱，对他进行味觉测量，需要他选择一杯辣椒酱让另外1名被试吃）。最后，以被试选择的"辣椒酱"等级作为测量其攻击性行为的指标。

## 三、实验设计与实验程序

本研究采用2（组别：亲社会视频游戏组，中性视频游戏组）×2（条件：亲社会，中性）×2（结果：帮助，不帮）的混合实验设计。

首先，告诉被试，接下来要进行一个有关游戏影响注意力的脑电实验。准备工作完成之后，每个电极的阻抗降低至5kΩ以下时，把被试随机分配到不同的组别，分别玩亲社会视频游戏或者中性视频游戏20min。当被试玩完游戏之后，休息2min，马上进行亲社会判断任务。亲社会判断任务分4个block，每个block包含60个trail。单个试次的实验流程如下：开始呈现注视点200ms，接下来是500ms的黑屏，然后呈现结果界面1000ms，再呈现要求被试对整个故事进行判断的判断界面，如果呈现的故事属于好事，则按"F"键，如果呈现的故事不属于好事，按"J"键。按键之后刺激不会消失，随后要求被试对刚刚的故事进行评价，若是出现帮助的好事，判断好的程度有多大，若不是好事，则判断坏的程度有多大，接着呈现的是黑屏，时间随机为750—1350ms。亲社会判断任务中的每个block之后，都会要求被试休息一会儿。整个任务大概持续40min。

## 四、数据处理与统计

本研究采用德国Brain Products公司的64导连接记录和分析系统，连续记录63个Ag/AgCl单极导联的脑电。电极位置采用国际10-20系统。记录右眼的水平眼电和垂直眼电。采用前额电极接地（在 FPz 和 Fz 的中点），前额的在线参考电极为 FCz。A/D 采样频率为 500Hz，电极与头皮电阻的阻抗小于 5kΩ。

然后，采用 Analyzer 2.0 软件对 EEG 数据进行离线分析，重新选择双耳耳垂为离线参考，采用回归法去掉水平眼电和垂直眼电，滤波带通为 0.01—30Hz，基线矫正后（-200ms），剔除了波幅超过 ± 80μV 的伪迹。我们仅仅对帮助或不帮出现的 1000ms 的 ERP 成分按试次进行叠加，分析时程为-200ms—1000ms，刺激呈现前的 200ms 为基线水平。参照前人的分析方法（Loke et al.，2011），P3 选取的时间窗为 250—500ms，采用峰值探测获取波幅及潜伏期。选取的感兴趣的区域（region of interest，ROI）如下：前额区包括 Fz、F3、F4、FCz、FC3、FC4，左顶枕叶包括 CP3、CP5、P3、P5、PO3、PO5，右顶枕叶包括 CP4、CP6、P4、P6、PO4、PO6。选取这些点的平均波幅和潜伏期作为该脑区的 P3 波幅及潜伏期。

## 第二节 亲社会视频游戏抑制攻击性行为的 ERP 研究结果与分析

### 一、行为数据结果

#### （一）亲社会判断任务

本研究采用 2（条件：亲社会，中性）× 2（结果：帮助，不帮）× 2（组别：亲社会视频游戏组，中性视频游戏组）的重复测量方差分析。结果发现，条件的主效应显著，$F(1, 44)=26.53$，$p<0.01$，$\eta^2=0.38$，并且亲社会条件下的反应时短于中性条件（745.13 ± 26.21，839.84 ± 27.49）。结果的主效应也显著，$F(1, 44)=50.68$，$p<0.01$，$\eta^2=0.53$，并且帮助的结果反应时短于不帮（723.65 ± 24.14，861.32 ± 29.63）；组别的主效应不显著，$F(1, 44)=1.93$，

$p=0.172$，$\eta^2=0.04$，条件与结果、结果与组别及条件与组别的交互作用不显著（$F$ 均小于 2，$p$ 均大于 0.05）。但是，条件、结果与组别的交互作用显著，$F(1, 44)=5.17$，$p=0.028$，$\eta^2=0.11$。对于中性视频游戏组而言，不管结果是帮助还是不帮，亲社会条件下的反应时都显著短于中性条件，对于亲社会视频游戏组而言，帮助时，亲社会条件下的反应时显著短于中性条件，而当不帮时，亲社会条件和中性条件下的反应时不存在显著差异（图 11-2）。

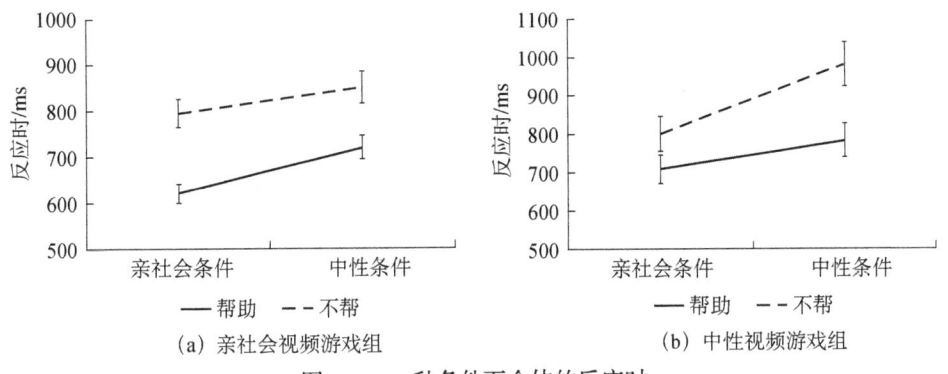

图 11-2  4 种条件下个体的反应时

对情景的评分，采用 2（条件：亲社会，中性）×2（结果：帮助，不帮）×2（组别：亲社会视频游戏组，中性视频游戏组）的重复测量方差分析。结果发现，条件的主效应显著，$F(1, 44)=38.84$，$p<0.01$，$\eta^2=0.47$，并且亲社会条件下的评分高于中性条件（2.53±0.05，2.11±0.06）。结果的主效应也显著，$F(1, 44)=289.24$，$p<0.01$，$\eta^2=0.87$，并且帮助的结果评分高于不帮（2.91±0.05，1.74±0.06）；组别的主效应不显著，$F(1, 44)=0.25$，$p=0.617$，$\eta^2=0.007$，条件、结果、组别的交互作用不显著（$F<1$，$p>0.05$），条件、组别的交互作用不显著（$F<1$，$p>0.05$）；结果、组别的交互作用边缘显著，$F(1, 44)=4.01$，$p=0.051$，$\eta^2=0.084$。简单效应检验发现，当结果为帮助时，亲社会视频游戏组被试的得分高于中性视频游戏组被试，$F(1, 44)=3.06$，$p=0.08$，$\eta^2=0.06$，当结果为不帮时，亲社会视频游戏组被试和中性视频游戏组被试的得分不存在显著差异，$F(1, 44)=0.72$，$p=0.401$，$\eta^2=0.016$。

条件、结果的交互作用非常显著，$F(1, 44)=28.14$，$p<0.001$，$\eta^2=$

0.469。简单效应检验发现，在亲社会条件下，帮助的得分显著高于不帮。在中性条件下，帮助的得分也显著高于不帮，但是变化没有前者大（图11-3）。

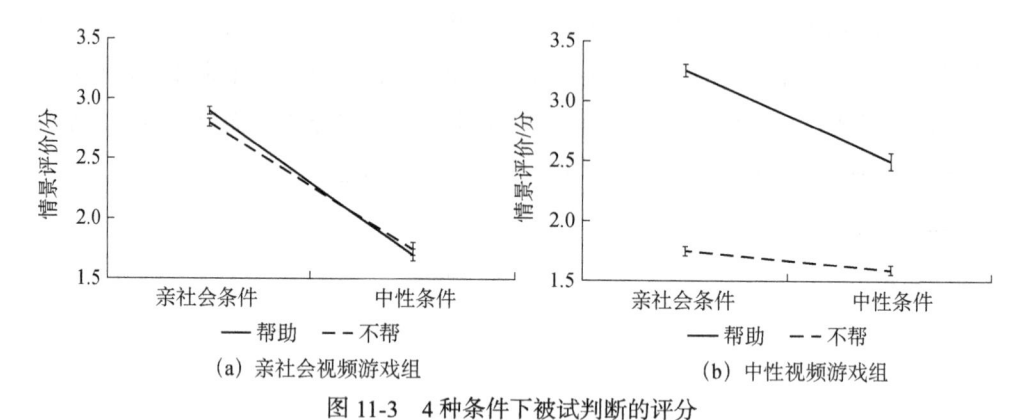

图 11-3 4种条件下被试判断的评分

## （二）"辣椒酱"实验结果

对两组被试的"辣椒酱"选定结果进行差异检验，结果发现存在显著差异，$F(1,44)=8.21$，$p=0.006$，$\eta^2=0.157$，并且亲社会视频游戏组（$M=2.565$，$SD=1.03$）被试选择的"辣椒酱"等级显著低于中性视频游戏组（$M=3.478$，$SD=1.12$）。我们把攻击性特质当作协变量纳入方差分析，结果发现，其效应存在显著差异，$F(1,44)=4.25$，$p=0.021$，$\eta^2=0.165$。

## 二、ERP 结果

我们把 P3 的 ERP 结果划分为 3 个脑区，即前额区、左顶枕区及右顶枕区。3 个脑区的 P3 波幅及潜伏期如表 11-2 所示。

表 11-2 P3 波幅和潜伏期的测量

| 条件类型 | | 波幅/μV | | 潜伏期/ms | |
| --- | --- | --- | --- | --- | --- |
| | | 亲社会视频游戏 $M(SD)$ | 中性视频游戏 $M(SD)$ | 亲社会视频游戏 $M(SD)$ | 中性视频游戏 $M(SD)$ |
| 前额区 | 亲社会—帮助 | 3.38（3.32） | 2.80（2.59） | 345.22（85.61） | 325.83（85.96） |
| | 亲社会—不帮 | 2.09（3.89） | 1.48（1.09） | 334.61（86.26） | 334.52（88.06） |

续表

| 条件类型 | | 波幅/μV | | 潜伏期/ms | |
|---|---|---|---|---|---|
| | | 亲社会视频游戏 $M(SD)$ | 中性视频游戏 $M(SD)$ | 亲社会视频游戏 $M(SD)$ | 中性视频游戏 $M(SD)$ |
| 前额区 | 中性—帮助 | 3.21（3.99） | 2.80（2.75） | 323.30（79.02） | 328.87（92.13） |
| | 中性—不帮 | 1.50（4.19） | 1.79（3.04） | 280.09（59.93） | 292.70（82.77） |
| 左顶枕区 | 亲社会—帮助 | 6.86（3.98） | 5.66（2.35） | 353.04（59.34） | 337.91（78.39） |
| | 亲社会—不帮 | 6.64（4.13） | 5.73（2.54） | 322.70（62.80） | 339.39（75.54） |
| | 中性—帮助 | 5.75（3.27） | 5.53（2.27） | 362.17（67.36） | 352.61（75.59） |
| | 中性—不帮 | 4.78（3.57） | 5.25（2.89） | 322.09（67.33） | 339.35（73.01） |
| 右顶枕区 | 亲社会—帮助 | 7.55（3.97） | 5.60（2.57） | 339.91（68.99） | 352.35（83.14） |
| | 亲社会—不帮 | 7.91（4.39） | 6.33（2.66） | 312.35（52.53） | 334.96（72.61） |
| | 中性—帮助 | 7.20（3.94） | 5.93（2.09） | 330.35（67.72） | 339.04（68.14） |
| | 中性—不帮 | 6.50（3.74） | 5.70（2.70） | 322.96（67.36） | 329.39（74.22） |

1）前额区。对于 P3，进行 2（条件：亲社会，中性）×2（结果：帮助，不帮）×2（组别：亲社会视频游戏组，中性视频游戏组）的重复测量方差分析，并且以性别为协变量。结果发现，组别、性别的主效应不显著（$F<1$，$p>0.05$），帮助的主效应显著，$F(1, 43)=5.05$，$p=0.03$，$\eta^2=0.11$，并且不管是在亲社会条件还是中性条件下，帮助结果均诱发了更大波幅的 P3（3.05±0.44，1.72±0.49）。P3 的潜伏期均不存在显著差异。

2）左顶枕区。进行 2（条件：亲社会，中性）×2（结果：帮助，不帮）×2（组别：亲社会视频游戏组，中性视频游戏组）的重复测量方差分析，并且以性别为协变量。结果发现，组别、性别的主效应不显著（$F<1$，$p>0.05$），除了条件和组别的交互作用显著外，$F(1, 43)=5.65$，$p=0.02$，$\eta^2=0.12$，其他均不显著。简单效应分析如图 11-4 所示，对于中性视频游戏组，两种条件下的结果不存在显著差异，而在亲社会视频游戏组中，亲社会条件下的波幅显著大于中性条件。对于潜伏期而言，结果、组别的交互作用显著，$F(1, 43)=4.32$，$p=0.04$，$\eta^2=0.09$，在亲社会视频游戏组，帮助条件下的潜伏期显著长于不帮，而在中性视频游戏组，帮与不帮条件下的差异并不显著。

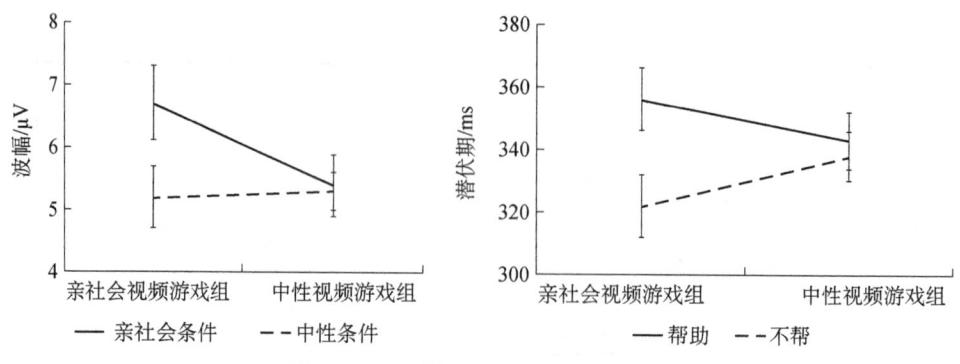

图 11-4　左顶枕区的 P3 波幅和潜伏期

3) 右顶枕区。进行 2（条件：亲社会，中性）×2（结果：帮助，不帮）×2（组别：亲社会视频游戏组，中性视频游戏组）的重复测量方差分析，并且以性别为协变量，结果发现，组别、性别的主效应不显著（$F<1$，$p>0.05$）。除了条件、结果的交互作用显著，$F(1, 43)=5.89$，$p=0.02$，$\eta^2=0.12$，其他均不显著。简单效应检验显示，对于帮助的结果而言，不管需要还是不需要，右顶枕区的 P3 波幅均不存在显著差异（$p=0.52$），对于不帮的结果而言，亲社会条件下的 P3 波幅显著大于中性条件（$p<0.01$）（图 11-5）。对于潜伏期，除了结果的主效应显著，$F(1, 43)=6.01$，$p=0.018$，$\eta^2=0.13$，并且帮助时的潜伏期长于不帮，其他均不存在显著差异。3 个脑区的 P3 波形图如图 11-6 所示。

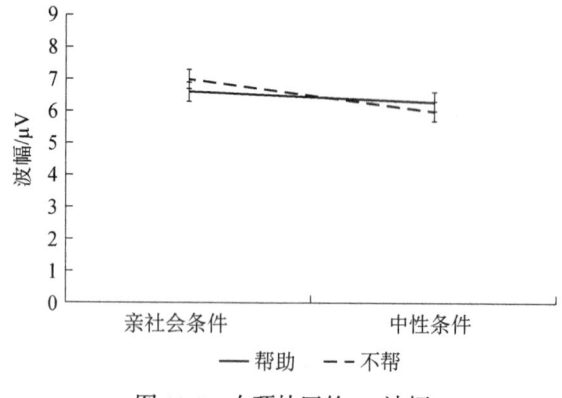

图 11-5　右顶枕区的 P3 波幅

# 第十一章
## 亲社会视频游戏抑制攻击性行为的短时效应的 ERP 研究

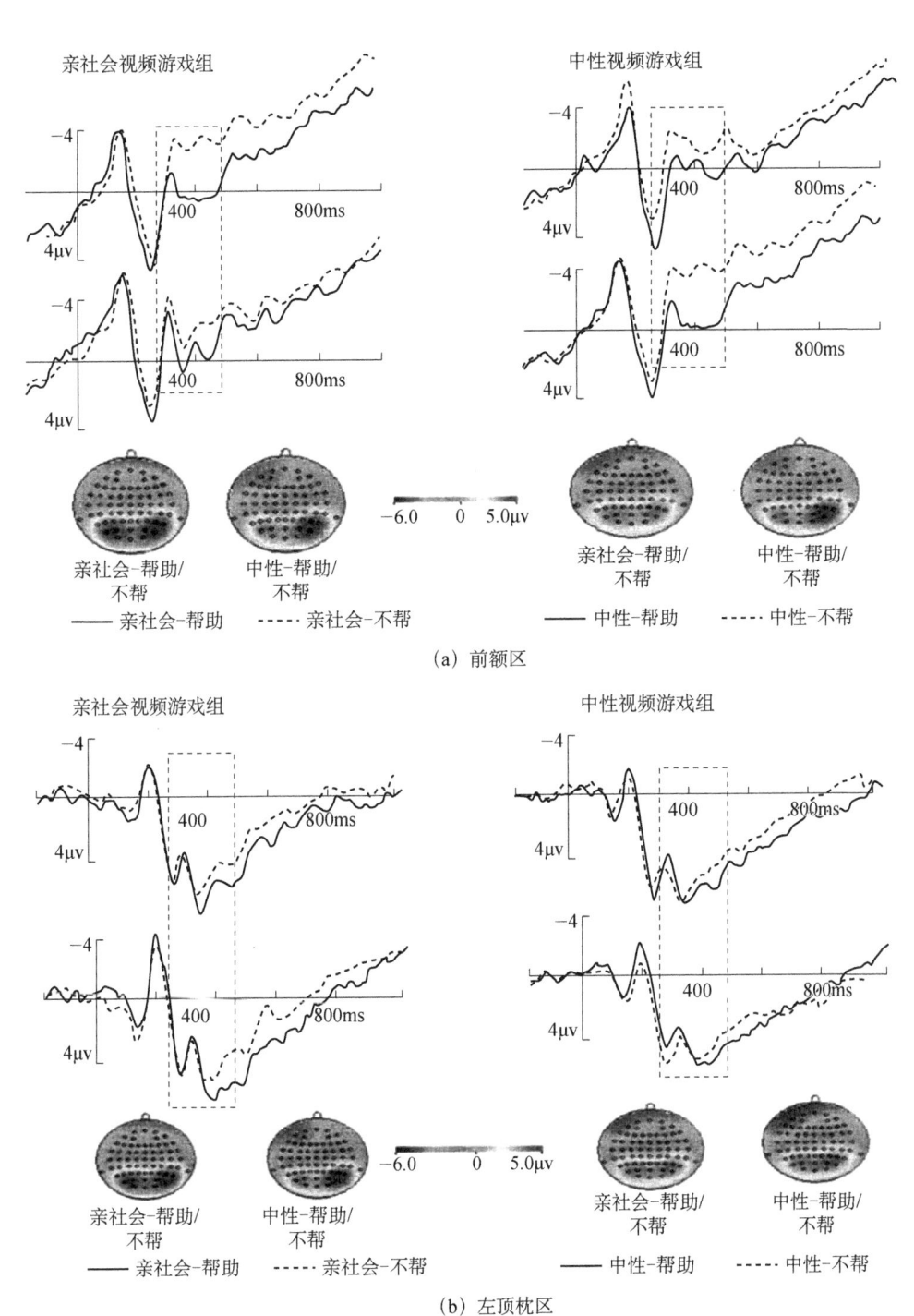

（a）前额区

（b）左顶枕区

图 11-6　3 个脑区的 P3 波形图

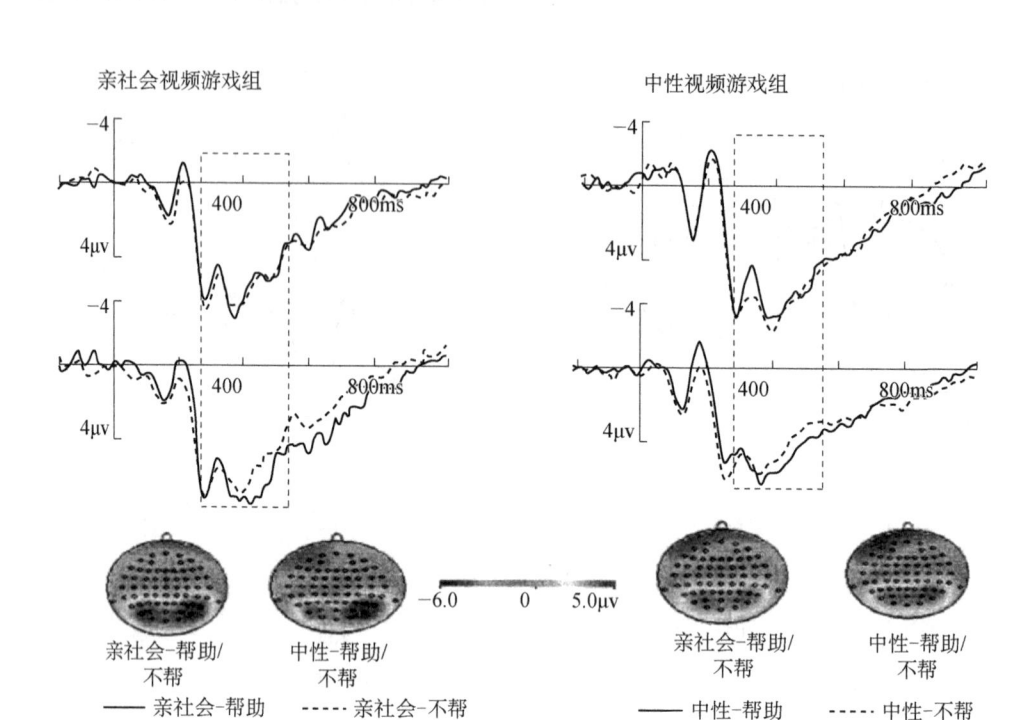

亲社会视频游戏组　　　　　　　　　中性视频游戏组

(c) 右顶枕区

图 11-6　3 个脑区的 P3 波形图（续）

## 三、行为数据结果和 ERP 结果的关系

对行为结果和脑电数据进行相关分析，发现辣椒酱等级只与右顶枕区的 P3 波幅（当不需要帮助，结果却帮助时的 P3 波幅）存在显著的负相关（$r=-0.33$，$p=0.027$）。为了进一步考察攻击性认知与攻击性行为的关系，我们以游戏类型为自变量，以攻击性行为（辣椒酱）为因变量，以亲社会认知（右顶枕区的 P3 波幅）为中介变量进行分析。采用 Bootstrapping 中介效应分析（重抽样 $N=1000$），结果如图 11-7 所示。游戏类型对亲社会认知的预测不显著（当不需要帮助时，结果为帮助时的 P3 波幅）（$\beta=-0.21$，95%CI=[−0.49，0.09]），亲社会认知也未能显著预测随后的攻击性行为（$\beta=-0.26$，95%CI=[−0.53，0.02]）。此外，它们的间接效应也不显著（$\beta=0.05$，95%CI=[−0.01，0.17]），直接效应显著（$\beta=0.34$，95%CI=[0.07，0.62]）。由此可见，游戏类型预测攻击性行为主要是通

过其直接作用实现的，没有间接通过亲社会认知（P3波幅）来显著预测攻击性行为（辣椒酱等级）。

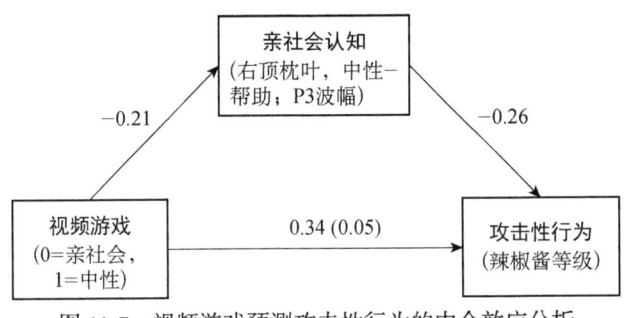

图 11-7 视频游戏预测攻击性行为的中介效应分析

# 第三节 亲社会视频游戏抑制攻击性行为的ERP研究讨论

## 一、亲社会视频游戏促进亲社会认知和降低攻击性行为

行为结果表明，对于中性视频游戏组而言，不管结果是帮助还是不帮，亲社会条件下的反应时都显著短于中性条件。对于亲社会视频游戏组而言，帮助时，亲社会条件下的反应时显著短于中性条件，而当不帮时，亲社会条件和中性条件下的反应时不存在显著差异。这表明，个体对亲社会条件存在明显的感知，不管故事中的主人公做出怎样的行为，个体的判断总是及时表现出对亲社会需要的判断。当个体短时接触亲社会视频游戏之后，会加快对亲社会条件下的帮助的判断和反应，中性视频游戏组被试不存在这一反应模式。以往的研究发现，对于高共情的个体而言，当感知到别人需要帮助，并且帮助时，他们的反应要比低共情个体快，而当感知到不需要帮助，并且不帮时，他们的反应与低共情个体没有差异（Loke et al., 2011）。这支持了本实验的结果，正是由于个体接触亲社会视频游戏内容，加快了个体对亲社会条件与亲社会行为的感知和判断。

对评分结果的分析发现，当结果为帮助时，亲社会视频游戏组被试的评分显著高于中性视频游戏组被试，当结果为不帮时，亲社会视频游戏组被试和中性视频游戏组被试的评分不存在显著差异。这表明，短时接触亲社会视频游戏会启动个体的亲社会认知，即个体容易给予亲社会帮助的行为事件更高的评分，而短时接触中性视频游戏却没有启动这种亲社会认知。以往对亲社会视频游戏的研究也发现，亲社会视频游戏之所以会促进亲社会行为，主要是因为促进了个体随后的亲社会认知（Greitemeyer & Osswald，2010）。一般学习模型认为，亲社会视频游戏会作为一种情景变量改变个体的亲社会认知，进而影响个体随后的亲社会思想及亲社会行为（Greitemeyer，2011）。

此外，条件与结果的交互作用显著，在亲社会条件下，帮助的得分显著高于不帮。同时，在中性条件下，帮助的得分也显著高于不帮，但是变化的趋势没有前者大。个体对亲社会条件下帮助的打分显著高于不帮，这表明个体能够明显地区分亲社会条件下的帮助和不帮的差异，即个体很容易认为当个体需要帮助时，别人对他的帮助可能是一种更高水平的亲社会行为（好事），这符合人们对亲社会准则的价值判断。然而，对于一般情况下的帮助，即个体力所能及范围内的事情，不需要特别帮助时，个体表现出的帮助和不帮也存在差异，但是这种差异没有需要帮助时大，即人们对"雪中送炭"的感知更强烈，而对"锦上添花"则表现得没那么强烈。这表明，人们常常认为帮助的事情往往是有利于他人的，而不帮是不符合社会规范的。但是，这与前人的研究结果不一致（Loke et al.，2011）。Loke等（2011）的研究发现，对于西方个人主义的个体而言，当个体需要帮助时，随后的帮助行为才属于亲社会行为，而当个体不需要帮助，却去关注和帮助，不属于亲社会行为。因为西方文化中的个体更多关注自我价值，而东方文化中的个体更多关注社会价值，只要个体表现出帮助行为，人们就会认为其属于亲社会行为，体现的是社会价值。

我们采用"辣椒酱"范式测量攻击性行为的研究也发现，亲社会视频游戏组被试选择的辣椒酱等级比中性视频游戏组被试选择的辣椒酱等级低，这与前人的研究结果一致（Greitemeyer & Osswald，2009；Greitemeyer et al.，2010）。Greitemeyer和Osswald（2009）通过一系列研究发现，亲社会视频游戏会抑制随后的攻击性认知，从而进一步抑制其后的攻击性行为。"辣椒酱"范式是一种间接测量攻击性行为的方法。相比泰勒竞争反应时测验（Taylor competitive reaction time test，TCRTT），"辣椒酱"范式要求被试给对手（被试事先知道对手不喜欢吃辣椒或辛辣的食物）一个辣椒酱惩罚，这种范式避免了竞争性，却能够以辣椒酱的量来测量攻击性行为。同时，研究者发现，它与 Buss 和 Perry（1992）提出的攻击性问卷的特质和身体攻击存在很高的相关，效标效度较好（Lieberman et al., 1999）。

## 二、亲社会视频游戏促进 P3 波幅的增加

脑电研究结果显示，不管是在亲社会条件还是中性条件下，3 个脑区在帮助结果下都诱发了更大的 P3 波幅。这表明帮助作为一种与亲社会有关的行为结果，受到个体更多的关注。以往对亲社会行为神经基础的研究发现，亲社会行为较多的个体的共情能力更强，并且在 ERP 任务中的顶枕区的 P3 波幅更大（Balconi & Canavesio, 2013; Loke et al., 2011）。

首先，本研究发现，对于中性视频游戏组而言，两种条件下的结果不存在显著差异。在亲社会视频游戏组中，亲社会条件下的波幅显著大于中性条件。这表明在亲社会视频游戏组中，个体对亲社会条件更敏感，存在更多的注意，而在中性视频游戏组中不存在这种现象。P3 作为一种与认知加工有关的 ERP 成分，亲社会视频游戏组被试对亲社会条件的加工更深。其中，亲社会视频游戏启动了个体内在的亲社会认知，当亲社会认知得以激活时，个体才能迅速、敏感地觉察到外界需要帮助或者是做出亲社会行为的决策。然而，在大脑右半球却不存在 P3 波幅的这种差异。这可能是由于我们的实验任务采用的是语言汉字呈现的故事，涉及对语言故事的理解，因此当被试在感知故事，即感知到该故事属于亲社会条件时，大脑的左半球与语言信息处理有关的脑区得以激活，而右半球却没有对语言文字信息进行处理。

其次，本研究发现，对于右半球的 P3 波幅而言，不管是亲社会条件还是中性条件，亲社会视频游戏组被试在帮助时出现的 P3 波幅显著大于不帮。这表明，不管处于怎样的社会情境下，亲社会视频游戏组被试的亲社会认知都会诱发更大的 P3 波幅，而中性视频游戏组被试对亲社会认知不存在显著差异。大脑右半球顶枕区诱发的 P3 波幅往往与推理等活动有关。在本研究中，当呈现帮助或者不帮时，被试的主要任务是结合前面出现的故事对主人公的行为做出判断，其中判断就是一种认知上的同理心，被试要结合自己的价值观对帮助出现时的亲社

会认知进行加工，对不帮的中性认知也要进行加工。结果表明，短时接触亲社会视频游戏之后，被试就形成了对亲社会认知的启动效应，因此被试对亲社会认知的加工更深，而中性视频游戏组中不存在这种现象。

最后，本研究发现，条件与结果的交互作用显著。对于帮助的结果而言，不管需要与否，被试大脑右侧顶枕区的 P3 波幅均不存在显著差异；对于不帮的结果而言，当面临亲社会需要时，P3 波幅显著大于中性条件。即当条件为需要帮助时，个体却没有帮助，将会诱发个体出现更大的反事实波。以往的研究发现，小概率事件或者新异刺激会诱发很大的 P3 波幅，并且当这种信息刺激与现实生活中不一致时，也会诱发很大的 P3 波幅（Cacioppo et al.，1996；Cunningham et al.，2005）。这些研究进一步表明，当信息与预期不一致时，在大脑右半球顶叶会产生更大的 P3b 或晚期正成分。Loke 等（2011）对认知共情的神经机制的研究发现，在右半球出现的 P3 波幅、潜伏期与个体的亲社会特质存在显著的正相关，这些证据支持了本研究的结果，即反事实的条件会诱发更大的 P3 波幅。

## 三、亲社会视频游戏抑制攻击性行为的内部机制

我们对行为结果和脑电数据进行相关分析发现，辣椒酱等级只与右侧顶叶的 P3 波幅（当不需要帮助，结果却帮助时的 P3 波幅）存在显著负相关。进一步研究发现，亲社会视频游戏没有通过亲社会认知（P3）来抑制攻击性行为，没有验证假设。分析其原因，可能是由于亲社会视频游戏在个体与社会行为结果之间起到了启动作用，亲社会视频游戏启动的是亲社会认知和亲社会思想等，而"辣椒酱"范式测量的是攻击性行为，因此亲社会视频游戏通过启动亲社会认知间接影响个体攻击性行为的路径不显著，而更多的作用是亲社会视频游戏直接预测随后的攻击性行为。这表明，亲社会视频游戏虽然促进了亲社会认知，但亲社会认知不是抑制攻击性行为的中介变量，以往的研究也支持了亲社会认知是促进亲社会行为的中介变量这一观点（Greitemeyer & Osswald，2010）。本研究结果表明，亲社会视频游戏抑制攻击性行为体现的主要是直接作用，而不存在亲社会认知的中介作用。

# 参考文献

Anderson, C. A., & Dill, K. E. (2000). Video games and aggressive thoughts, feelings, and behavior in the laboratory and in life. *Journal of Personality and Social Psychology*, 78(4), 772-790.

Balconi, M., & Canavesio, Y. (2013). Prosocial attitudes and empathic behavior in emotional positive versus negative situations: Brain response (ERPs) and source localization (LORETA) analysis. *Cognitive Processing*, 14(1), 63-72.

Beier, S. (2012). Choose a juice! The effect of choice options, demand and harmful intentions on aggression in a modified Hot Sauce Paradigm. https://core.ac.uk/download/pdf/32583754.pdf.

Buss, A. H., & Perry, M. (1992). The aggression questionnaire. *Journal of Personality & Social Psychology*, 63(3), 452-459.

Cacioppo, J. T., Petty, R. E., Feinstein, J. A., & Jarvis, W. B. G. (1996). Dispositional differences in cognitive motivation: The life and times of individuals varying in need for cognition. *Psychological Bulletin*, 119(2), 197-253.

Cunningham, C., Wilcockson, D. C., Campion, S., Lunnon, K., & Perry, V. H. (2005). Central and systemic endotoxin challenges exacerbate the local inflammatory response and increase neuronal death during chronic neurodegeneration. *The Journal of Neuroscience: The Official Journal of the Society for Neuroscience*, 25(40), 9275-9284.

Greitemeyer, T. (2011). Effects of prosocial media on social behavior: When and why does media exposure affect helping and aggression? *Current Directions in Psychological Science*, 20(4), 251-255.

Greitemeyer, T. (2013). Effects of playing video games on perceptions of one's humanity. *The Journal of Social Psychology*, 153(4), 499-514.

Greitemeyer, T., & Osswald, S. (2009). Prosocial video games reduce aggressive cognitions. *Journal of Experimental Social Psychology*, 45(4), 896-900.

Greitemeyer, T., & Osswald, S. (2010). Effects of prosocial video games on prosocial behavior. *Journal of Personality and Social Psychology*, 98(2), 211-221.

Greitemeyer, T., Agthe, M., Turner, R., & Gschwendtner, C. (2012). Acting prosocially reduces retaliation: Effects of prosocial video games on aggressive behavior. *European Journal of Social Psychology*, 42(2), 235-242.

Greitemeyer, T., Osswald, S., & Brauer, M. (2010). Playing prosocial video games increases empathy and decreases schadenfreude. *Emotion*, 10(6), 796-802.

Lieberman, J. D., Solomon, S., Greenberg, J., & Mcgregor, H. A. (1999). A hot new way to measure aggression: Hot sauce allocation. *Aggressive Behavior*, 25(5), 331-348.

Loke, I. C., Evans, A. D., & Lee, K. (2011). The neural correlates of reasoning about prosocial-helping decisions: An event-related brain potentials study. *Brain Research*, 1369, 140-148.

## 第十二章

# 网络视频游戏中竞争因素对攻击性行为影响的短时效应：认知和情绪路径研究

本研究拟探讨的问题有两个：其一，网络视频游戏中竞争因素对与攻击性相关的认知、情绪情感、行为的影响。其二，在控制竞争游戏经验的前提下，结合 ERP 技术，进一步分析网络视频游戏中竞争因素对玩家攻击性的短期影响。

# 第一节 被试及方法

## 一、被试

1）实验a。在重庆某高校招募大学生共80人（男生38人，女生42人），随机分配到两种实验条件下。被试视力正常，均为右利手。被试均自愿参加实验，实验结束后，向被试发放一定的报酬。根据最后对被试实验目的的询问结果，剔除4名猜测到实验目的被试，剩76名被试，男生36人，女生40人，年龄为$20.16 \pm 1.24$岁。其中，竞争组38人（男生19人，女生19人），控制组38人（男生17人，女生21人）。

2）实验b。在重庆某高校招募大学生共55人（女生28人，男生27人），年龄为$20.01 \pm 0.91$岁。将被试随机分配到竞争组和控制组，其中竞争组被试26人（女生13人，男生13人），剔除2名数据伪迹较大的被试，最后竞争组被试24人（女生12人，男生12人）。控制组被试29人（女生14人，男生15人），剔除3名数据伪迹较大的被试，最后控制组被试26人（女生13人，男生13人）。参加实验的被试视力正常，均为右利手，无神经疾病和脑部损伤。在脑电数据采集前告知被试尽量减少眨眼的次数和避免无关的身体动作，如抖腿等。

## 二、研究工具

（一）实验a

**1. 游戏材料**

实验采用的两款游戏分别是《祖玛》《摩托车山地比赛》。

《祖玛》属于无竞争的中性视频游戏，游戏主角是一只石青蛙，石青蛙被各种颜色的小球组成的轨道包围。被试通过点击鼠标，使石青蛙吐出并按指定方向发射不同颜色的小球，发射的小球进入轨道，轨道上3个及3个以上颜色相同的小球相连接就可以消去得分。《摩托车山地比赛》属于竞争视频游戏，被试在游戏中作为一名摩托车骑手，与系统分配的10名骑手进行山地比赛，前3名到达终点的赢得比赛。

主试告知被试实验目的为游戏测评，并让他们随机玩两款游戏中的1款。被试先进行5min的练习，熟悉游戏操作，然后正式玩游戏15min。时间一到，主试告知被试暂停游戏，并完成游戏评定问卷、感知唤醒量表。

评定结果显示，两款视频游戏在竞争程度的评定上差异显著，$t(38)=-2.85$，$p<0.05$，$d=-1.11$，《摩托车山地比赛》的竞争程度显著高于《祖玛》，但在暴力程度、亲社会程度、速度、喜爱度、兴奋度、难度、挫败感、唤醒度等维度的评定上，均不存在显著差异，表明两款游戏的匹配良好。因此，本研究在正式实验中将这两款游戏作为实验材料。两款游戏评定的描述性统计结果如表12-1所示。

表12-1 两款游戏评定的描述性统计结果

| 游戏 | 《祖玛》($M \pm SD$) | 《摩托车山地比赛》($M \pm SD$) | $t$ | $p$ |
|---|---|---|---|---|
| 暴力程度 | 1.90 ± 0.85 | 1.72 ± 0.84 | 0.80 | 0.43 |
| 亲社会程度 | 2.40 ± 0.89 | 2.00 ± 0.66 | 1.96 | 0.07 |
| 速度 | 3.53 ± 1.04 | 3.48 ± 1.02 | 0.18 | 0.85 |
| 竞争程度 | 3.07 ± 1.17 | 3.86 ± 0.95 | −2.85 | 0.01 |
| 喜爱度 | 3.20 ± 1.12 | 3.10 ± 1.20 | 0.32 | 0.75 |
| 兴奋度 | 3.07 ± 0.94 | 3.09 ± 1.22 | −1.35 | 0.18 |
| 难度 | 3.64 ± 0.92 | 3.41 ± 1.01 | −1.88 | 0.07 |
| 挫败感 | 2.99 ± 1.01 | 2.45 ± 1.17 | 0.60 | 0.49 |
| 唤醒度 | 73.17 ± 15.05 | 78.03 ± 13.12 | −1.32 | 0.19 |

**2. 游戏经验调查问卷**

游戏经验调查问卷改编自Anderson和Dill（2000）的游戏使用习惯调查问卷。被试需要填写最近半年经常玩的3款电子游戏及对每一款游戏的使用频次（1=几乎没有，7=经常玩）、游戏内容暴力性（1=无，7=很多）。暴力游戏经验=Σ[游戏内容暴力性×（工作日玩游戏的频率×5+非工作日玩游戏的频率×2）÷7]÷3（Bartholow et al.，2005）。

### 3. 攻击性特质量表

该量表是由 Buss 和 Perry 编制的，使用非常广泛，被认为是测量攻击倾向特质的有效量表（Buss & Perry，1992）。量表总共有 29 题，分为 4 个维度，即言语攻击、身体攻击、激怒性和敌意性。其为 5 点计分，1 代表"非常不符合"，5 代表"非常符合"。第 16、19、26 题为反向计分。本研究中该量表的 Cronbach's α 系数为 0.85。

### 4. 竞争人格倾向问卷

该问卷是用来测量被试的竞争人格倾向的，项目选自谢晓非等（2006）修订的合作竞争人格倾向问卷中竞争人格倾向的测量部分。该问卷由 10 个项目组成，为 9 点计分，1 代表"非常不同意题干中的描述"，9 代表"非常同意题干中的描述"。本研究中该问卷的 Cronbach's α 系数为 0.84。

### 5. 游戏评定问卷

该问卷改编自 Anderson 和 Dill（2000）的游戏评估调查问卷，要求被试对所玩游戏的 8 个维度进行评分，包括暴力程度、亲社会程度、速度、竞争程度、喜爱度、兴奋度、难度、挫败感。问卷采取 5 点计分，1 代表"程度很低"，5 代表"程度很高"。

### 6. 感知唤醒量表

该量表是由 Anderson 等（1995）编制的，共有 24 个形容词。这些形容词用来描述当前被唤醒或者没被唤醒的状态。问卷采取 5 点计分，1 代表"非常不符合"，5 代表"非常符合"。其中，第 2、3、4、7、11、12、14、15、18、19、21、22、23、24 题为反向计分。本研究中该量表的 Cronbach's α 系数为 0.93。

### 7. 负性情绪量表

该量表由 Krohne 等（1996）编制，用来描述负性情绪状态，总共有 5 个词（愤怒、敌意、生气、挫败、羞愧）。采用 5 点计分，1 代表"一点也不"，5 代表"非常"，被试需要回答在玩游戏过程中在多大程度上体验到了某种情绪。本研究中该量表的 Cronbach's α 系数为 0.81。

### 8. 词汇材料

本实验的词汇材料为从以往的研究中选取 30 个使用频率较高的攻击词（吴贞，2015；王晨雪，2010；张鑫，2015），从《现代汉语词典》中选取 30 个非攻击词。有研究表明，被试在进行词语判断时的速度会受到词性的影响（朱丽萍等，2011），为了控制词性可能造成的影响，本研究采取了和攻击性词汇的词性类似的身体运动类词汇（如跳高、跳远等）。再请31名大学生分别从熟悉度、理解度、攻击程度、亲社会程度4个维度对60个词语进行1—5等级评价，均以3为临界值，得分越高，表明词汇的熟悉度、理解度、攻击程度等越高。其中，熟悉度指的是对这个词的熟知程度。评分越高，代表对这个词越熟悉；评分越低，代表对这个词越不熟悉，或者觉得这个词生僻、陌生。理解度指的是对这个词的理解程度。评分越高，代表越清楚、明白这个词的意思；评分越低，代表对这个词的意思不了解。攻击程度是指词汇代表的倾向或行为与暴力、攻击、破坏等攻击性的相关程度。对词汇的评分越高，该词代表的倾向或行为与攻击性的相关越高；评分越低，该词代表的倾向或行为与攻击性越没有关系。亲社会程度是指词汇代表的倾向或行为与助人、分享、合作、自我牺牲等有益于他人或社会行为的相关程度。对词汇的评分越高，说明该词代表的倾向或行为与亲社会性相关越高；评分越低，说明该词代表的倾向或行为与亲社会性越没有关系。

根据词汇的筛选标准，选取熟悉度大于3、理解度大于3、攻击程度大于3的攻击性词汇，熟悉度大于3、理解度大于3、攻击性和亲社会性均小于2的中性词汇（彭程，2012）。最终，确定了24个词语，其中攻击性词语12个，中性词语12个。对选出的两组词汇的熟悉度、理解度、攻击程度和亲社会程度进行独立样本$t$检验，结果发现，两组词汇在熟悉度$[t(22)=-5.59, p=0.07]$、理解度$[t(22)=-1.60, p>0.05]$、亲社会程度$[t(22)=-1.69, p>0.05]$上的差异不显著，在攻击程度$[t(22)=35.19, p<0.001, d=14.32]$上的差异显著。描述性统计结果如表12-2所示。在此基础上，我们参考之前的研究，选取了24个非词作为本实验任务的补充词汇（王晨雪，2010）。

表12-2 两类词汇的描述性统计结果

| 维度 | 攻击性词汇（$M \pm SD$） | 中性词汇（$M \pm SD$） |
| --- | --- | --- |
| 熟悉度 | 3.52 ± 0.12 | 4.02 ± 0.39 |
| 理解度 | 4.22 ± 0.19 | 4.31 ± 0.38 |
| 亲社会程度 | 1.30 ± 0.14 | 1.55 ± 0.49 |
| 攻击程度 | 4.50 ± 0.30 | 1.29 ± 0.14 |

### 9. 情绪面孔图片

本研究从中国化面孔情绪图片系统中选择 60 张中性面孔图片，中性面孔图片的入选标准是唤醒度得分小于 3 分，愉悦度得分为 2—4 分（戴琴，冯正直，2009）。其中，男性 30 张，女性 30 张。为了保证图片视觉感受性的一致性，使用 Photoshop 软件对图片的亮度与大小进行统一处理。

### 10. 攻击性行为

本研究采用竞争反应时（competitive reaction time，CRT）程序测量被试的攻击性行为。在 CRT 程序中，告知被试是与另外一个实验室中的被试（实为系统）比赛，看谁能较快地对屏幕中的目标方块进行按键反应，较慢者将接受对方设置的噪声惩罚。在每个回合开始之前，被试需要先给对方设置噪声惩罚，包括噪声的强度和持续的时间，强度水平在 0—10，水平越高，强度越大，持续时间为 0—5s。每个回合结束后，不管输赢，屏幕的左侧都会出现所谓对手的惩罚设置。本研究中，将被试为对手设置噪声的强度和持续的时间作为测量攻击性行为的指标。

## （二）实验 b

### 1. 视频游戏

本实验中的视频游戏材料为赛车类游戏《QQ 飞车》中的 3 种模式。

模式 1：单人闯关。被试在游戏中操作赛车，按照提示进行闯关 15min，游戏中不涉及与他人的竞争。

模式 2：双人竞争。随机配对的两名被试在同一游戏房间中进行赛车游戏，看谁先到达终点。游戏时间为 15min，共开展 3 局比赛，胜利局数多者获得额外的 5 元奖励。

模式 3：多人竞争。被试与其他 5 名计算机玩家在同一游戏房间中进行赛车游戏，看谁先到达终点。游戏时间为 15min，共开展 3 局比赛，记录排名顺序。游戏后，根据排名给予被试额外的金钱奖励，排名越靠前，得到的奖励越高，排名第一的给予 5 元额外奖励，排名最后的没有额外奖励。

36 名被试被随机分配到 3 种游戏模式中，告知他们实验目的是进行游戏测评。被试先练习 5min，熟悉游戏操作，随后正式玩游戏 15min。游戏结束后，被试完成游戏评定问卷、感知唤醒量表。

评定结果显示，模式1（单人闯关）和模式2（双人竞争）的视频游戏在暴力程度、亲社会程度、速度、竞争程度、喜爱度、兴奋度、难度、挫败感、唤醒度的评定上均不存在显著差异。两种模式的描述性统计结果如表12-3所示。

表12-3 模式1、模式2的描述性统计结果

| 游戏 | 模式1（单人闯关）($M \pm SD$) | 模式2（双人竞争）($M \pm SD$) | $t$ | $p$ |
| --- | --- | --- | --- | --- |
| 暴力程度 | 2.00 ± 1.10 | 1.57 ± 0.65 | 1.22 | 0.23 |
| 亲社会程度 | 2.27 ± 0.79 | 2.50 ± 0.65 | −0.79 | 0.43 |
| 速度 | 3.82 ± 0.87 | 3.36 ± 1.15 | 1.10 | 0.28 |
| 竞争程度 | 2.82 ± 1.25 | 3.43 ± 0.85 | −1.45 | 0.16 |
| 喜爱度 | 3.55 ± 1.04 | 3.21 ± 1.19 | 0.73 | 0.47 |
| 兴奋度 | 3.45 ± 0.93 | 3.14 ± 1.16 | 1.59 | 0.13 |
| 难度 | 3.64 ± 0.92 | 3.43 ± 1.01 | 0.72 | 0.48 |
| 挫败感 | 3.09 ± 1.14 | 2.86 ± 1.10 | 0.48 | 0.61 |
| 唤醒度 | 81.36 ± 8.74 | 76.38 ± 14.22 | 1.01 | 0.32 |

模式1（单人闯关）和模式3（多人竞争）的视频游戏在暴力程度、亲社会程度、速度、喜爱度、兴奋度、难度、挫败感、唤醒度的评定上均不存在显著差异，但在竞争程度的评定上差异显著，$t(23) = -2.50$，$p < 0.05$，$d = -1.11$。被试对模式3的竞争程度的评分显著高于模式1，模式1和模式3匹配较好。因此，本研究在正式实验中使用模式1和模式3作为实验游戏材料。两种模式的描述性统计结果如表12-4所示。

表12-4 模式1、模式3的描述性统计结果

| 游戏 | 模式1（单人闯关）($M \pm SD$) | 模式3（多人竞争）($M \pm SD$) | $t$ | $p$ |
| --- | --- | --- | --- | --- |
| 暴力程度 | 2.00 ± 1.10 | 1.73 ± 0.91 | 0.64 | 0.53 |
| 亲社会程度 | 2.27 ± 0.79 | 2.55 ± 1.12 | −0.66 | 0.52 |
| 速度 | 3.82 ± 0.87 | 3.27 ± 1.27 | 1.17 | 0.26 |
| 竞争程度 | 2.82 ± 1.25 | 4.09 ± 1.14 | −2.50 | 0.02 |
| 喜爱度 | 3.55 ± 1.04 | 2.64 ± 1.04 | 2.00 | 0.06 |
| 兴奋度 | 3.45 ± 0.93 | 3.09 ± 1.22 | 0.78 | 0.44 |
| 难度 | 3.64 ± 0.92 | 3.00 ± 1.00 | 1.55 | 0.14 |
| 挫败感 | 3.09 ± 1.14 | 2.82 ± 1.07 | 0.58 | 0.57 |
| 唤醒度 | 81.36 ± 8.74 | 75.18 ± 17.90 | 1.03 | 0.32 |

### 2. 游戏经验调查问卷

在实验 a 使用的游戏经验调查问卷中增加竞争游戏经验维度，对游戏内容的竞争程度（1=无，7=很多）进行评分，竞争游戏经验=Σ[游戏内容竞争程度×（工作日玩游戏的频率×5+非工作日玩游戏的频率×2）÷7]÷3。

### 3. 攻击性特质量表、竞争人格倾向问卷、游戏评定问卷、负性情绪量表、感知唤醒量表

攻击性特质量表、竞争人格倾向问卷、游戏评定问卷、负性情绪量表、感知唤醒量表均与实验 a 相同。

### 4. 词汇

实验使用与实验 a 同样的方法筛选出 30 个攻击性词语、60 个非攻击性词语。两类词在熟悉度 [$t(88)=-1.59$，$p>0.05$]、理解度 [$t(88)=0.07$，$p>0.05$]、亲社会程度 [$t(88)=0.13$，$p>0.05$] 上均不存在显著差异，只在攻击程度上存在显著差异 [$t(88)=40.73$，$p<0.001$，$d=9.36$]，攻击性词的攻击程度（$M=4.20$，$SD=0.23$）显著高于非攻击性词（$M=1.29$，$SD=0.24$）。

### 5. 情绪面孔图片

本研究从中国化面孔情绪图片系统中选择愤怒面孔和中性面孔图片，入选标准为愤怒面孔图片的唤醒度得分大于 4 分，愉悦度得分小于 3 分，中性面孔图片的唤醒度得分小于 3 分，愉悦度得分为 2—4 分（戴琴，冯正直，2009）。其中，愤怒面孔图片 30 张（男性 15 张，女性 15 张），中性面孔图片 60 张（男性 30 张，女性 30 张）。实验中使用 Photoshop 对图片进行统一处理，保证处理后的图片大小和亮度相同，以及保证在图片视觉感受性上的一致性。

### 6. "辣椒酱"范式

实验采用"辣椒酱"范式测量被试的攻击性行为。主试告知被试隔壁实验室有一位被试在做味觉实验，需要他给这位被试调制辣椒酱，从 5 个等级的辣椒粉中选择 1 种，1 表示"一点点辣"，5 表示"非常辣"。"辣椒酱"范式与 Buss 和 Perry（1992）的攻击性特质问卷测出的攻击得分呈正相关，被大量的研究使用，具有很高的信效度（Adachi，2015）。在本研究中，为了避免被试对辣椒粉的理解存在差异，也为了提高范式的真实性，统一使用真实的辣椒粉。我们将不同数量的辣椒粉倒入 5 个透明杯子中，从 1 号杯子到 5 号杯子，辣椒粉数量依次增

加，被试需要从中选择 1 种作为假定辣椒酱的调配原料。

## 三、实验设计与程序

### （一）实验 a

**1. 实验设计**

本实验有 3 类任务。

任务 1：考察游戏中的竞争因素对攻击性认知的影响，采用 2（游戏组别：竞争组，控制组）×2（词汇类型：攻击性词，非攻击性词）的两因素混合实验设计。自变量为游戏组别和词汇类型，其中游戏组别为被试间变量，词汇类型为被试内变量，因变量为被试对攻击性词和非攻击性词的反应时。

任务 2：考察游戏中的竞争因素对攻击性情绪情感的影响，采用单因素被试间设计，自变量为游戏组别（竞争组，控制组），因变量为被试判断愤怒面孔的数量。

任务 3：考察游戏中的竞争因素对攻击性行为的影响，同样是单因素被试间设计，自变量为游戏组别（竞争组，控制组），因变量为被试设置噪声的强度、持续时间及竞争反应时。

**2. 实验程序**

本研究旨在探究视频游戏中的竞争因素对认知和情绪两条路径的影响，但实验中很难实现同时探测两条路径，只能先探测一条路径，再探测另外一条路径。同时，本研究随机分配了认知任务和情绪任务的次序，竞争组和控制组均有一半的被试首先完成认知任务，另一半被试首先完成情绪任务，避免顺序效应的影响。

整个实验的程序如下。

1）被试首先填写纸质版实验知情同意书、游戏经验调查问卷、攻击性特质量表、竞争人格倾向问卷。

2）被试完成词汇判断任务和情绪面孔判断任务，得到被试攻击性认知和攻击性情绪的前测水平。

3）被试被随机分配到竞争组和控制组，在听主试讲解后练习游戏 5min。练习结束后，正式玩相应的游戏 15min。

4）正式游戏后，完成游戏评定问卷、感知唤醒量表、负性情绪量表，并完成词汇判断任务、情绪面孔判断任务，得到攻击性认知和攻击性情绪的后测水平，随后完成竞争反应时任务。

词汇判断任务：被试需要判断呈现的词汇是真词还是假词。真词指的是具有实际意义的词，假词指的是两个随机汉字组成的词，无实际意义。被试判断是真词时，按"S"键，判断是假词时，按"K"键，请被试在保证正确的前提下尽快作答。每个试次先呈现注视点"+"800ms，之后出现目标词汇。被试首先进行一段时间的练习，练习部分由 8 个词语组成，随机呈现。然后，进行正式任务。正式任务中的目标词由 48 个词语（12 个攻击性真词，12 个非攻击性真词，24 个非词）组成，目标词汇呈现顺序随机。正式任务包括 3 个 block，每个 block 包含 36 个 trail，总共 108 个 trail。每个 block 结束后，要求被试休息。

情绪面孔判断任务：被试需要判断呈现的面孔表达的是不是愤怒或生气的情绪，如果是按"P"键，如果不是按"Q"键。每个试次先呈现注视点"+"1000ms，然后呈现情绪面孔图片。首先，被试进行一段时间的练习，练习部分的刺激由 10 张随机呈现的中性情绪面孔图片组成。然后，进行正式任务，正式任务中的刺激由 60 张中性面孔图片组成，面孔图片呈现顺序随机。正式任务包括 3 个 block，每个 block 包含 40 个 trail，总共 120 个 trail。每个 block 结束后，要求被试休息。对于两个任务，无论在前测还是后测中，任务程序均相同，出现的顺序随机。

5）所有任务结束后，主试询问被试是否知晓实验目的及说明其认为的实验目的是什么。为了消除实验对被试攻击性的启动效应，最后播放 5min 的亲社会性视频，并为被试发放一定的报酬表示感谢。

## （二）实验 b

### 1. 实验设计

本实验有 3 个任务，分别考察视频游戏中的竞争因素对攻击性认知、攻击性情绪和攻击性行为的影响。我们采用单因素被试间实验设计，自变量为游戏组别，两个水平分别为控制组、竞争组。认知任务的因变量为被试判断攻击性词的反应时、正确率和由不同类型词汇诱发的 P3 的波幅、潜伏期，以及 N1 的波幅、潜伏期。情绪任务的因变量为被试判断愤怒面孔的反应时、正确率和由不同类型情绪面孔诱发的 P3 的波幅、潜伏期，以及 N1 的波幅、潜伏期。行为任务的因变量为被试选择的辣椒粉的等级。

**2. 实验程序**

整个实验的程序如下。

1）让被试签署知情同意书，然后确定被试从未玩过或很少玩实验游戏《QQ 飞车》，没有或很少此类游戏的操作经验。告知被试将参加游戏测评实验和考察注意力的实验，并告知其实验时长和注意事项。

2）被试完成攻击性特质问卷、竞争人格倾向问卷、游戏经验问卷。

3）主试给被试打电极膏，同时讲解游戏操作方法。

4）将被试随机分配到竞争组或控制组，告知竞争组的被试将获得额外的金钱奖励，在游戏中获得的名次越高，奖励就越高。被试先试玩 5min 游戏进行练习，然后正式玩 15min 游戏，结束后让被试填写游戏评定问卷、感知唤醒量表、负性情绪量表。

5）被试进行词汇判断任务和情绪图片判断任务。在游戏结束后，开始收集脑电波，直至两个任务结束。同实验 a，为了避免顺序效应的影响，本研究对被试需要完成的认知任务和情绪任务进行了随机分配，竞争组和控制组均有一部分被试先完成词汇判断任务，另一部分被试先完成情绪图片判断任务。

词汇判断任务采用 Oddball 范式，共 2 个 block，每个 block 包含 150 个 trail。首先，呈现注视点"+"200ms，然后黑屏 500ms，接下来是刺激呈现和反应界面（1000ms），要求被试在保证正确的情况下，尽快对词汇类型进行按键判断，如果判断是攻击性词汇，按"N"键，如果是中性词汇，不按键。被试判断后，刺激不会消失。在这个过程中，记录被试的反应时，接着呈现的是时间随机的黑屏（750—1350ms）。在任务中，攻击性词汇为新异刺激，每呈现 3—5 个中性词语 trail 之后，呈现一个攻击性词语 trail，攻击性词语的 trail 占总 trail 的比例为 20%。在正式任务前，被试先练习 20 个 trail，然后进行正式的词汇判断任务，在每个 block 之间给被试一定的休息时间。

6）脑电波的采集在两个任务后结束，随后使用"辣椒酱"范式对攻击性行为进行测量。

7）其他程序同实验 a。词汇判断任务实验流程如图 12-1 所示。

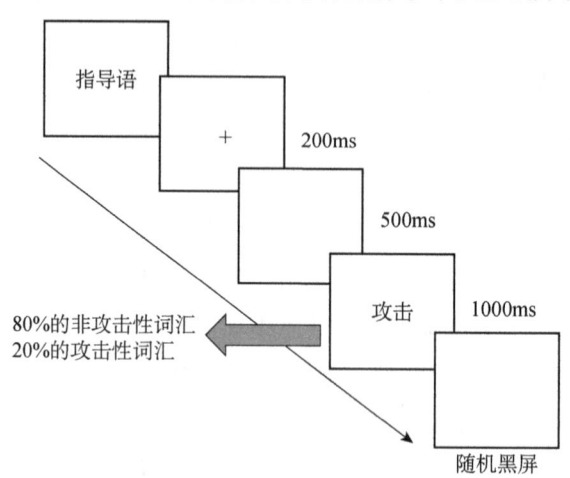

图 12-1　词汇判断任务实验流程

情绪图片判断任务采用和词汇判断任务相同的 Oddball 范式，共 2 个 block，每个 block 包含 150 个 trail。与词汇判断任务呈现的刺激不同，情绪图片判断任务的刺激分为两种，分别是愤怒面孔和中性面孔。其中，愤怒面孔为新异刺激，偶然出现，概率为 20%。如果被试判断情绪面孔表现出的是愤怒情绪，按"Y"键，如果是中性情绪，不按键。两个任务的总时间为 50min。情绪图片判断任务实验流程如图 12-2 所示。

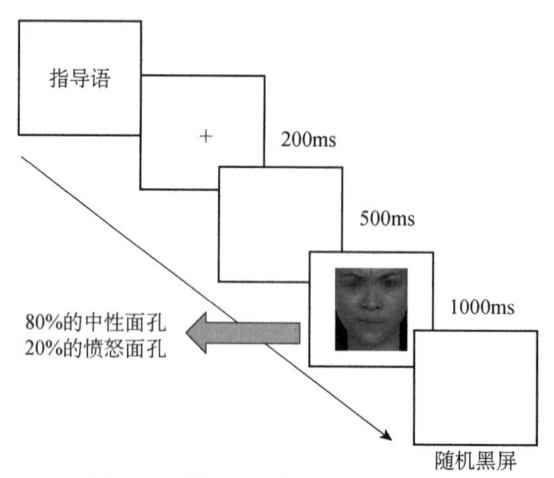

图 12-2　情绪图片判断任务实验流程

## 四、数据处理与统计

1）实验 a。攻击性认知和情绪的数据采用 E-Prime 软件进行收集，攻击性行为的数据采用竞争反应时任务程序进行收集。所有实验数据使用 SPSS 20.0 统计软件进行处理分析。

2）实验 b。采用 E-Prime 软件收集行为数据。使用德国 Brain Products 公司的记录和分析系统，按照国际 10-20 系统放置的 64 导电极帽收集 EEG 数据。在右眼垂直下方记录垂直眼电，在右眼角记录水平眼电。头皮电阻为 5kΩ 以下，采样频率为 500Hz/导，滤波带通为 0.01—30Hz，参考电极点为双侧乳突。剔除任意一导脑电波幅超过 ±75μV 的伪迹。只对被试反应正确的 EEG 数据进行叠加平均。词汇或情绪图片呈现前 200ms 到呈现后 800ms 为分析时程。

本研究采用 MATLAB 对 EEG 数据进行分析。根据前人的研究（Loke et al., 2011；Polich，2007）和总平均地形图，分析词汇判断任务和认知情绪判断任务中的 P3（250—500ms），选取电极点 CP3、CP4、P3、P4、PO3、PO4、CP5、CP6、P5、P6、PO5、PO6，对该成分的平均波幅和潜伏期进行统计分析，词汇判断任务采用 2（游戏组别：竞争组，控制组）×2（词汇类型：攻击性词，非攻击性词）×2（脑区：左顶枕区，右顶枕区）的重复测量方差分析。认知情绪判断任务采用 2（游戏组别：竞争组，控制组）×2（面孔类型：愤怒，中性）×2（脑区：左顶枕区，右顶枕区）的重复测量方差分析。

根据前人的研究（高雪梅等，2014）和总平均地形图，分析词汇判断任务中的 N1（120—160ms），选取电极点 O1、O2、PO3、PO4、PO7、PO8，对该成分的平均波幅和潜伏期进行统计分析，采用 2（游戏组别：竞争组，控制组）×2（词汇类型：攻击性词，非攻击性词）×2（半球：左半球，右半球）的重复测量方差分析。根据前人的研究（Alain & Snyder，2008）和总平均地形图，分析认知情绪判断任务中的 N1（120—160ms），选取电极点 F1、F2、FC1、FC2、C1、C2，对该成分的平均波幅和潜伏期进行统计分析，采用 2（游戏组别：竞争组，控制组）×2（面孔类型：愤怒，中性）×2（半球：左半球，右半球）的重复测量方差分析。

## 第二节  网络视频游戏中竞争因素对
## 攻击性行为影响的短时效应的结果与分析

### 一、实验a结果与分析

#### （一）实验操作检验

首先，进行被试分组（控制组、竞争组）的同质性检验，两组被试在暴力视频游戏经验得分上没有显著差异（$t=0.27$，$p>0.05$），在攻击性特质量表得分上没有显著差异（$t=0.24$，$p>0.05$），在竞争人格倾向问卷得分上没有显著差异（$t=0.20$，$p>0.05$）。这说明竞争组和控制组被试在暴力视频游戏经验、攻击性特质、竞争倾向上具有同质性。

其次，分析被试对游戏的评定、游戏后的唤醒水平及负性情绪。从结果可以看出，控制组和竞争组被试在对两款游戏的暴力程度（$t=-0.04$，$p>0.05$）、亲社会程度（$t=-0.98$，$p>0.05$）、速度（$t=-1.32$，$p>0.05$）、喜爱度（$t=-1.01$，$p>0.05$）、兴奋度（$t=-1.17$，$p>0.05$）、难度（$t=-1.32$，$p>0.05$）、难度（$t=-0.98$，$p>0.05$）、唤醒度（$t=-1.42$，$p>0.05$）的评定上均不存在显著差异。在竞争程度的评定上差异显著（$t=-3.94$，$p<0.001$，$d=-0.61$），竞争组游戏的竞争程度显著高于控制组，表明本研究在游戏组别的选择上是有效的。在挫败感的评定上的差异也显著（$t=-2.59$，$p<0.01$，$d=-0.60$），表明被试在游戏后对两种游戏产生了不同的挫败感。因此，本实验在后测数据的分析中，将挫败感作为协变量纳入统计。

#### （二）网络视频游戏中的竞争因素对攻击性认知的影响

首先，采用2（游戏组别：竞争组，控制组）×2（词汇类型：攻击性词，非攻击性词）的重复测量方差分析，对词汇判断任务的前测反应时进行统计分析。

结果显示，游戏组别的主效应不显著[$F(1, 72)=1.03$, $p>0.05$]；词汇类型的主效应显著[$F(1, 72)=7.32$, $p<0.01$, $\eta^2=1.51$]，且被试对攻击性词汇的反应时（$M=666.52$, $SD=12.76$）显著长于非攻击性词汇（$M=644.01$, $SD=13.47$）；游戏组别和目标词类别的交互作用不显著[$F(1, 72)=0.58$, $p>0.05$]。以上结果表明，竞争组和控制组在游戏之前的攻击性认知水平没有显著差异，而对不同类别词汇的反应时本身就存在差异。

其次，以词汇判断任务的反应时为因变量，以挫败感为协变量，对后测数据进行2（游戏组别：竞争组，控制组）×2（词汇类型：攻击性词，非攻击性词）的协方差分析。游戏组别、词汇类型与协变量的交互作用均不显著，满足斜率同质性假设[游戏组别×挫败感：$F(1, 72)=0.66$, $p>0.05$；词汇类型×挫败感：$F(1, 72)=1.91$, $p>0.05$]。

协方差分析结果表明，游戏组别的主效应不显著[$F(1, 72)=1.67$, $p>0.05$]；词汇类型的主效应显著[$F(1, 72)=22.89$, $p<0.001$, $\eta^2=0.24$]，且被试对攻击性词汇的反应时（$M=653.96$, $SD=14.64$）显著长于非攻击性词汇（$M=626.38$, $SD=12.81$）；游戏组别和词汇类型的交互作用显著[$F(1, 72)=19.48$, $p<0.001$, $\eta^2=0.21$]。进一步的简单效应分析发现，词汇类型在控制组中的简单效应显著[$F(1, 72)=42.31$, $p<0.001$, $\eta^2=0.36$]，且对攻击性词汇的反应时（$M=684.33$, $SD=20.70$）显著长于非攻击性词汇（$M=631.04$, $SD=18.12$），词汇类型在竞争组中的简单效应不显著[$F(1, 72)=0.09$, $p>0.05$]；游戏组别在攻击性词汇中的简单效应显著[$F(1, 72)=4.23$, $p<0.05$, $\eta^2=0.05$]，且竞争组对攻击性词汇的反应时（$M=623.85$, $SD=20.70$）显著短于控制组（$M=684.33$, $SD=20.70$），游戏组别在非攻击性词汇中的简单效应不显著[$F(1, 72)=0.13$, $p>0.05$]。挫败感的效应不显著[$F(1, 72)=0.11$, $p>0.05$]。结果如图12-3所示。

## （三）网络视频游戏中的竞争因素对攻击性情绪情感的影响

首先，对于被试情绪面孔判断结果，剔除极端数值，对数据进行预处理。然后，对两组被试情绪面孔判断的前测结果做独立样本$t$检验。结果表明，控制组和竞争组在实验前的攻击性情绪情感水平没有显著差异（$t=0.20$, $p>0.05$）（表

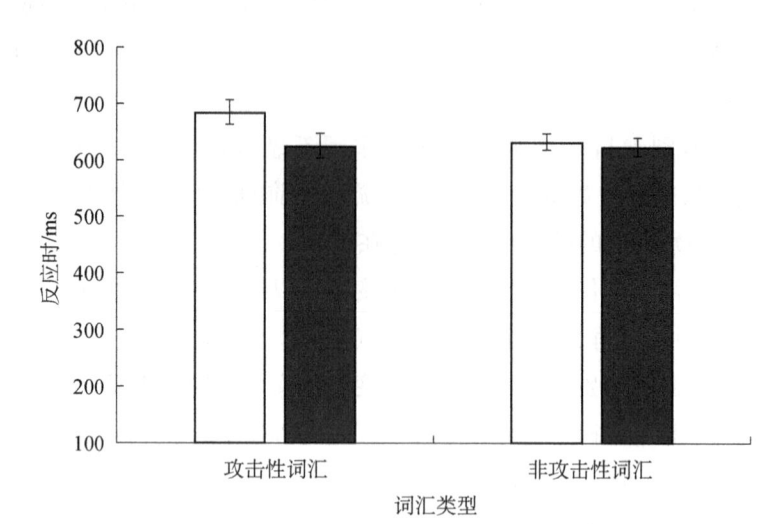

12-5)。

图 12-3 词汇判断任务反应时

表 12-5 不同游戏组别被试情绪图片判断任务的前测差异

| 游戏组别 | $M \pm SD$ | $t$ | $p$ |
| --- | --- | --- | --- |
| 控制组 | 48.19 ± 26.64 | 0.20 | 0.84 |
| 竞争组 | 46.70 ± 19.78 | | |

其次，以情绪面孔判断的结果为因变量，以挫败感为协变量，对数据进行协方差分析。游戏组别与协变量的交互作用不显著，满足斜率同质性假设[游戏组别×挫败感：$F(1, 71)=2.30, p>0.05$]。协方差分析结果表明（表12-6），控制组和竞争组在实验后的攻击性情绪情感水平没有显著差异[$F(1, 71)=1.87, p>0.05$]。此外，挫败感的效应不显著[$F(1, 71)=0.41, p>0.05$]。

表 12-6 不同游戏组别被试情绪图片判断任务的后测差异

| 游戏组别 | $M \pm SD$ | $F$ | $p$ |
| --- | --- | --- | --- |
| 控制组 | 46.34 ± 24.58 | 1.87 | 0.17 |
| 竞争组 | 47.55 ± 23.94 | | |

### （四）网络视频游戏中的竞争因素对攻击性行为的影响

对竞争反应时的结果按照正负 3 个标准差的方法剔除极端数值，进行数据的预处理。以噪声的强度为因变量，以挫败感为协变量，对数据进行协方差分析。游戏组别与协变量的交互作用不显著，满足斜率同质性假设[游戏组别×挫败感：$F(1, 72)=0.11, p>0.05$]。协方差分析结果表明（表12-7），竞争组和控制组对噪声强度的设置差异显著[$F(1, 72)=5.18, p<0.05, \eta^2=0.07$]，竞争组被试设置的噪声强度显著大于控制组，挫败感的效应不显著[$F(1, 72)=0.45, p>0.05$]。

表12-7 不同游戏组别被试噪声强度的设置差异

| 游戏组别 | $M \pm SD$ | F | p |
| --- | --- | --- | --- |
| 控制组 | 5.17 ± 1.97 | 5.18 | 0.02 |
| 竞争组 | 5.49 ± 2.15 | | |

以噪声的持续时间为因变量，以挫败感为协变量，对数据进行协方差分析。游戏组别与协变量的交互作用不显著，满足斜率同质性假设[游戏组别×挫败感：$F(1, 72)=0.03, p>0.05$]。协方差分析结果表明（表12-8），竞争组和控制组对噪声持续时间的设置差异不显著[$F(1, 72)=0.01, p>0.05$]，挫败感的效应不显著[$F(1, 72)=1.24, p>0.05$]。

表12-8 不同游戏组别被试噪声持续时间设置的差异

| 游戏组别 | $M \pm SD$ | F | p |
| --- | --- | --- | --- |
| 控制组 | 4.12 ± 2.94 | 0.01 | 0.96 |
| 竞争组 | 4.88 ± 2.99 | | |

以竞争反应时为因变量，以挫败感为协变量，对数据进行协方差分析。游戏组别与协变量的交互作用不显著，满足斜率同质性假设[游戏组别×挫败感：$F(1, 72)=3.62, p>0.05$]。协方差分析结果表明（表12-9），竞争组和控制组的竞争反应时差异显著[$F(1, 72)=5.28, p<0.05, \eta^2=0.07$]，竞争组被试的按键反应显著快于控制组，挫败感的效应不显著[$F(1, 72)=0.07, p>0.05$]。

表12-9 不同游戏组别被试竞争反应时结果的差异

| 游戏组别 | $M \pm SD$ | F | p | $\eta^2$ |
| --- | --- | --- | --- | --- |
| 控制组 | 238.59 ± 37.21 | 5.28 | 0.03 | 0.07 |
| 竞争组 | 226.00 ± 27.32 | | | |

## 二、实验 b 结果与分析

### （一）实验操作检验

首先，进行被试分组（控制组、竞争组）的同质性检验，两组被试在暴力视频游戏经验得分上没有显著差异（$t=0.29$，$p>0.05$），在竞争游戏经验得分上没有显著差异（$t=0.05$，$p>0.05$），在攻击性特质量表得分上没有显著差异（$t=-0.22$，$p>0.05$），在竞争人格倾向问卷得分上没有显著差异（$t=-0.89$，$p>0.05$）。这说明竞争组和控制组被试在暴力视频游戏经验、竞争游戏经验、攻击性特质、竞争倾向上具有同质性。

其次，分析被试对游戏的评定、游戏后的唤醒水平及负性情绪。结果显示，控制组和竞争组被试在暴力程度（$t=-0.98$，$p>0.05$）、亲社会程度（$t=1.19$，$p>0.05$）、速度（$t=-0.31$，$p>0.05$）、喜爱度（$t=0.08$，$p>0.05$）、熟练度（$t=0.60$，$p>0.05$）、兴奋度（$t=-0.01$，$p>0.05$）、难度（$t=-2.08$，$p>0.05$）、挫败感（$t=-2.24$，$p>0.05$）、唤醒度（$t=0.85$，$p>0.05$）的评定上均不存在显著差异。在竞争程度的评定上，差异显著（$t=-3.85$，$p<0.001$，$d=-1.11$），竞争组被试评定游戏的竞争程度（$M=4.08$，$SD=0.63$）显著高于控制组（$M=3.10$，$SD=1.08$），证明在游戏模式的选择上是有效的。游戏结束后，在对两组被试负性情绪的测量上，敌意维度差异显著（$t=-2.18$，$p<0.03$，$d=-0.42$），竞争组被试的敌意情绪水平（$M=1.81$，$SD=1.11$）显著高于控制组（$M=1.45$，$SD=0.63$）。

### （二）行为数据结果

#### 1. 词汇判断任务

采用独立样本 $t$ 检验，因非攻击性词汇不需要被试反应，所以只对判断攻击性词汇的反应时和正确率进行分析。

在反应时方面，结果显示（表 12-10），竞争组和控制组的差异显著 [$t(48)=2.11$，$p<0.05$，$d=0.61$]，竞争组的反应时短于控制组。在正确率方面，竞争组和控制组的差异不显著 [$t(48)=-1.65$，$p>0.05$]。

**表12-10　不同游戏组别被试对攻击性词汇判断的反应时差异**

| 组别（$n$） | $M \pm SD$ | $t$ | $p$ | $d$ |
| --- | --- | --- | --- | --- |
| 控制组（26） | 560.01 ± 50.36 | 2.11 | 0.04 | 0.61 |
| 竞争组（26） | 532.10 ± 41.60 | | | |

### 2. 情绪图片判断任务

采用独立样本 $t$ 检验，因中性面孔不需要被试反应，所以只对判断愤怒面孔的反应时和正确率进行分析。

在反应时方面，结果显示（表12-11），竞争组和控制组的差异显著[$t(48)=2.16$，$p<0.05$，$d=0.65$]，竞争组的反应时短于控制组。在正确率方面，竞争组和控制组的差异不显著[$t(48)=1.44$，$p>0.05$]。

**表12-11　不同游戏组别被试对情绪图片判断的反应时差异**

| 组别（$n$） | $M \pm SD$ | $t$ | $p$ | $d$ |
| --- | --- | --- | --- | --- |
| 控制组（26） | 612.66 ± 64.16 | 2.16 | 0.03 | 0.65 |
| 竞争组（26） | 576.65 ± 55.38 | | | |

### 3. 攻击性行为结果

采用独立样本 $t$ 检验（表12-12），竞争组和控制组在辣椒粉等级的选择上的差异显著[$t(48)=-2.37$，$p<0.05$，$d=0.65$]，竞争组选择辣椒粉的等级显著高于控制组。

**表12-12　不同游戏组别被试选择辣椒粉等级的差异**

| 组别（$n$） | $M \pm SD$ | $t$ | $p$ | $d$ |
| --- | --- | --- | --- | --- |
| 控制组（26） | 1.90 ± 1.11 | -2.37 | 0.02 | 0.65 |
| 竞争组（26） | 2.62 ± 1.13 | | | |

## （三）ERP 结果

### 1. 词汇判断任务

（1）P3

P3 波幅的三因素重复测量方差分析结果显示，游戏组别的主效应不显著[$F(1, 43)=3.01$，$p>0.05$]；词汇类型的主效应显著[$F(1, 43)=116.75$，$p<0.001$，$\eta^2=0.78$]，且攻击性词汇诱发的波幅（$M=2.71$，$SD=0.38$）显著大于非攻击性词汇（$M=0.38$，$SD=0.35$）。脑区的主效应显著[$F(1, 43)=4.70$，$p<$

0.05，$\eta^2=0.13$］，且右顶枕叶的平均波幅（$M=1.84$，$SD=0.36$）显著大于左顶枕叶的平均波幅（$M=1.24$，$SD=0.36$）。游戏组别和词汇类型的交互作用显著［$F(1, 43)=10.40$，$p<0.01$，$\eta^2=0.24$］。简单效应分析结果显示，对于非攻击性词汇而言，不存在游戏组别的差异［$F(1, 43)=0.55$，$p>0.05$］；对于攻击性词汇而言，存在游戏组别的差异［$F(1, 43)=6.40$，$p<0.01$，$\eta^2=0.16$］，竞争组被试由攻击性词汇诱发的 P3 波幅（$M=3.67$，$SD=0.51$）显著大于控制组被试由攻击性词汇诱发的 P3 波幅（$M=1.75$，$SD=0.56$）。词汇类型在控制组中的简单效应显著［$F(1, 43)=26.46$，$p<0.001$，$\eta^2=0.44$］，在竞争组中的简单效应显著［$F(1, 43)=107.65$，$p<0.001$，$\eta^2=0.76$］，在两组中攻击性词汇诱发的 P3 波幅均显著大于非攻击性词汇。游戏组别与脑区的交互作用［$F(1, 43)=0.61$，$p>0.05$］，词汇类型与脑区的交互作用［$F(1, 43)=0.43$，$p>0.05$］，以及三者的交互作用［$F(1, 43)=0.02$，$p>0.05$］，均不显著。

P3 潜伏期的三因素重复测量方差分析结果显示，各主效应及交互效应均不显著。词汇判断任务 P3 的波幅和潜伏期描述性结果如表 12-13 所示，各条件下的波形图及地形图如图 12-4 所示。

表12-13　词汇判断任务P3的波幅和潜伏期

| 项目 | | 波幅（$M \pm SD$） | | 潜伏期（$M \pm SD$） | |
| --- | --- | --- | --- | --- | --- |
| | | 控制组 | 竞争组 | 控制组 | 竞争组 |
| 左顶枕区 | 非攻击性词汇 | 0.26 ± 0.57 | 0.49 ± 0.52 | 308.37 ± 10.98 | 316.74 ± 8.97 |
| | 攻击性词汇 | 1.31 ± 0.63 | 3.43 ± 0.58 | 315.73 ± 9.53 | 313.87 ± 7.77 |
| 右顶枕区 | 非攻击性词汇 | 0.49 ± 0.55 | 2.18 ± 0.58 | 305.41 ± 10.81 | 307.51 ± 8.83 |
| | 攻击性词汇 | 2.18 ± 0.58 | 3.91 ± 0.53 | 299.88 ± 9.90 | 309.26 ± 8.08 |

(a) 左顶枕区

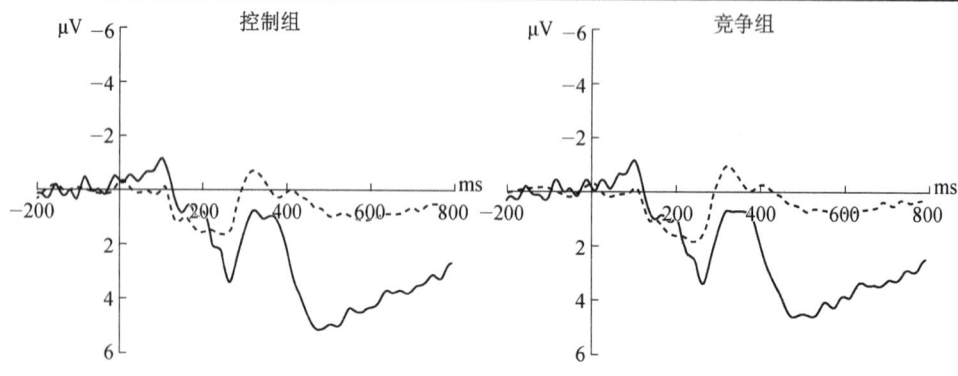

图 12-4　两个脑区词汇判断任务的 P3 波形图及地形图

(b) 右顶枕区

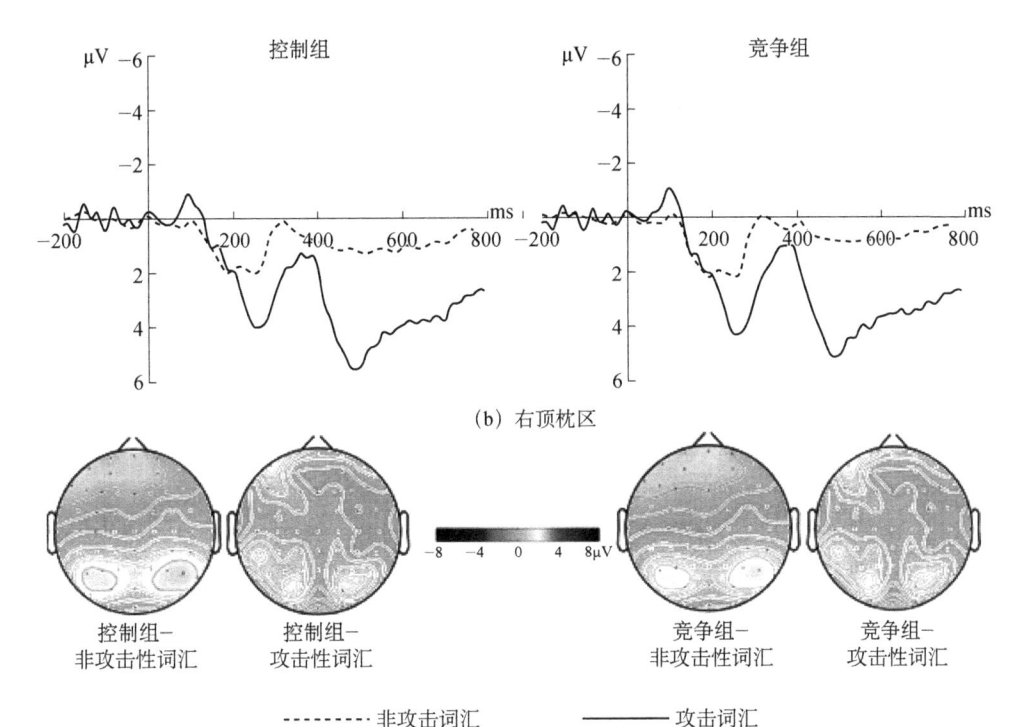

------- 非攻击词汇　　——— 攻击词汇

图 12-4　两个脑区词汇判断任务的 P3 波形图及地形图（续）

## （2）N1

N1 波幅的三因素重复测量方差分析结果显示，游戏组别的主效应显著 [$F(1, 43)=5.14, p<0.05, \eta^2=0.19$]，竞争组被试的 N1 波幅（$M=-3.32$, $SD=0.44$）显著大于控制组（$M=-2.05, SD=0.34$）。词汇类型的主效应显著[$F(1, 43)=22.74, p<0.001, \eta^2=0.51$]，且攻击性词汇诱发的波幅（$M=-3.20, SD=0.32$）显著大于非攻击性词汇（$M=-2.17, SD=0.27$）。半球主效应[$F(1, 43)=1.06, p>0.05$]、游戏组别和词汇类型的交互作用[$F(1, 43)=2.06, p>0.05$]、游戏组别与脑区的交互作用[$F(1, 43)=0.04, p>0.05$]、词汇类型与半球的交互作用[$F(1, 43)=0.01, p>0.05$]、三者的交互作用[$F(1, 43)=0.05, p>0.05$]，均不显著。

N1 潜伏期的三因素重复测量方差分析结果显示，各主效应及交互效应均不显著。词汇判断任务 N1 的波幅和潜伏期如表 12-14 所示，各条件下的波形图及地形图如图 12-5 所示。

表12-14 词汇判断任务N1的波幅和潜伏期

| 项目 | | 波幅（$M \pm SD$） | | 潜伏期（$M \pm SD$） | |
| --- | --- | --- | --- | --- | --- |
| | | 控制组 | 竞争组 | 控制组 | 竞争组 |
| 左半球 | 非攻击性词 | −1.60 ± 0.38 | −2.46 ± 0.49 | 141.69 ± 2.76 | 134.85 ± 3.46 |
| | 攻击性词 | −2.27 ± 0.41 | −3.82 ± 0.54 | 138.37 ± 2.85 | 134.95 ± 3.58 |
| 右半球 | 非攻击性词 | −2.55 ± 0.46 | −2.85 ± 0.48 | 141.63 ± 3.11 | 135.51 ± 3.90 |
| | 攻击性词 | −1.79 ± 0.37 | −4.16 ± 0.60 | 140.32 ± 3.16 | 137.64 ± 3.96 |

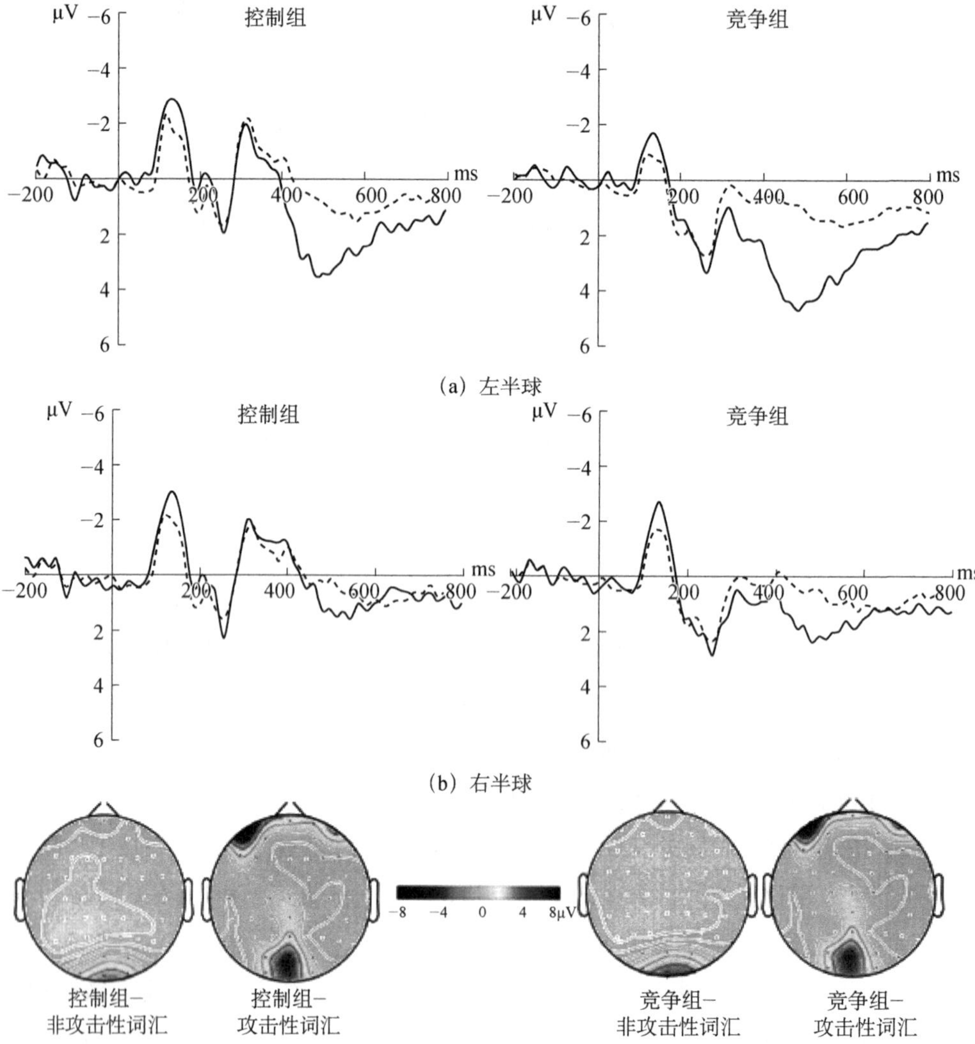

(a) 左半球

(b) 右半球

控制组-非攻击性词汇　控制组-攻击性词汇　　竞争组-非攻击性词汇　竞争组-攻击性词汇

-------- 非攻击性词汇　——— 攻击性词汇

图12-5 词汇判断任务中大脑两半球N1的波形图及地形图

## 2. 情绪图片判断任务

（1）P3

P3波幅的三因素重复测量方差分析结果显示，游戏组别的主效应显著 $[F(1,43)=5.81, p<0.05, \eta^2=0.14]$，竞争组被试的P3波幅（$M=2.63$，$SD=0.54$）显著大于控制组（$M=0.59$，$SD=0.64$）。面孔类型的主效应显著 $[F(1,43)=12.65, p<0.001, \eta^2=0.27]$，且愤怒面孔诱发的波幅（$M=2.01$，$SD=0.46$）显著大于中性面孔诱发的波幅（$M=1.21$，$SD=0.41$）。脑区的主效应不显著 $[F(1,43)=1.54, p>0.05]$。游戏组别和面孔类型的交互作用显著 $[F(1,43)=3.81, p<0.05, \eta^2=0.11]$。简单效应显示，对于中性面孔而言，不存在游戏组别的差异 $[F(1,43)=0.55, p>0.05]$，对于愤怒面孔而言，存在游戏组别的差异 $[F(1,43)=6.57, p<0.01, \eta^2=0.16]$，竞争组被试由愤怒面孔诱发的P3波幅（$M=3.20$，$SD=0.59$）显著大于控制组（$M=2.06$，$SD=0.53$）。面孔类型在控制组中的简单效应不显著 $[F(1,43)=1.84, p>0.05]$，在竞争组中的简单效应显著 $[F(1,43)=15.23, p<0.001, \eta^2=0.30]$，愤怒面孔诱发的波幅（$M=3.20$，$SD=0.59$）显著大于中性面孔诱发的波幅（$M=2.06$，$SD=0.53$）。游戏组别与脑区的交互作用 $[F(1,43)=2.19, p>0.05]$、面孔类型与脑区的交互作用 $[F(1,43)=0.60, p>0.05]$、三者的交互作用 $[F(1,43)=2.10, p>0.05]$ 均不显著。

P3潜伏期的三因素重复测量方差分析结果显示，各主效应及交互效应均不显著。情绪图片判断任务中的P3波幅和潜伏期描述性统计结果如表12-15所示，各条件下的波形图及地形图如图12-6所示。

**表12-15　情绪图片判断任务中P3的波幅和潜伏期**

| 项目 | | 波幅（$M \pm SD$） | | 潜伏期（$M \pm SD$） | |
| --- | --- | --- | --- | --- | --- |
| | | 控制组 | 竞争组 | 控制组 | 竞争组 |
| 左顶枕区 | 中性面孔 | 0.17 ± 0.68 | 1.79 ± 0.58 | 329.65 ± 9.48 | 334.17 ± 7.46 |
| | 愤怒面孔 | 0.57 ± 0.79 | 3.13 ± 0.67 | 329.95 ± 8.35 | 328.47 ± 6.57 |
| 右顶枕区 | 中性面孔 | 0.55 ± 0.65 | 2.34 ± 0.55 | 333.20 ± 10.05 | 340.53 ± 7.91 |
| | 愤怒面孔 | 1.08 ± 0.71 | 3.26 ± 0.60 | 335.51 ± 9.27 | 340.23 ± 7.29 |

（2）N1

N1波幅的三因素重复测量方差分析结果显示，游戏组别的主效应不显著 $[F(1,43)=0.20, p>0.05]$，面孔类型的主效应显著 $[F(1,43)=8.96, p<$

0.01，$\eta^2=0.21$]，且愤怒面孔诱发的波幅（$M=-0.78$，$SD=0.46$）显著小于中性面孔诱发的波幅（$M=-0.18$，$SD=0.50$）。半球主效应[$F(1, 43)=1.87$，$p>0.05$]、游戏组别和面孔类型的交互作用[$F(1, 43)=0.01$，$p>0.05$]、游戏组别与半球的交互作用[$F(1, 43)=2.89$，$p>0.05$]、面孔类型与半球的交互作用[$F(1, 43)=0.01$，$p>0.05$]、三者的交互作用[$F(1, 43)=0.03$，$p>0.05$]，均不显著。

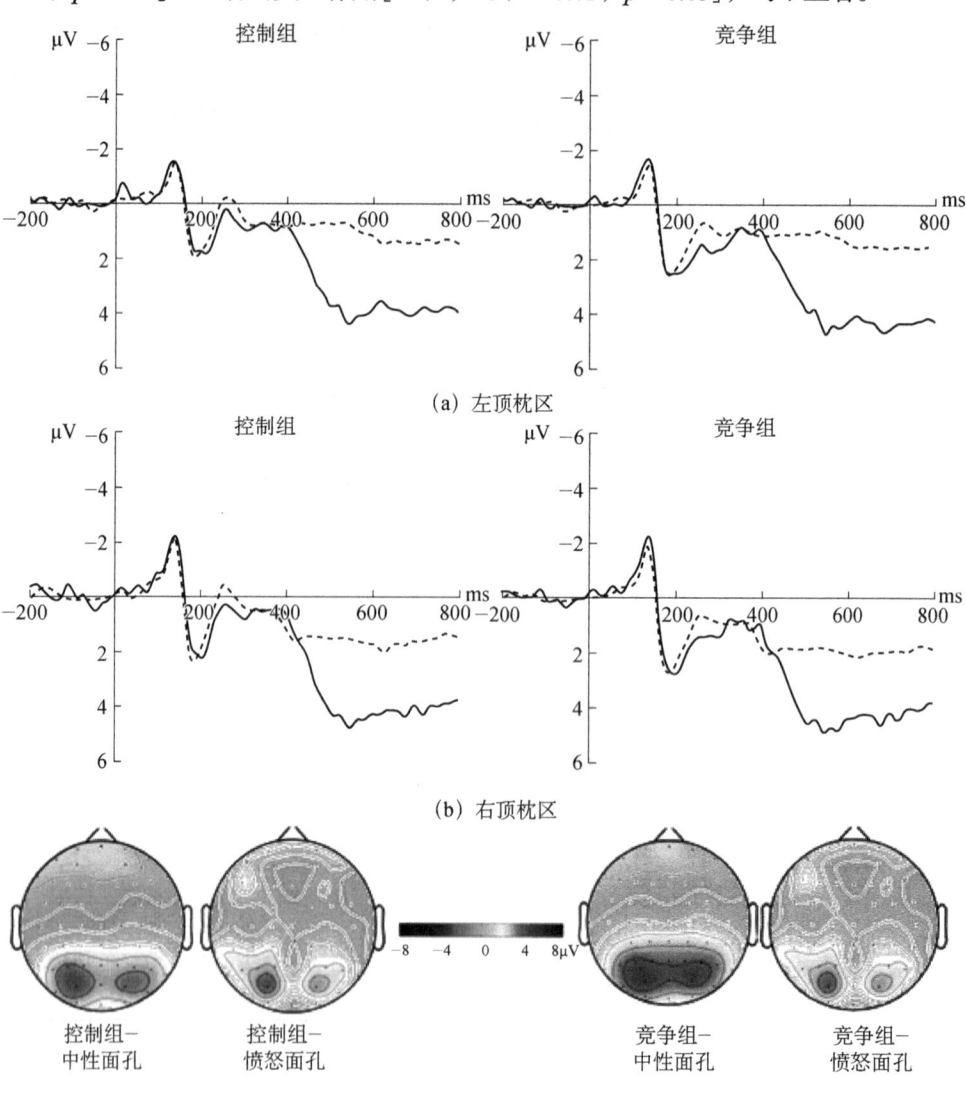

(a) 左顶枕区

(b) 右顶枕区

控制组-中性面孔　　控制组-愤怒面孔　　　　　　竞争组-中性面孔　　竞争组-愤怒面孔

-------- 非攻击性词汇　　——— 攻击性词汇

图 12-6　情绪图片判断任务中两个脑区的 P3 波形图及地形图

N1 潜伏期的三因素重复测量方差分析显示，游戏组别的主效应边缘显著[$F(1, 43)=3.69$, $p<0.10$, $\eta^2=0.11$]，竞争组被试的潜伏期（$M=139.98$, $SD=3.94$）显著短于控制组的潜伏期（$M=149.92$, $SD=3.34$）；面孔类别的主效应不显著[$F(1, 43)=0.01$, $p>0.05$]；游戏组别和面孔类别的交互作用不显著[$F(1, 43)=2.27$, $p>0.05$]。其他主效应及交互效应均不显著。情绪图片判断任务中 N1 的波幅和潜伏期描述性统计结果如表 12-16 所示，各条件下的波形图及地形图如图 12-7 所示。

表12-16 情绪图片判断任务中N1的波幅和潜伏期

| 项目 | | 波幅（$M \pm SD$） | | 潜伏期（$M \pm SD$） | |
|---|---|---|---|---|---|
| | | 控制组 | 竞争组 | 控制组 | 竞争组 |
| 左半球 | 中性面孔 | −0.05 ± 0.80 | −0.02 ± 0.65 | 149.41 ± 4.01 | 137.01 ± 4.71 |
| | 愤怒面孔 | −0.67 ± 0.73 | −0.58 ± 0.59 | 148.76 ± 3.75 | 137.47 ± 4.42 |
| 右半球 | 中性面孔 | −1.39 ± 0.74 | −0.53 ± 0.60 | 150.82 ± 3.66 | 142.42 ± 4.31 |
| | 愤怒面孔 | −0.74 ± 0.80 | −0.06 ± 0.66 | 150.71 ± 3.67 | 143.02 ± 4.32 |

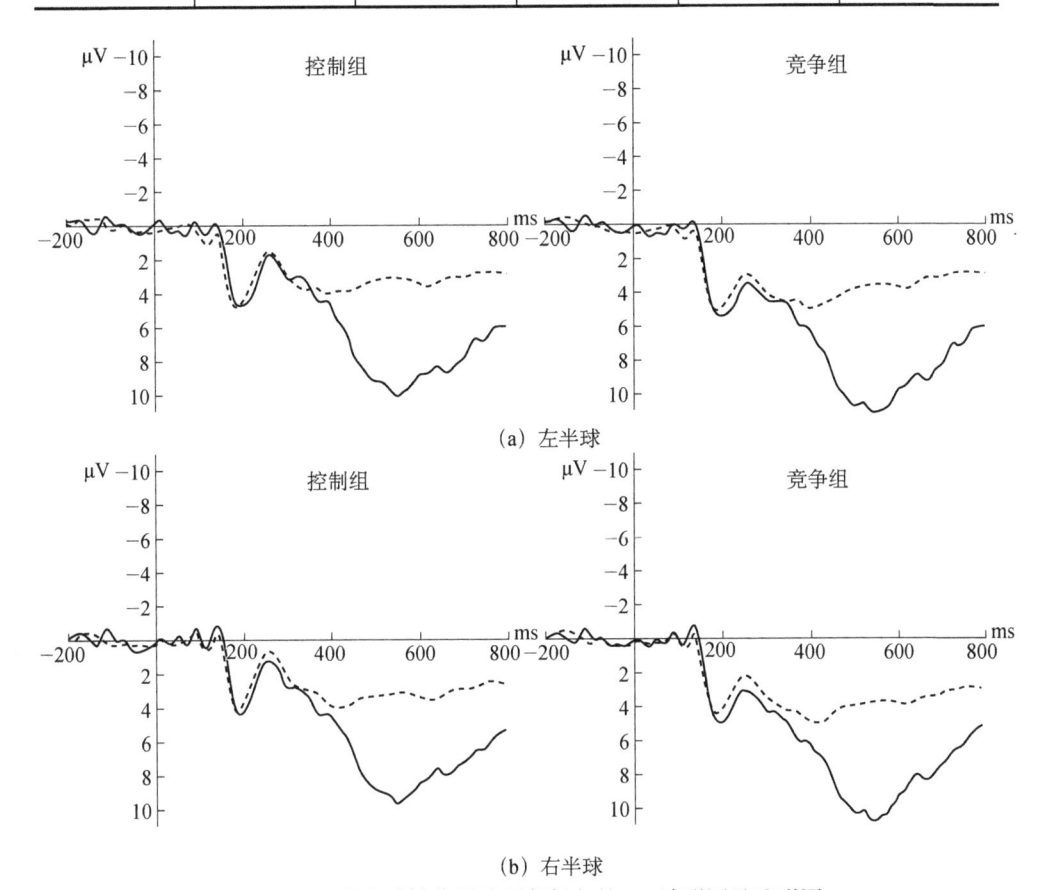

(a) 左半球

(b) 右半球

图 12-7 两个半球情绪图片判断任务的 N1 波形图及地形图

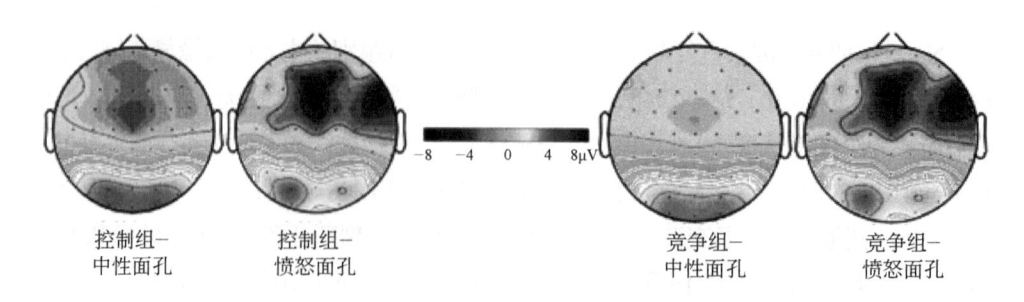

控制组-　　控制组-　　　　　　　竞争组-　　竞争组-
中性面孔　愤怒面孔　　　　　　中性面孔　愤怒面孔

--------- 非攻击性词汇　　———— 攻击性词汇

图 12-7　两个半球情绪图片判断任务的 N1 波形图及地形图（续）

# 第三节　网络视频游戏中竞争因素对攻击性行为影响的短时效应的讨论

## 一、实验 a

### （一）网络视频游戏中竞争因素对攻击性认知的影响

攻击性认知的前测结果显示，游戏组别的主效应不显著，说明在游戏前两组被试的攻击性认知不存在显著差异，处于一致水平。词汇类型的主效应显著，被试对攻击性真词的反应时显著长于对非攻击性真词的反应时。在攻击性认知的后测中，也发现了这一点。这说明在本研究中，被试对两类词汇的反应本身就存在差异，对攻击性词汇的反应时长于非攻击性词汇，这可能与被试对两类词汇的熟悉度有关。虽然在预实验中两类词汇的熟悉度未达到显著水平，但存在被试对非攻击性词汇的熟悉度高于攻击性词汇的倾向。因此，可能是被试对非攻击性词汇更加熟悉、了解，所以反应时更短。

攻击性认知的后测数据交互作用显著，控制组对攻击性词汇的反应时显著长于非攻击性词汇，保持着对非攻击性词汇反应更快的倾向。但竞争组对两类词汇的反应时的差异并没有达到显著水平，这很有可能是因为网络视频游戏中的竞争因素加快了被试对攻击性词汇的反应。游戏组别的简单效应显著，也说明了这一点，相对于控制组，竞争组对攻击性真词的反应时更短。对非攻击性真词的反应时，两者没有显著的差异。这一结果和本研究的假设一致，证明了网络视频游戏中竞争因素对玩家攻击性认知的启动，支持了一般攻击模型和已有的研究（Schmierbach，2010；吴贞，2015）。大多数人在早期就习得了以敌意、侵略性的倾向看待竞争，将竞争因素与攻击性相联系（Anderson & Morrow，1995）。因此，在认知路径上，网络视频游戏中的竞争因素可能诱发并加强了个体记忆中与攻击性相关的脚本。

### （二）网络视频游戏中竞争因素对攻击性情绪的影响

攻击性情绪的前测结果显示，游戏组别的主效应不显著，说明两组被试在玩视频游戏前的攻击性情绪处于一致水平。在攻击性情绪的后测中，控制了游戏挫败感的影响，结果发现，竞争组和控制组被试在情绪面孔判断任务中的表现没有显著差异，说明网络视频游戏中的竞争因素对玩家的攻击性情绪并没有产生显著的影响。吕勇等（2010）的研究指出，对面孔情绪色彩的判断受到被试当时情绪状态的影响。在本研究中，两组被试在游戏后的负性情绪测量也不存在显著差异，这在一定程度上解释了为什么被试在情绪面孔图片判断任务中的表现不存在显著差异。也有研究者指出，相比攻击性情绪等其他与攻击性相关的变量，攻击性认知的改变对个体的影响是相对持久的（Anderson et al.，2010）。Anderson 和 Dill（2000）的研究认为，是认知而不是情绪和唤醒对外显行为产生了影响。Carnagey 和 Anderson（2005）的研究也发现，攻击性认知是攻击性行为最主要的解释因素。

### （三）网络视频游戏中竞争因素对攻击性行为的影响

竞争反应时的结果显示，竞争组和控制组被试在噪声强度设置上的差异显著，且竞争组被试对噪声强度的设置显著大于控制组，说明网络视频游戏中的竞争因素促进了被试的攻击性行为。根据一般攻击模型，网络视频游戏中的竞争因素诱发并加强了个体记忆中与攻击性相关的脚本，个体进而表现出攻击性行为。

控制组被试并没有接触到竞争因素，因此没有攻击性相关脚本的诱发，进而竞争组和控制组被试在攻击性行为上存在显著差异。在噪声持续时间的设置上，虽然两组被试并不存在显著差异，但也表现出了差异的倾向。这可能也与该实验范式有关系。Adachi 和 Willoughby（2011）的研究指出了该实验范式的不合理性，主要在于不清楚被试设置噪声的意图。被试为假定被试设定严厉的噪声惩罚，可能是为了对对手进行攻击，也可能单纯是为了赢得比赛，如长时间较强的噪声是被试故意用来干扰对手的任务状态，尽可能地影响其完成按键任务。Ferguson 和 Rueda（2009）的研究也表明，噪声强度和持续时间的设置与攻击性特质、家庭暴力或暴力犯罪并不相关。

需要指出的是，两组被试在竞争反应时上存在差异。在游戏前，被试的竞争特质不存在显著差异，但在游戏后，竞争组被试倾向于对按键有更快的反应。这说明在该任务中，竞争组被试可能维持了在网络视频游戏中的竞争状态。

## 二、实验 b

### （一）行为结果

词汇判断任务的结果显示，在反应时方面，竞争组和控制组被试在辨别攻击性词汇的反应时上有明显的差别。其中，相对于控制组，竞争组被试判断攻击性词汇的反应时更短。这说明网络视频游戏中的竞争因素启动了被试的攻击性认知，因此竞争组比控制组被试能更快地判断攻击性词汇，再次验证了实验 a 的结果。在正确率方面，竞争组和控制组被试对攻击性词汇判断的正确率没有显著的差异，表明网络视频游戏中的竞争因素可能不会影响被试对词汇判断的正确率。这也可能与词汇判断任务简单，被试进行了一段时间的练习，以及在正式任务中均达到了较高的正确率有关。

情绪图片判断任务的结果显示，在反应时方面，竞争组和控制组被试在判断愤怒面孔的反应时上的差异显著。竞争组被试判断愤怒面孔的反应时显著短于控制组被试，这说明网络视频游戏中的竞争因素启动了被试的攻击性情绪，使其对愤怒面孔更加敏感。这与游戏评定的结果一致，在对被试游戏后的情绪状态的测评中，竞争组被试的敌意情绪显著高于控制组。这些结果均支持了已有的研究（施桂娟，2013；Schmierbach，2010）。在一般攻击模型中，网络视频游戏中的竞争因素启动了个体的负面情绪，影响了其之后的行为表现。虽然在实验a中并没有发现竞争因素对个体的攻击性情绪的作用，但实验b的情绪图片判断的结果证明情绪路径起到了一定的作用。在正确率方面，与词汇判断任务的结果一致，网络视频游戏中的竞争因素对被试判断情绪图片的正确率没有显著的影响。

"辣椒酱"范式的结果显示，两组被试在对辣椒粉等级的选择上存在显著差异，竞争组被试为假定被试选择的辣椒粉的等级显著高于控制组被试，表现出更多的攻击性行为，支持了前人的研究（Adachi & Willoughby，2011；何芸，2014）。基于一般攻击模型，结合实验b行为数据的结果，我们发现网络视频游戏中的竞争因素启动了与攻击性相关的认知，使个体对负面情绪更加敏感，通过攻击性认知和攻击性情绪，进一步促进了个体的攻击性行为。

## （二）脑电结果

### 1. P3

在认知任务上，波幅数据结果显示，词汇类型的主效应显著，游戏组别和词汇类型的交互作用显著。刺激出现的频率与P3幅度是成反比的，目标刺激呈现的概率小，能诱发显著的P3（赵仑，2010）。在本研究中，攻击性词汇作为目标刺激，呈现的概率小于非攻击性词汇，结果发现，攻击性词汇诱发的P3波幅显著大于非攻击性词汇诱发的P3波幅，这说明Oddball范式成功诱发了P3。进一步的简单效应分析发现，对于攻击性词汇，竞争组被试的P3波幅显著大于控制组被试，对于非攻击性词汇，两组被试的P3波幅不存在显著差异。P3是一种内源性成分，是衡量信息加工容量的指标。竞争组被试对攻击性词汇反应的P3波幅更大，说明相比控制组被试，竞争组被试为攻击性词汇分配了更多的注意，耗费了更多的认知资源。P3的潜伏期与任务的难度和刺激的复杂程度有关。在该词汇判断任务中，P3的潜伏期数据结果显示，各主效应和交互作用均不显著，这在一定程度上说明在各种实验条件下，词汇判断任务的难度、两类词汇刺激的复杂程度均不存在显著差异，对于各组被试来说，实验任务是同质的。

在情绪图片判断任务中，从P3的波幅来看，游戏组别的主效应、面孔类型的主效应、游戏组别和面孔类型的交互作用均显著。由愤怒面孔诱发的 P3 波幅显著大于中性面孔，说明在情绪图片判断任务中，Oddball 实验范式成功诱发了 P3。游戏组别和词汇类型的交互作用显著。进一步的简单效应分析发现，对于愤怒面孔，竞争组被试的 P3 波幅显著大于控制组，而对中性面孔的反应没有显著差异。根据 P3 波幅的功能意义，这说明网络视频游戏中的竞争因素使被试对愤怒面孔投入了更多的心理资源，进行了更多的注意分配，启动了攻击性情绪。与词汇判断任务一样，情绪图片判断任务中的 P3 潜伏期也没有表现出显著的差异。

### 2. N1

在词汇判断任务中，波幅数据结果显示，游戏组别的主效应显著，竞争组被试由词汇判断任务诱发的 N1 波幅显著大于控制组。N1 是一种外源性成分，代表的是对刺激的早期注意效应（Hillyard & Anllo-Vento, 1998）。竞争组的 N1 波幅显著大于控制组，表明竞争组对词汇特征的辨别更加迅速，相比控制组，能更快地处理词汇刺激信息，存在注意警觉。结果还表明，词汇类型的主效应显著，攻击性词汇诱发的波幅显著大于非攻击性词汇。相对于非攻击性词汇，被试优先注意攻击性词汇。这可能与被试的实验任务有关。在实验中，要求被试只对攻击性词汇做出反应，对非攻击性词汇不做反应，因此被试存在对攻击性词汇的注意偏向。这也可能是因为相对于中性刺激，负性刺激更能吸引人们的注意（MacLeod & Mathews, 1988）。

在情绪路径上，波幅的主效应及交互作用均不显著，但是在潜伏期上，游戏组别的主效应显著。在情绪图片判断任务中，竞争组被试诱发的 N1 的潜伏期显著短于控制组。情绪图片判断任务诱发的竞争组被试的 N1 的潜伏期更短，意味着网络视频游戏中的竞争因素加快了被试对情绪图片信息的注意察觉，能更早地捕获情绪面孔信息。被试对面孔刺激更加敏感，这就增加了攻击性情绪产生的可能性。

## 三、综合讨论

### （一）网络视频游戏中竞争因素对攻击性行为的影响：认知路径与情绪路径

本研究通过两个实验证明了网络视频游戏中的竞争因素对个体攻击性行为的

## 第十二章
### 网络视频游戏中竞争因素对攻击性行为影响的短时效应：认知和情绪路径研究

影响，并且基于一般攻击模型，探究了其内部机制，即认知和情绪路径。在认知上，在保证两类词汇攻击性程度存在差异，理解度、熟悉度、亲社会程度匹配的前提下，实验a使用了词汇判断任务，结果显示，竞争组被试对攻击性真词的反应时显著短于控制组被试。实验b中，让被试对词汇类型进行判断，只对攻击性词汇进行反应，结果显示，竞争组被试对攻击性词汇的反应时显著短于控制组被试。竞争组被试对攻击性词汇有更快的判断和反应，说明网络视频游戏中的竞争因素会启动个体的攻击性认知，与以往研究的结论相一致（Schmierbach，2010；吴贞，2015）。在网络视频游戏中，竞争因素可能通过激活个体记忆中与攻击性相关的脚本，使个体提取过去经验中的竞争情境与攻击性有关的信息（Anderson & Morrow，1995），导致个体产生了攻击性认知。在情绪上，在实验b中，被试对面孔类型进行判断，只对愤怒面孔进行反应，竞争组被试判断愤怒面孔的反应时显著短于控制组。游戏评价的结果显示，竞争组被试的敌意情绪显著高于控制组。两者的研究结果是一致的，也支持了以往的研究（Schmierbach，2010；施桂娟，2013）。个体参与竞争，在网络视频游戏中可能会不断遭到竞争对手的阻碍，进而愤怒、敌意的情绪被激活，这就增加了攻击性行为产生的可能性。在攻击性行为上，实验a使用竞争反应时任务发现，相比控制组，竞争组被试为对手设置了更高的噪声强度。实验b使用"辣椒酱"范式发现，竞争组被试会为假定的被试调配更辣的辣椒酱，表现出更多的攻击性行为。这都验证了以往研究者的研究成果（Adachi & Willoughby，2011；Anderson & Morrow，1995；Hawk & Ridge，2021），证明网络视频游戏中的竞争因素促进了个体的攻击性行为。

认知、情绪、行为方面的研究结果支持了一般攻击模型的假设。根据该理论，被试短时接触网络视频游戏后，会通过认知、情绪路径进一步对行为产生影响。有关暴力视频游戏的研究指出，由于视频游戏中存在攻击、伤害等暴力内容，会启动玩家的攻击性认知、攻击性情绪，进而导致玩家产生攻击性行为（Anderson et al.，2010）。本研究证明了网络视频游戏中的竞争因素也会对玩家的攻击性产生影响，是导致玩家产生攻击性的重要因素。网络视频游戏中的竞争因素是输入变量中的环境因素，玩家短时接触竞争因素，处于网络视频游戏中的竞争情境中，目标是赢得比赛，但在竞争中受到对手或游戏设置的阻碍，玩家的攻击性脚本会启动，愤怒、敌意等攻击性情绪会被激活。网络视频游戏中的竞争因素通过启动玩家的攻击性认知、攻击性情绪，进而促进玩家的攻击性行为的产生。

## （二）网络视频游戏中竞争因素影响攻击性的认知神经机制

实验 b 采用 Oddball 范式考察了网络视频游戏中竞争因素对玩家的攻击性认知、攻击性情绪的影响，通过 ERP 技术探究了短时接触视频游戏中竞争因素的玩家的认知神经机制。

P3 是被试判断目标刺激时出现的潜伏期为 300ms 的最大晚期正波（赵仑，2010）。Polich（2007）的研究指出，P3 是反映人的认知和情绪功能的重要指标，与朝向反应、资源分配等多种认知加工过程相关，涉及的是自上而下的注意加工。P3 波幅在一定程度上代表了注意资源分配的加工容量，与对刺激投入的心理资源呈正相关（钟毅平等，2013）。本研究中的目标刺激是新异刺激，是与攻击性相关的刺激信息，在认知路径上使用的是攻击性词汇，在情绪路径上使用的是愤怒面孔。两者作为新异刺激，出现的概率远小于其他刺激，成功诱发了被试的 P3。在词汇判断任务中，对于攻击性词汇，竞争组被试的 P3 波幅显著大于控制组被试，而对于非攻击性词汇，两组被试的 P3 波幅不存在显著差异。在情绪图片判断任务上，对于愤怒面孔，竞争组被试的 P3 波幅显著大于控制组被试，而对中性面孔的反应没有显著差异。这说明被试在短时接触了网络视频游戏中的竞争因素后，在加工与攻击性相关刺激的过程中自动化程度降低，有意识地分配了更多的注意资源，进行了更多的注意、加工。

N1 是 ERP 早期成分，潜伏期在 100ms 左右，通常被认为是早期注意的指标，代表了对视觉刺激早期自动化的注意过程，涉及自下而上的注意加工（Hillyard & Anllo-Vento, 1998）。本研究中，竞争组被试由词汇判断任务诱发的 N1 波幅显著大于控制组被试，由情绪图片判断任务诱发的 N1 的潜伏期显著短于控制组被试，说明被试在短时接触了网络视频游戏中的竞争因素后，在辨别攻击性刺激信息的任务上注意增强，存在注意警觉。

## 参考文献

戴琴，冯正直.（2009）. 抑郁个体对情绪面孔的返回抑制能力不足. *心理学报*，（12），1175-

1188.

高雪梅，赵偲，周群．（2014）．暴力电子游戏玩家对攻击性词语的注意偏向：一项 ERP 研究．*西南大学学报（自然科学版）*，（6），167-174.

何芸．（2014）．*游戏方式对游戏者合作行为和攻击行为的影响*．宁波大学．

吕勇，张伟娜，沈德立．（2010）．不同愉悦度面孔阈下情绪启动效应：来自 ERP 的证据．*心理学报*，（9），929-938.

彭程．（2012）．*暴力犯罪者对负性情绪信息与攻击性信息的注意偏向研究*．西南大学．

施桂娟．（2013）．*暴力和竞争因素对攻击性影响的时程研究*．西南大学．

王晨雪．（2010）．*不同类型视频游戏对游戏者亲社会行为倾向的影响*．宁波大学．

吴贞．（2015）．*暴力视频游戏方式对大学生攻击性的影响*．湖南师范大学．

谢晓非，余媛媛，陈曦，陈晓萍．（2006）．合作与竞争人格倾向测量．*心理学报*，（1），116-125.

张鑫．（2015）．*暴力电子游戏玩家对负性情绪信息及攻击性相关信息注意偏向的实验研究*．西南大学．

赵仑．（2010）．*ERPs 实验教程（修订版）*．南京：东南大学出版社．

钟毅平，张宇驰，田桑，郭可，李文和，颜玉平，周路平．（2013）．短期接触暴力电脑游戏导致暴力敏感：一项 ERP 研究．*心理与行为研究*，（6），732-738.

朱丽萍，袁加锦，李红．（2011）．情绪效价及强度对词汇加工的影响．*心理科学*，（2），284-288.

Adachi, P. J. C.（2015）. *Demolishing the Competition: The Association between Competitive Video Game Play and Aggression among Adolescents and Young Adults*. Department of Psychology Brock University.

Adachi, P. J. C., & Willoughby, T.（2011）. The effect of violent video games on aggression: Is it more than just the violence? *Aggression and Violent Behavior*, 16（1）, 55-62.

Alain, C., & Snyder, J. S.（2008）. Age-related differences in auditory evoked responses during rapid perceptual learning. *Clinical Neurophysiology*, 119（2）, 356-366.

Anderson, C. A., & Morrow, M.（1995）. Competitive aggression without interaction: Effects of competitive versus cooperative instructions on aggressive behavior in video games. *Personality and Social Psychology Bulletin*, 21（10）, 1020-1030.

Anderson, C. A., Deuser, W. E., & Dencve, K. M.（1995）. Hot temperatures, hostile affect, hostile cognition, and arousal: Tests of a general model of affective aggression. *Personality and Social Psychology Bulletin*, 21（5）, 434-448.

Anderson, C. A., Shibuya, A., Ihori, N., Swing, E. L., Bushman, B. J., & Sakamoto, A., ..., Saleem, M.（2010）. Violent video game effects on aggression, empathy, and prosocial behavior in Eastern and Western countries: A meta-analytic review. *Psychological Bulletin*, 136（2）, 151-173.

Anderson, C. A., & Dill, K.E.（2000）. Video games and aggressive thoughts, feelings, and behavior in the laboratory and in life. *Journal of Personality and Social Psychology*, 78（4）, 772-790.

Bartholow, B. D., Sestir, M. A., & Davis, E. B.（2005）. Correlates and consequences of exposure to video game violence: Hostile personality, empathy, and aggressive behavior.

*Personality and Social Psychology Bulletin*, 31(11), 1573-1586.

Buss, A. H., & Perry, M. (1992). The aggression questionnaire. *Journal of Personality and Social Psychology*, 63(3), 452-459.

Carnagey, N. L., & Anderson, C. A. (2005). The effects of reward and punishment in violent video games on aggressive affect, cognition, and behavior. *Psychological Science*, 16(11), 882-889.

Ferguson, C. J., & Rueda, S. M. (2009). Examining the validity of the modified Taylor competitive reaction time test of aggression. *Journal of Experimental Criminology*, 5(2), 121-137.

Hawk, C. E., & Ridge, R. D. (2021). Is it only the violence? The effects of violent video game content, difficulty, and competition on aggressive behavior. *Journal of Media Psychology: Theories, Methods, and Applications*, 33(3), 134-144.

Hillyard, S. A., & Anllo-Vento, L. (1998). Event-related brain potentials in the study of visual selective attention. *Proceedings of the National Academy of Sciences of the United States of America*, 95(3), 781-787.

Krohne, H. W., Egloff, B., Kohlmann, C. W., & Tausch, A. (1996). Investigations with a German version of the positive and negative affect schedule (PANAS). *Diagnostica*, 42(2), 139-156.

Loke, I. C., Evans, A. D., & Lee, K. (2011). The neural correlates of reasoning about prosocial-helping decisions: An event-related brain potentials study. *Brain Research*, 1369, 140-148.

MacLeod, C., & Mathews, A. (1988). Anxiety and the allocation of attention to threat. *Quarterly Journal of Experimental Psychology Section A—Human Experimental Psychology*, 40(4), 653-670.

Polich, J. (2007). Updating P300: An integrative theory of P3a and P3b. *Clinical Neurophysiology*, 118(10), 2128-2148.

Schmierbach, M. (2010). "Killing spree": Exploring the connection between competitive game play and aggressive cognition. *Communication Research*, 37(2), 256-274.